国家出版基金项目
NATIONAL PUBLICATION FOUNDATION

国家出版基金资助项目
中宣部2018年主题出版重点出版物
“中华民族伟大复兴中国梦”系列丛书

ZHONGGUO TESE SHEHUI ZHUYI DAOLU

中国特色社会主义道路

丛书主编：郑德荣　李　蓉　孔德生

孔德生　郑凯旋　于泉蛟／著

吉林出版集团股份有限公司
全国百佳图书出版单位

图书在版编目（CIP）数据

中国特色社会主义道路 / 孔德生，郑凯旋，于泉蛟著. -- 长春 : 吉林出版集团股份有限公司，2018.12（2025.1重印）
（中华民族伟大复兴中国梦系列丛书 / 郑德荣，李蓉，孔德生主编）
ISBN 978-7-5581-6058-5

Ⅰ. ①中… Ⅱ. ①孔… ②郑… ③于… Ⅲ. ①中国特色社会主义—社会主义建设模式—研究 Ⅳ. ①D616

中国版本图书馆CIP数据核字(2018)第296242号

中国特色社会主义道路
ZHONGGUO TESE SHEHUI ZHUYI DAOLU

总 策 划：姚玉和　杨学忠
策　　划：周海英　耿　宏　刘文辉
丛书主编：郑德荣　李　蓉　孔德生
本册著者：孔德生　郑凯旋　于泉蛟
责任编辑：杨晓天　张兆金
责任校对：崔博华　矫黎晗　金　昊
装帧设计：长春金鼎设计印务有限公司
技术编辑：傅广岩　张　帅　刘美丽　李　鑫
出　　版：吉林出版集团股份有限公司
发　　行：吉林出版集团社科图书有限公司
电　　话：0431-81629725
印　　刷：唐山楠萍印务有限公司
开　　本：710mm × 1000mm　1/16
字　　数：200千字
印　　张：15
版　　次：2018年12月第1版
印　　次：2025年1月第4次印刷
书　　号：ISBN 978-7-5581-6058-5
定　　价：35.00元

目　录

引　言
中国特色社会主义道路基本问题概述

道路问题事关全局，至关重要。一个国家和民族要想进步，必须以科学理论为指导选择正确道路。进入20世纪以来，中国社会先后发生三次历史性巨变。中国共产党90多年来各项事业取得了举世瞩目的辉煌业绩，归结起来最根本的原因是以马克思主义为指导，与中国实际相结合，不断探索并成功走出了一条适合中国社会发展进步的特色道路。我国社会主义制度确立后，面临全面建设社会主义的历史新阶段。在一个经济文化比较落后的农业大国，如何建设社会主义，实现现代化，这是国际共运史和世界近现代史上一个崭新的重大课题。中国共产党进行了艰辛的探索，把马克思主义和中国实际相结合，总结社会主义建设正反两方面的历史经验，开辟了中国特色社会主义道路。中国特色社会主义道路内涵丰富，寓意深刻，需要研究的内容十分广泛，首要的应当着重研究其基本问题，了解基本问题就能够掌握中国特色社会主义道路的全貌。中国特色社会主义道路的基本问题可归结为如下七个方面。

一、中国特色社会主义道路的历史根源

中国特色社会主义道路源于中国特色革命道路，是中国近现代半殖民地半封建社会历史发展的必然选择和基本结论，体现了马克思主义关于人类社会发展的一般历史规律和中国近现代特殊历史规律的统一。今天的新中国是由昨天的旧中国演变而来的。在一个落后的半殖民地半封建的旧中国，走什么道路，道路怎么走，是关系民族兴亡成败的时代难题。无数仁人志士为救亡图存而进行各种方式的革新、改良、革命，向西方学习，但最后都归于失败，这说明在中国走旧民主主义革命道路行不通。以毛泽东为代表的中国共产党人运用马克思列宁主义基本原理，根据旧中国的社会性质和所处历史方位的实际国情、中国社会主要矛盾、工人阶级成长壮大、民族资产阶级具有软弱性的特点以及十月革命后世界历史的时代特征，明确提出中国革命必须分“两步走”，第一步是新民主主义革命，第二步是社会主义革命。新民主主义革命既不同于西方资产阶级民主革命，又不同于俄国十月革命，它是经新民主主义到社会主义的中国特色的革命道路。如何夺取新民主主义革命的胜利，中国共产党根据中国社会历史特点，创造性地走出“农村包围城市，武装夺取政权”的道路。探寻这条中国特色革命道路的过程是极其艰辛的。以毛泽东为代表的共产党人克服了党内存在的把马克思主义教条化、把苏联经验神圣化的错误倾向。由此，全国人民在中国共产党的领导下经过长期艰苦卓绝的奋斗，取得了新民主主义革命的胜利，建立了新中国，继而经过“三大改造”，确立了社会主义制度。这就为中国走社会主义道路提供了根本保障，为中国社会的一切发展进步奠定了根本的政治前提和制度基础。我国是由一个脱胎于半殖民地半封建社会，经过新民主主义革命和短暂的社会主义改造建立起来的社会主义社会。新民主主义社会为社会主义在经济、政治、思想文化和社会

等各个方面奠定了必要的和直接的基础，社会主义也必然承袭新民主主义所给予的“基因”，从而形成具有自己特色的社会主义社会形态，是中国特色革命道路发展的历史必然，也是符合近现代中国特殊历史规律的。这种带有独特历史根源和鲜明中国特色的社会主义发展道路，必然要以社会主义基本制度为政治前提，以独立的比较完整的工业体系和国民经济体系为物质基础，以拥有集体智慧和聪明才智的广大人民群众为建设主体，它不是“在所谓‘空地上’创造新的社会主义的经济形式”，而是继承并升华新民主主义社会遗传给社会主义的“基因”，使新民主主义的历史“基因”源源不断地输进社会主义“肌体”，进而成长为中国社会主义的“特质”，形成新民主主义与社会主义初级阶段的“血缘关系”。以毛泽东为核心的第一代中央领导集体，探索在一个经济文化落后的农业大国建设社会主义现代化道路的曲折发展的历史和沉重的经验教训，成为能够开辟中国特色社会主义道路的来由。

二、中国特色社会主义道路的指导思想

我国是社会主义国家，坚定不移地走社会主义道路，毋庸置疑地必须坚持马克思主义作为指导思想。马克思主义特别是科学社会主义是中国特色社会主义道路的指导思想和理论基础。科学社会主义的核心内容和基本原则主要有大力发展社会生产力，实现生产资料社会占有，实行按劳分配，坚持无产阶级专政和共产党的领导，坚持马克思主义的指导地位，实现人的自由全面的发展，等等。中国特色社会主义道路是科学社会主义基本原则与中国实际和时代特征相结合的产物，是科学社会主义原则在当代中国的创造性运用和发展。首先，中国特色社会主义道路坚持发展社会生

产力作为社会主义的根本任务；其次，中国特色社会主义道路坚持四项基本原则作为立国之本；第三，中国特色社会主义道路坚持公有制为主体、多种所有制经济共同发展的基本经济制度，坚持按劳分配为主体、多种分配方式并存的分配制度，最终达到共同富裕；第四，中国特色社会主义道路坚持以人为本，努力实现人的自由、全面发展。

毛泽东思想是中国特色社会主义道路的指导思想和思想先导，主要体现在它的世界观和方法论、一系列基本理论和探索社会主义建设中的积极理论成果上。毛泽东思想的世界观和方法论主要体现在四个方面：群众路线、矛盾分析方法、调查研究方法、实事求是的思想路线。毛泽东思想的基本理论和探索社会主义建设的积极理论成果主要体现在十一个方面：新中国的国体和政体；政党制度和统一战线理论；民族政策和宗教政策；发展文化的方针；人民军队建设和国防建设的思想；外交方针和国际战略；党的建设理论；中国式工业化道路和四个现代化思想；综合平衡和统筹兼顾、适当安排的思想；社会主义基本矛盾和两类矛盾理论；运用价值法则发展商品经济。

中国特色社会主义理论体系是中国特色社会主义道路直接的最具现实意义的指导思想。它为中国特色社会主义道路的成功开辟提供路线指引和理论指导，保证中国特色社会主义道路的正确方向和科学方法。它对中国特色社会主义道路的指导意义主要体现在：其一，提供理论基石，主要包括社会主义本质论、初级阶段论、时代论；其二，提供基本的理论支撑，主要有改革开放论、经济论、政治论、文化论、社会论、国际战略论、军队国防论、和平统一论、党建论等；其三，指明“一个中心、两个基本点”这一核心内容。

三、中国特色社会主义道路的历史进程

中国特色社会主义道路的形成和发展经历了三个历史阶段。

成功开辟阶段：从党的十一届三中全会至党的十四大。十一届三中全会实现的重大历史转折标志着中国特色社会主义道路的伟大开端。党的十二大首次明确提出“走自己的路，建设有中国特色社会主义”的崭新命题，从此中国特色社会主义道路的开辟迈开实质性步伐。在对中国社会主义基本国情深刻认识的基础上，党的十三大提出了社会主义初级阶段理论和党在现阶段的基本路线，指明了中国特色社会主义道路的前进路径和方向，表明我们党已经把握了中国特色社会主义道路的核心内容。在改革开放和社会主义现代化建设经受住了各种风险考验并取得重要成就的基础上，党的十四大明确提出了建立社会主义市场经济体制目标的决定，表明我们党对传统社会主义观念和苏联模式的重大突破，标志着中国特色社会主义道路已经成功开辟出来。

深化拓展阶段：从党的十四大后至党的十六大。十四大以后，逐步建立社会主义市场经济体制，各个领域的改革全面展开。公有制为主体，多种经济成分共同发展的格局进一步形成；农村改革深入发展，“三农”问题提到议事日程；西部大开发开始启动；国企改革全面推进；社会主义民主政治和精神文明建设成效显著。十五大提出社会主义初级阶段的经济、政治和文化纲领，为在各个领域贯彻落实基本路线指明了方向。十六大明确提出了全面建设小康社会的目标要求，为新世纪深化改革开放、开创中国特色社会主义事业新局面明确了发展的战略步骤。

全面推进阶段：从党的十六大后至党的十九大。十六大以后，改革开放取得重大突破，新农村建设扎实推进，区域发展协调性增强，市场体系不断健全，开放性经济进入新阶段。在此期间，党提出了科学发展观和构

建社会主义和谐社会的目标，形成了“五位一体”的总体布局，中国特色社会主义事业全面推进。

四、中国特色社会主义道路的科学内涵

十一届三中全会实现了党的历史伟大转折。从此，中国社会主义建设进入了改革开放的新时期，揭开了开辟中国特色社会主义道路的序幕。1982年9月，党的十二大首次提出“走自己的路，建设有中国特色的社会主义”这一崭新的科学命题。十二大以后改革开放全面展开，中国特色社会主义道路迈出实质性步伐。在党的十三大、十四大、十五大、十六大相继提出党在社会主义初级阶段的基本理论、基本路线、基本纲领、基本经验的基础上，党的十七大首次对中国特色社会主义道路的基本内涵作了科学完整的表述，明确指出：“中国特色社会主义道路，就是在中国共产党领导下，立足基本国情，以经济建设为中心，坚持四项基本原则，坚持改革开放，解放和发展社会生产力，巩固和完善社会主义制度，建设社会主义市场经济、社会主义民主政治、社会主义先进文化、社会主义和谐社会，建设富强民主文明和谐的社会主义现代化国家。”概括起来就是坚持“一个中心、两个基本点”的有机统一、“四位一体”的总体布局和建设目标。党的十八大更是将“四位一体”进一步拓展为“五位一体”，丰富与拓展了中国特色社会主义道路的科学内涵。

五、中国特色社会主义道路的基本特征

中国特色社会主义道路要经历一个相当长期的历史阶段，具有一个独

立的稳定的社会形态。其基本特征可概括为：坚持四项基本原则的改革开放；社会主义基本制度与市场经济相结合的经济体制；一部分人先富裕起来，先富带动后富的共同富裕；共产党领导、人民当家作主和依法治国相统一的社会主义民主政治；马克思主义指导思想一元化和社会思潮多样化相统一的社会主义先进文化；以改善民生为重点的和谐社会建设；“一国两制”的基本国策，等等。中国特色社会主义道路的基本特征既体现了科学社会主义基本原则又充分体现了中国特色，这些基本特征是对中国特色社会主义道路主要内容和社会形态的总结和概括。

六、中国特色社会主义道路的时代价值

中国特色社会主义道路开创了在一个经济文化比较落后的农业大国实现现代化的崭新模式。它实现了科学社会主义基本原则与中国实际和时代特征的紧密结合，能最大限度地解放和发展生产力，坚持以人为本，走共同富裕之路，是最适合中国国情和时代要求的体制模式。中国特色社会主义道路具有广阔的发展前景，是中国社会发展进步的成功之路，是实现中国现代化和中华民族伟大复兴的必由之路。

中国特色社会主义道路的发展模式和实践经验不仅决定了中国社会发展的历史命运，而且丰富了世界发展模式，为占世界人口四分之三的落后国家的现代化建设和社会发展进步提供了重要的历史借鉴。中国特色社会主义道路的伟大成功，为步入低谷的国际共产主义运动注入了活力，带来了生机，为当代世界社会主义走向更加成熟和理性奠定了坚实基础，同时启示社会主义国家必须坚持科学社会主义基本原则，与本国国情和时代特征相结合，突破苏联社会主义模式，走出全新的社会主义建设新路，不断

开辟社会主义的美好前景。

七、中国特色社会主义道路的领导核心

中国共产党是马克思主义武装的中国工人阶级的先锋队，同时是中国人民和中华民族的先锋队。党的性质、宗旨和党领导的革命、建设和改革的实践决定了党的领导核心地位。党的领导核心地位是在带领全国各族人民团结奋斗和引领中国发展进步的长期历史过程中形成的，是历史的选择、人民的选择。

中国共产党在开创中国特色社会主义道路的征程中，不断进行理论创新，开创马克思主义中国化新境界。在粉碎“四人帮”后，中国面临着向何处去的历史转折时刻，以邓小平为核心的第二代中央领导集体总结了我国长期社会主义建设正反两方面的历史经验，指出把马克思列宁主义与中国实际相结合，走自己的路，带领全党全国各族人民开辟了中国特色社会主义道路；以江泽民为核心的第三代中央领导集体受命于国际国内局势动荡的历史关键时刻，高举邓小平理论伟大旗帜，坚持党的基本路线，提出“三个代表”重要思想，毫不动摇地走中国特色社会主义道路；以胡锦涛为总书记的党中央在改革开放和现代化建设新的历史条件下，在矛盾凸显、社会转型的攻坚阶段提出科学发展观等重大战略思想，为中国特色社会主义道路开拓了广阔的发展前景。以习近平为核心的党中央在新时代引领着全国人民披荆斩棘，创造了一个又一个人间奇迹，“五位一体”全面推进，“四个全面”集中展开，为实现伟大复兴的“中国梦”，作出艰苦卓绝的努力。历史表明，是中国共产党把握了中国社会的历史方位，作出了改革开放的重大决策，为中国社会发展指明了正确道路；是中国共产党

为中国特色社会主义道路提供了理论基础和指导思想；是中国共产党为中国特色社会主义道路制定了基本路线和纲领，指明了前进方向；是中国共产党为中国特色社会主义道路提出了发展理念与发展战略。在改革开放和社会主义现代化建设历程中，是中国共产党制定发展规划并组织实施保证完成。

付梓在即，掩卷沉思。本书通过对中国特色社会主义道路基本问题的全方位系统阐释与研究，希冀有助于全面深刻理解和把握中国特色社会主义道路科学内涵，为进一步发展中国特色社会主义事业提供理论支撑；希冀为当代世界社会主义运动和发展中国家的建设发展提供经验借鉴；希冀为深化和拓展科学社会主义和中共党史学科提供新的研究视角。

第一章 中国特色社会主义道路的历史逻辑

党的十九大报告指出：“九十六年来，为了实现中华民族伟大复兴的历史使命，无论是弱小还是强大，无论是顺境还是逆境，我们党都初心不改、矢志不渝，团结带领人民历经千难万险，付出巨大牺牲，敢于面对曲折，勇于修正错误，攻克了一个又一个看似不可攻克的难关，创造了一个又一个彪炳史册的人间奇迹。”①党的十九大报告深刻揭示了中国特色社会主义的历史逻辑。回顾中国近代百年寻路历程，追溯中国特色革命道路、中国特色社会主义革命与建设道路的历史发展轨迹，可以帮助我们深刻认识中国特色社会主义道路形成的合理性、发展的规律性以及胜利的必然性。

一、近代仁人志士追求中国梦的不懈奋斗与资本主义道路的破产

“历史是给人启迪的哲学，对国家与民族来说，历史又是对发展道路

①习近平：《决胜全面建成小康社会　夺取新时代中国特色社会主义伟大胜利——在中国共产党第十九次全国代表大会上的报告》，人民出版社，2017，第14—15页。

和模式的择优过程。”[1]中华民族在五千年的发展历程中取得了极大的辉煌成就，但在近代走向落后，一度陷入积贫积弱、任人宰割的境地。无数仁人志士为复兴中华，上下求索，苦苦寻觅。太平天国起义、洋务运动、变法维新、辛亥革命，无不以失败而告终。历史表明，不从根本上改变落后的生产关系和上层建筑，无法改变中国的前途和命运。

中国特色社会主义道路是马克思主义基本原理同中国具体实际相结合的产物，中国共产党人对这条道路的初步尝试及成功开辟与中国近代具体国情紧密相连。中国作为唯一延续至今的文明古国，几千年来形成了悠久而古老的中华文明，为世界带来了光辉灿烂的中华文化。但是，随着近代世界的工业大发展以及中国封建统治者的盲目骄傲自大，中国逐渐从一个强大的文明古国退化成为闭关自守的东方弱国。西方资本主义和工业化的发展带来了殖民需求，贫穷落后使中国根本无法抵御西方列强的入侵。从1840年开始，列强用坚船利炮轰开了中国国门。1895年，清政府同日本帝国主义签订了丧权辱国的《马关条约》，割让出辽东半岛、台湾、澎湖列岛；增开沙市、重庆、苏州、杭州为通商口岸；赔款白银二亿三千万两，并要求中国七年内付清；规定日本可在中国任意设厂。1897年，德国强占中国的胶州湾，1898年3月6日，清政府被迫正式同德国签订《胶澳租界条约》，《条约》规定德国对胶州湾的租期为99年，在此期间德国可以修建胶济铁路，同时还允许德国开采铁路两旁30华里范围内的一切矿产资源。随着一个又一个不平等条约的签订，中国被扑面而来的狼群蚕食、瓜分并逐步沦为半殖民地半封建社会。一方面，腐朽的清政府为了偿还数量庞大的战争赔款，导致财政入不敷出，其结果只能把压力转嫁在贫苦百姓身上，大量贫民徘徊于生死边缘。另一方面，西方列强为满足倾销商品的需

①刘焕明，刘翠：《中国道路的艰难选择及其世界历史意义》，《理论探讨》2013年第5期。

要，通过不平等条约强行打开中国的国门，用廉价商品冲击着中国的小农经济和脆弱的民族工商业，使中国的经济状况雪上加霜。西方的侵略与商品倾销带给中国的影响是巨大而深远的，其辐射范围遍及各个阶级。对于农民阶级来说，传统的小农经济结构被打破、世代耕种的土地被强行霸占以及繁重苛刻的赋税，使农民的生活日渐窘迫，他们中间处处充斥着对土地的渴求以及对改变生活现状的希望。对于地主阶级来说，帝国主义的入侵让中国逐渐陷入半殖民地的深渊，严重威胁到了他们的封建统治地位，他们希望寻求一条改变自身状况、加强统治基础的道路。对于新兴的民族资产阶级来说，他们长期受到外国企业和商品的压榨，有“实业救国”振兴民族工商业的殷切期望。对于受过现代教育的知识分子们来说，他们不满于人为刀俎、尊严尽失的现状，为国家的富强民主大声疾呼、翘首企盼。由此可见，道路问题已成为社会各阶级关注的焦点。

在中国的各社会阶层中，农民阶级受到的压迫最为沉重，食不果腹的生活迫使他们纷纷揭竿而起武装反抗封建主义与帝国主义的双重压迫。其中比较有代表性的就是太平天国起义。1851年1月11日，近代农民领袖洪秀全在金田宣布率众起义，轰轰烈烈的太平天国运动就此拉开帷幕。但是由于农民的革命目标来自于对土地的渴求及生活现状的不满，从本质上并没有跳出封建思想的束缚，起义所遵循的纲领也是具有严重封建色彩的神学纲领。这些使他们的斗争不能持久且无法抵御胜利果实带来的诱惑。天京的失陷以及石达开的败亡标志着曾经横扫中国南部的太平天国运动以失败告终。面对着内忧外患的局势，为了巩固统治权，封建地主统治阶级中的部分开明人士积极展开自救运动。先是由魏源、冯桂芬、林则徐、奕䜣等人提出“师夷长技以制夷”“中体西用”之术，希冀凭此可使中国免受列强欺辱，逐渐走向国强民富之路。与盲目遵从封建制度、对西方先进工业一概采取轻蔑态度的“顽固派”不同，这些渴望利用西方先进技术维护封建统治的人被称为“洋务派”，他们以“自强”“求富”为口号，开展了洋务运动。洋务运动期间，“洋务派”引进了多项西方的先进技术，建设起中国第一批现代工业，积极推广现代教育，客观上促进了民族资本主义的发展。洋务运动的目的是为了引进西方先进科学技术加强封建统治，但是资本主义工业技术与落后的封建体制之间的矛盾是很难化解的。新兴的资本主义工商业受到封建体制的束缚，中国民族工业的市场很狭小，大都是自产自销并以军工为主。较少的民商投入、孱弱的产品竞争力难以实现洋务派倡导的“商战”思想。所以，这条以西方先进工业为落后封建王权服务，用资本主义先进生产力去维护封建落后生产关系的道路是无法让中国的资本主义真正发展起来的。1894年，中日甲午战争爆发，经过连场鏖战，清政府倾力打造的北洋舰队在威海卫军港被日本帝国主义彻底摧毁。甲午海战的失利标志着洋务运动的彻底失败。这也证明了以维护封建体制为目的的地主阶级改良道路在中国是行不通的。洋务运动虽然失败了，但是从客观上促进了中国民族资本主义的发展，随着中国民族资产阶级经济实力的不断增强，他们开始谋求与其经济地位相符的政治权利。清朝末期，民族资产阶级登上历史舞台，他们希望效法西方，改变中国陈腐的封建制度，实行君主立宪制。但是由于清政府的军政大权牢牢掌握在因循守旧的以慈禧太后为代表的顽固派一方，而维新派所仰仗的光绪帝是一个并没有实权的皇帝，这在很大程度上抑制了变法政策的实施与推行。很快，变法改革触动顽固派的利益，帝国主义也不允许中国通过变法脱离它的殖民统治，所以民族资产阶级的改良道路刚刚起步就遭到了中外反动势力的联合绞杀。结果戊戌变法仅坚持了103天就宣告失败，变法的失败标志着希望通过走资产阶级改良道路来复兴中国是行不通的。

维新变法失败后，中国的有识之士对道路追寻的脚步并没有停歇。20世纪初，清政府迫于压力，开始实行新政改革。清末新政的目的并非立宪还政于民，而是腐朽的清政府为了延续自身统治的一次自救行动。事实看来，清政府通过新政措施，虽然使全国的工业有所增长，也出台了一些有力的措施，促进了教育、实业等方面的进步，但从总体目标来看，清政府未能完成自救。清政府的横征暴敛引起了民众的激烈反抗，从1902年清政府筹备新政开始到1911年辛亥革命爆发前夕，内地18省爆发民变多达1200余起。此时，中国近代民族民主革命先驱孙中山先生在中华大地上率先举起彻底反封建的旗帜。他以“驱除鞑虏，恢复中国，创立合众政府，倘有二心，神明鉴察”为誓词成立兴中会，后发展为中国同盟会，成为领导中国资产阶级革命的主力军。1911年10月10日，湖北省新军工程第八营中的革命党人打响了辛亥革命的第一枪。随后革命浪潮迅速高涨蔓延，最终汇集成一股无法抗拒的洪流，短短两个月内，15个省相继宣布独立。1912年2月12日，腐朽没落的清王朝轰然倒塌。辛亥革命成功地将皇帝赶下了台，国人无不欢欣鼓舞。然而，在面对强大的帝国主义以及本国封建势力接踵而至的胁迫和篡取时，资产阶级革命家们却选择了妥协与退让。辛亥革命的胜利果实很快被北洋军阀袁世凯窃取，资产阶级革命也没有从根本上改变中国的社会性质。辛亥革命在某种意义上是成功的，作为中国近代影响力最为深远的大革命，它推翻了统治中国两千多年的封建帝制，其所倡导的“民主”“共和”等思想理念深入人心。辛亥革命也加速了中国的民主化进程，中国从此走上了追求民主与共和的道路。但是我们也应该看到：首先，资本主义道路的破产源于民族资产阶级自身所固有的软弱性和妥协性。中国的民族资产阶级由于先天不足，自诞生之日起发展就受到严重限制。列强与本国封建势力的不断压榨和剥削使民族资产阶级不得不在夹缝中生存。同时，民族资本主义具有革命性，并且在一定程度上是倡导并支持反帝反封建的。但是，民族资产阶级也有其自身的缺陷，他们需要依靠西方帝国主义提供资金和技术，需要根深蒂固的本国封建势力给予政策支持。因此，他们无法完全斩断与帝国主义、封建地主势力之间千丝万缕的联系，更不可能提出彻底的反帝反封建纲领。所以，资产阶级领导的旧民主主义革命道路是一条不彻底的反帝反封建道路。事实说明，想通过资产阶级革命实现中国民族独立与国家富强的目标是无法实现的。其次，资产阶级革命道路的破产在于民族资产阶级无法把各阶层民众团结在自己周围。旧中国是一个落后的农业国，农民占了总人口的大多数，他们关心的是和自身结合最紧密的土地问题。资产阶级革命纲领集中体现了资产阶级意志，它的重心在于为民族资产阶级谋求更好的发展环境。中国的封建势力是极其顽固的，许多民族资本家本身就是带有严重封建烙印的大地主，革命纲领在审定时不得不考虑他们的利益。孙中山先生在三民主义中提出的土地纲领是“平均地权，增价归国”，也就是“当改良社会经济组织，核定天下地价。其现有之地价，仍属原主所有；其革命后社会改良进步之增价，则归于国家，为国民所共享”①。这个纲领的主要内容在于土地国有，其目的是为了在中国资本主义发达之后，调节由于收入差距过大而产生的土地问题。但事实上，在旧中国这样一个封建烙印极深的国家，实现土地国有是极其困难的，这个纲领没有完全迎合农民对土地的渴求，所以也必然难以激起农民阶级的革命热情。对于新兴的具有巨大革命力量的无产阶级来说，辛亥革命打击了封建、买办和帝国主义势力，工人的生活和工作比起旧工厂有所改善。但是不管从革命的领导阶级还是革命的性质出发，辛亥革命都不是为了解决资产阶级同无产阶级的矛盾，所以它对无产阶级革命积极性的调动是有限的。综上所述，帝国主义的打压，本国封建残余、买办势力的强大，以及民族资产阶级自身的软弱与妥协，这三者叠加导致了近代中国资本主义道路的破产，也证明了在特殊的国情条件

①《孙中山选集》，人民出版社，1981，第78页。

下，中国的资产阶级无力完成本该属于自身任务的资产阶级革命。中国的社会性质从根本上没有改变，人民仍然受到来自帝国主义、本国封建主义、官僚资本主义的欺压，孙中山先生民主、共和的梦想破灭了。国人仍需要寻求一条新的道路以解决中华民族所面临的空前危机。

事实证明，不触动封建根基的自强运动和改良主义、旧式的农民战争、资产阶级革命派领导的民主革命，以及照搬西方资本主义的其他种种方案，都不能改变中国半殖民地半封建社会的社会性质，不可能完成救亡图存、民族振兴的历史任务。从洪秀全、康有为到孙中山，都曾经努力向西方学习，但都没有能够找到救国救民、实现民族复兴的真理和道路。帝国主义的侵略打破了中国人照搬西方的迷梦。中华民族仍然苦难深重，找不到解放和复兴的出路。

二、中国共产党的应运而生与中国特色革命道路的开辟

近代中国国破辱深，民不聊生，先进的中国人前赴后继，不断探求救国救民的真理，但都以失败告终。正当中国人民为救亡图存迷茫困惑之际，俄国十月革命让中国的先进分子看到了曙光。随着马克思主义在中国的广泛传播，在共产国际的帮助下，在白色恐怖笼罩极端秘密的环境中，中国共产党在神州大地上悄然诞生了。她是以马克思列宁主义为行动指南，以实现共产主义为最终目标的无产阶级政党。从此，中国历史揭开了崭新的篇章。

1917年，震惊世界的俄国十月革命爆发，以列宁为代表的布尔什维克党一举夺取了国家政权。俄国虽然是资本主义国家，但是它的资本主义比起西方发达资本主义国家要落后许多，国内的封建残余严重，人民群众

生活水平低下，这些都与中国的国情有所相似。因此，俄国无产阶级革命的成功无疑为中国革命提供了新的研究、借鉴对象。“走俄国人的路——这就是结论”。[①]中国共产党应运而生，中国人民终于有了革命的坚强领导核心。在长达30多年的革命斗争历程中，中国共产党将马克思主义科学原理与中国具体实际相结合，逐步开辟了中国特色革命道路。中国特色革命道路的成功开辟为中国社会的发展进步作出两大独有贡献：第一，从半殖民地半封建社会进入社会主义社会是可行的。马克思通过对生产力与生产关系、经济基础和上层建筑两对矛盾的分析，得出了人类社会发展的一般性规律，即原始公社、奴隶社会、封建社会、资本主义社会、社会主义社会从低到高的渐次发展规律。它揭示的是人类社会由野蛮到文明、由落后到先进、由低级到高级逐步向前发展演进的总趋势，这是不以人的意志为转移的客观规律。但并非是说每一个国家和民族的发展都应该按部就班地依次经历五种社会形态，不同的国家和民族在向更高一级社会形态过渡的过程中总是呈现自身的特色。世界上的绝大多数国家、民族和地区都没有完整地经历五种社会形态，美国就从氏族社会、奴隶社会直接进入资本主义社会。近代中国历史已经证明，农民武装起义、地主阶级改良、资产阶级改良、资产阶级革命等道路都无法彻底实现反帝反封建的革命目标，无法改变中国半殖民地半封建社会的社会性质，无法将中国建设成为民族独立、民主富强的现代化国家。资本主义国家的发展造成了世界的两极分化，先进行工业化的国家迅速富强起来，而落后的国家只能沦为殖民地、原料产地、商品销售地。这种分工已经完成，落后的国家想通过资本主义发展谋富强的道路已经难上加难。此外，近代逐渐开放的世界大势让国与国之间的交流更方便，多国之间相互借鉴发展文明成果。在民族资产阶级

①《毛泽东选集》（第四卷），人民出版社，1991，第1471页。

无力取得革命成功，无产阶级逐渐壮大的形势下，落后国家跳跃性发展是可能的，正如邓小平所言：“人们提出这样一个问题，如果中国不搞社会主义，而走资本主义道路，中国人民是不是也能站起来，中国是不是也能翻身？让我们看看历史吧。国民党搞了二十几年，中国还是半殖民地半封建社会，证明资本主义道路在中国是不能成功的。中国共产党人坚持马克思主义，坚持把马克思主义同中国实际结合起来的毛泽东思想，走自己的道路，也就是农村包围城市的道路，把中国革命搞成功了。”[①]所以半殖民地半封建的中国也可以在中国共产党的领导之下，最终走上社会主义道路。第二，中国走社会主义道路，不能一蹴而就，必须分两步走，即先进行无产阶级领导的新民主主义革命，再进行社会主义革命，将中国建设成为一个民主富强的社会主义现代化国家。中国当时的社会性质仍然是半殖民地半封建社会，国家的主要矛盾是中华民族同帝国主义之间的矛盾，而不是资产阶级同无产阶级之间的矛盾。帝国主义、封建主义、买办资本像三座大山一样压在人民头上，他们才是人民的主要敌人，是中国贫穷落后的根源。中国共产党要领导无产阶级和中国人民求解放，要在中国实现社会主义直至共产主义，就必须推翻三座大山，进行新式的资产阶级民主革命，改变社会性质，建立新民主主义社会，同时通过将帝国主义和官僚资本收归国有，将封建土地分配给农民，这样就能够为后续的社会主义改造提供物质基础与必要准备。毛泽东指出：“这种新式的民主革命，虽然在一方面是替资本主义扫清道路，但在另一方面又是替社会主义创造前提。”[②]在此基础上，中国再进行社会主义革命，改造保存的资本主义工商业与富农经济，把中国建设成为富强民主文明的社会主义现代化国家。

中国共产党在此基础上，将中国的社会主义道路具体化，开辟了中

①《邓小平文选》（第三卷），人民出版社，2001，第62—63页。
②《毛泽东选集》（第二卷），人民出版社，1991，第647页。

国特色革命道路。中国特色革命道路的鲜明特色主要体现在：第一，这场革命是在东方半殖民地半封建社会进行的一场由中国无产阶级领导的新式资产阶级民主革命。作为这场革命的曾经幕后主导者，共产国际对中国革命走农村包围城市的道路，在相当长一段时间是不赞成、不支持的，甚至它的态度立场与一些行为还直接影响到中国革命的历史进程。以毛泽东为代表的中国共产党人对此进行了坚决的抵制与顽强的抗争，并逐渐摆脱了共产国际对中国革命的束缚，批判了那种盲从共产国际指示、照搬照抄苏联经验的“本本主义”“经验主义”。以马克思主义为指导，从中国的实际国情出发，不断完善中国革命道路理论，以创新的理论来领导革命的实践，最终夺取革命的胜利。可见，走自己的路，绝不盲从于所谓的“先进经验”，是特色革命道路形成的一个鲜明特点。第二，这场革命道路的线路图是城市—农村—城市。以城市为中心发动武装暴动夺取政权，是任何一场革命取得胜利的目标与途径。但是何时夺取城市却是问题的关键所在。俄国革命走的是一条先占领中心城市，进而全面夺取政权的道路；但是在中国，由于特殊的国情决定了革命无法首先在城市取得成功，因此只能将革命武装力量扎根于农村，然后再以农村为根据地逐步包围并最终达到夺取城市的目的。可见，先以农村为基地包围城市，时机成熟时再进一步夺取城市，是中国特色革命道路的一个鲜明特点。第三，这条道路是在与各种机会主义倾向斗争中形成的。民主革命时期，在中国共产党内存在着大量小资产阶级出身的党员，他们虽然加入到革命队伍中，但是在思想上或多或少还残留着一些小资产阶级意识，在这种意识的影响下一些同志在革命斗争中就容易产生机会主义倾向。从右倾投降主义到“左”倾盲动主义、“左”倾教条主义，都是机会主义在党内的集中体现，它们都曾给我们的革命事业造成无法弥补的损失。中国共产党也正是在与这些机会主义思想斗争的过程中逐渐成长起来的。可见，在革命征途中，不断与各种机会主义思想做斗争，是中国特色革命道路的鲜明特征。

抗日战争胜利之后，以蒋介石为首的国民党反动派倒行逆施，违背人民和平成立新中国的意愿，悍然发动内战。中国共产党被迫领导人民进行解放战争，民心所向，大势所趋，中国共产党领导的人民军队终于以弱胜强，推翻了国民党的反动统治，完成了新民主主义革命，建立了新中国。1956年，通过对生产资料私有制的社会主义改造，社会主义制度正式确立。从此，以毛泽东为代表的中国共产党人，开始了对中国特色社会主义建设道路的艰辛探索。

三、毛泽东的艰辛探索与中国特色社会主义建设道路的开创

社会主义制度建立后，以毛泽东为代表的第一代中央领导集体率领中国人民进行了长达二十余年的中国式社会主义建设事业的艰辛探索，形成了许多宝贵的思想成果，取得了旧中国几十年所不可能有的建设成就，为中国的现代化打下了重要的基础。但由于国际国内诸多原因，在相当长时间内，在社会主义建设的指导思想上，“左”的思想逐渐占据上风，使得我们党关于社会主义建设的许多难能可贵的正确认识没能贯彻和坚持下去，直至发生了“文化大革命”那样的全局性悲剧。这些成功的经验和失败的教训历史经验成为中国共产党继续探索中国特色社会主义道路的宝贵的财富。

中国特色革命道路中的新民主主义革命道路的成功，使中国终于完成了反帝反封建的民主革命任务，建立了新中国。此时，中国已进入新民主主义社会。新中国成立初期，中国共产党从国民党那里接手的是一个千

疮百孔的“烂摊子”，经济衰败、民族工商业凋零、百姓生活穷困潦倒，整个国家处于“一穷二白”的境地。对此，毛泽东曾有过形象的描述：“现在我们能造什么？能造桌子椅子，能造茶碗茶壶，能种粮食，还能磨成面粉，还能造纸。但是，一辆汽车、一架飞机、一辆坦克、一辆拖拉机都不能造。”[①]各项工作百废待兴，工作任务千头万绪，从20世纪50年代初期开始，中国共产党领导广大人民先后进行了抗美援朝战争、剿匪、镇压反革命、土地改革、“三反”“五反”等各项运动，兴利除弊，大力恢复和发展经济、文化、教育事业，短短几年内使受到严重破坏的国民经济得到恢复，社会治理初见成效，人民生活水平稳步提高。随着土地问题的解决，确立社会主义制度、走社会主义道路的条件逐渐成熟。1956年，中国完成了历史上最伟大深刻的社会变革——生产资料私有制的社会主义改造。社会主义改造的成功标志着中国正式从新民主主义社会步入社会主义社会。从此，以毛泽东为代表的中国共产党人，开始了对社会主义建设道路、中国特色工业化道路的艰辛探索。

第一，社会主义阶段性的探索。以毛泽东为代表的中国共产党人对中国的基本国情有所认识，对中国实行社会主义建设，走中国特色工业化道路的长期性问题，有一定的思想准备。对于中国社会主义建设的长期性问题，早在国民经济恢复时期周恩来就曾明确指出：“中国是一个经济落后的国家，它走向工业国家化、农业集体化的社会主义道路是需要一个相当长的时期的。”“社会主义这条道路不是容易走的，中国现正在这条道路上前进，这是一条漫长的道路。”毛泽东曾指出：“中国的人口多、底子薄，经济落后，要使生产力很大地发展起来，要赶上和超过世界上最先进的资本主义国家，没有一百多年的时间，我看是不行的。”他告诫全党：“我劝同志们

① 《毛泽东文集》（第六卷），人民出版社，1999，第329页。

宁肯把困难想得多一点，因而把时间设想得长一点。三百几十年建设了强大的资本主义经济，在我国，五十年内外到一百年内外，建设起强大的社会主义经济，那又有什么不好呢？”他进一步说：“要准备着由于盲目性而遭受到许多的失败和挫折，从而取得经验，取得最后的胜利。由这点出发，把时间设想得长一点，是有许多好处的，设想得短了反而有害。”[①]对于中国社会主义发展阶段的理论问题，毛泽东进行了有益的探索。1954年的宪法草案中，初次规定了中国社会主义建成的时间，对此毛泽东指出：“我们是一个六亿多人口的大国，要实现社会主义工业化，要实现农业的社会主义化、机械化，要建成一个伟大的社会主义国家，究竟需要多少时间？现在不能讲死。到那时，是不是就很伟大了呢？不一定。我看，我们要建成一个伟大的社会主义国家，大概经过五十年即十个五年计划，就差不多了，就像个样子了，就同现在大不一样了。”[②]在1956年的知识分子问题会议上，他依据当时社会主义改造在我国已取得决定性胜利这个情况，第一次提出我国的“社会主义社会已经进入、尚未完成”的思想。在《关于正确处理人民内部矛盾的问题》的讲话中，他进一步把社会主义制度的“建立”和“建成”做了明确区分。随后在《一九五七年夏季的形势》中指出，之所以说我国的社会主义社会还没有建成，重要原因是我国社会主义制度的物质基础还很不充分。1964年底，周恩来在三届人大一次会议所做的《政府工作报告》中指出：从第三个五年计划开始，我国国民经济的发展，可以按两步来设想：第一步，用十五年时间，即在1980年以前，建成一个独立的比较完整的工业体系和国民经济体系；第二步，在本世纪内，全面实现农业、工业、国防和科学技术的现代化，使我国国民经济走在世界的前列。这就是周恩来较早提出的“两步走”战略思想。继周恩来提出“两步走”战略思想后，毛泽东在读苏

① 《毛泽东文集》（第八卷），人民出版社，1999，第302页。

② 《毛泽东文集》（第六卷），人民出版社，1999，第329页。

联《政治经济学教科书》的谈话中，根据苏联社会主义建设理论的经验和模式，也提出了社会主义两个阶段的划分。他说："社会主义这个阶段，又可分为两个阶段，第一个阶段是不发达的社会主义，第二个阶段是比较发达的社会主义。后一个阶段可能比前一个阶段需要更长的时间。经过后一阶段，到了物质产品、精神财富都极为丰富和人们的共产主义觉悟极大提高的时候，就可以进入共产主义社会了。"[①]而社会主义一定要向共产主义过渡，过渡完成的时候，社会主义阶段的一些东西是必然要灭亡的。就是到了共产主义阶段，也还是要发展的。它可能要经过几万个阶段。"现在看来，搞社会主义建设不要那么十分急。十分急了办不成事，越急就越办不成，不如缓一点，波浪式地向前发展。"[②]毛泽东提出社会主义社会阶段划分问题是对什么是社会主义在认识上的一次深化，无疑具有重要理论意义、实践意义和历史启迪。它开始改变了人们长期以来认为社会主义是不分阶段的、比较短暂的时期，社会主义建立后无须经过自身的发展，就可以直接向共产主义过渡的传统观点。进一步发展了列宁所提出的社会主义将经历不同发展时期的思想，为党的十三大明确提出社会主义初级阶段提供了理论先导。

第二，社会主义社会矛盾的探索。毛泽东是最早认识到社会主义矛盾的领导人，他完善了对社会主义社会矛盾的认识。一方面毛泽东认为社会主义社会的基本矛盾仍然是生产关系和生产力、上层建筑和经济基础的矛盾。它与旧社会有所不同的是，两者之间又相适应又相矛盾：社会主义生产关系已经建立起来，它是和生产力的发展相适应的；但是，它还很不完善，这些不完善的方面和生产力的发展又是相矛盾的。除了生产关系和生产力发展的这种又相适应又相矛盾的情况以外，还有上层建筑和经济基础的又相适应又相矛盾的情况。毛泽东关于社会主义社会基本矛盾的论述

---

①《毛泽东文集》（第八卷），人民出版社，1999，第116页。

②《毛泽东文集》（第八卷），人民出版社，1999，第236页。

发展了列宁的矛盾思想，超越了斯大林社会主义条件下生产关系完全适应生产力性质的观点，丰富发展了马列主义科学社会主义学说，深化了对于科学社会主义的再认识，为社会主义制度下的自我完善和改革奠定了坚实的理论基础。另一方面毛泽东在分析社会主义社会基本矛盾的基础上，明确提出了关于社会主义社会两类不同性质社会矛盾的学说。毛泽东在《关于正确处理人民内部矛盾的问题》的讲话中，第一次明确指出敌我矛盾和人民内部矛盾是社会主义社会的两类矛盾，是性质完全不同的矛盾。“敌我之间的矛盾是对抗性的矛盾。人民内部的矛盾，在劳动人民之间来说，是非对抗性的；在被剥削阶级和剥削阶级之间来说，除了对抗性的一面以外，还有非对抗性的一面。”[①]在社会主义学说史上，毛泽东第一次把新中国工人阶级同民族资产阶级的矛盾当作人民内部矛盾来处理。毛泽东指出，在我们国家里，工人阶级同民族资产阶级的矛盾属于人民内部矛盾。按照马克思主义一般原理，社会主义革命的对象是资产阶级。以毛泽东为代表的中国共产党人从近代中国国情出发，把中国的资产阶级划分为官僚买办资产阶级和民族资产阶级两部分；认为民族资产阶级具有两面性，长期地把民族资产阶级作为革命的同盟军来团结、争取。在社会主义革命过程中，民族资产阶级同工人阶级的矛盾本来是具有对抗性的；但是，中国共产党通过利用、限制和改造一系列正确的方针、政策，将这种对抗性矛盾转化为非对抗性矛盾，通过和平赎买顺利实现了对资本主义工商业的社会主义改造，用和平的方式解决了民族资产阶级问题。由于两类社会矛盾的性质不同，解决的方法也不同。敌我矛盾是对抗性的，是分清敌我的问题，需要用强制的、专政的方法来解决；人民内部矛盾是在人民利益根本一致基础上的矛盾，是分清是非的问题，只能用民主的、说服教育的方法

①《毛泽东文集》（第七卷），人民出版社，1999，第205页。

来解决，绝不能用解决敌我矛盾的强制、专政的方法去解决。毛泽东关于正确区分两类不同性质的矛盾，特别是关于正确处理人民内部矛盾问题的思想，为在社会主义条件下协调人民内部的各种关系，解决人民内部之间的各种矛盾，创造安定团结的政治局面和宽松有序的社会环境，尤其对构建社会主义和谐社会，提供了理论基础和政策依据。

第三，社会主义建设规律的探索。探索社会主义建设的客观规律是一个漫长的历史过程。对于建设社会主义的规律的认识，必须从实践出发，从没有经验到有经验，从有较少的经验到有较多的经验，从建设社会主义这个未被认识的必然王国，到逐步地克服盲目性、认识客观规律，从而获得自由，在认识上出现一个飞跃，到达自由王国。毛泽东探索中国社会主义建设的客观规律集中体现在社会主义经济规律方面，比较典型的是商品生产的规律探索。在商品生产属性方面，毛泽东倡导正确认识商品生产的重要性，认为商品生产的性质取决于它同什么样的经济制度相联系。“许多人避而不谈商品和商业问题，好像不如此就不是共产主义似的。”①人民公社必须生产适宜于交换的社会主义商品。“商品生产不能与资本主义混为一谈。为什么怕商品生产？无非是怕资本主义……不要怕，我看要大大发展商品生产……不能孤立地看商品生产，斯大林的话完全正确，他说：‘决不能把商品生产看作是某种不依赖周围经济条件而独立自在的东西。’商品生产，要看它是同什么经济制度相联系，同资本主义相联系就是资本主义商品生产，同社会主义制度相联系就是社会主义商品生产。”②社会主义商品生产的大力发展，不会导致资本主义，因为社会主义制度下已经没有了资本主义的经济基础，社会主义制度下的商品生产是为社会主义服务的。社会主义商品生产概念的提出，发展了斯大林提

①《毛泽东文集》（第七卷），人民出版社，1999，第434页。
②《毛泽东文集》（第七卷），人民出版社，1999，第439页。

出的商品生产的“非独立自在物”的观点，表明商品生产并非是资本主义社会的专利品，商品生产必须依附一定的经济制度才存在，商品生产只是人类社会实现自我发展和进步的有效工具。这就明确地提出了社会主义商品生产概念，批判了商品生产是资本主义独有的错误观念，表明了商品生产对经济制度的从属作用。在商品生产的地位方面，毛泽东认为商品生产在社会主义国家中有重要作用，中国是商品经济很不发达的国家，因而需要有一个发展商品生产的阶段，“斯大林的《苏联社会主义经济问题》一书……第二章、第三章，讲商品和价值法则……我相当赞成其中的许多观点，把这些问题讲清楚很有必要”。“现在要利用商品生产、商品交换和价值法则，作为有用的工具，为社会主义服务。”[①]必须肯定社会主义的商品生产和商品交换还有积极作用。“调拨的产品只是一部分，多数产品是通过买卖进行商品交换。”对于商品生产在社会主义社会存在的时间问题，毛泽东在1958年的武昌会议上提出，我看商品时期还是搞长久一点好，不要一百年也要三十年，再少说得十五年。而在他制定的八届六中全会决议《关于人民公社若干问题的决议》中，又明确指出，在今后一个必要的历史时期内，人民公社的商品生产，以及国家和公社、公社和公社之间的商品交换必须有一个很大的发展，“这种商品生产，通过商品的交换，既可以满足社会日益增长的需要，又可以换回等价物资，满足本社生产上和社员生活上日益增长的需要。在商品流通过程中，价值、价格和货币仍然将起它们的积极作用”[②]。只有发展起商品生产，才能提出向共产主义进入的问题，所以，毛泽东指出：进入共产主义有步骤。我们向两方面扩大：一方面发展自给性的生产，一方面发展商品生产。毛泽东在论述商品生产和商品交换的重要性、长期性时，特别强调要高度重视价值法则

①《毛泽东文集》（第七卷），人民出版社，1999，第435页。
②《建国以来毛泽东文稿》（第七册），中央文献出版社，1992，第507—508页。

的作用。他指出：价值法则“是一个伟大的学校，只有利用它，才有可能教会我们的几千万干部和几万万人民，才有可能建设我们的社会主义和共产主义”[①]。这种认识打破了社会上一些人轻视商品生产、将商品生产与资本主义画等号的错误思想。在计划生产规律方面，国民经济的发展是一个错综复杂的系统工程，能不能按比例协调地发展，关键就是要看对平衡和不平衡这一对既矛盾又统一的事物的认识程度和认识态度。“一五”计划期间，毛泽东针对照搬苏联模式出现的国民经济失衡状况，提出“以苏为鉴”并发表《论十大关系》，随后在党的八大既反保守又反冒进即在综合平衡中稳步前进的思想指导下，着手调整国民经济比例关系，使国民经济失衡状况在一定程度上得到调节。特别是在1958年“大跃进”国民经济开始出现比例失调情况以后，毛泽东和党中央通过郑州会议、武昌会议、上海会议和八届七中全会，进行了一系列纠正高指标、浮夸风的努力。一方面毛泽东认真研读马列主义关于共产主义的论著，透过苏联社会主义经济建设实践，探索中国社会主义建设的客观规律。毛泽东在读苏联《政治经济学教科书》的谈话中说：“资本主义社会里，国民经济的平衡是通过危机达到的。社会主义社会里，有可能经过计划来实现平衡……但是不能认为社会主义社会里就没有自发性和自流性。”[②]社会主义社会的这种自发性，会导致制定计划的时候出现偏差，计划本身就存在着合乎规律和不合乎规律的情况。即便是合乎规律的计划，在自发性的诱导下，也可能出现不平衡。这种不平衡不会消失，而是通过社会主义国家的计划进行调节，所以，社会主义发展很可能出现不平衡情况，计划需要用来调节使之趋于平衡。“大跃进”的主要缺点和根本教训就是没有实现平衡。说了两条腿走路、并举，实际上还是没有兼顾。在整个经济中，平衡是个根本问

①《建国以来毛泽东文稿》（第六册），中央文献出版社，1992，第172页。
②《毛泽东文集》（第八卷），人民出版社，1999，第118页。

题。毛泽东的社会主义经济平衡发展思想主要是通过国家计划经济来实现国民经济按比例的发展，而这个有计划按比例的发展过程，就是“综合平衡”的过程。这种认识最终形成了毛泽东关于经济的“综合平衡”思想，它对于正确认识计划经济与市场经济之间的关系，以及寻求社会主义经济规律有着重要贡献。

毛泽东对中国特色工业化道路和社会主义建设道路的探索，系统阐述了社会主义矛盾和发展动力，明确提出了社会主义的根本任务，创造性地提出了社会主义阶段论和商品生产、价值论，并且在国民经济同社会发展的关系、社会主义经济体制和管理体制、中国社会主义建设道路与经济政治文化发展等多方面得出许多宝贵的结论。它们不但是中国特色社会主义道路开辟和发展的宝贵精神食粮和理论基础，而且取得了实践上的巨大成果。但遗憾的是，随着社会主义事业的不断发展，在丰硕的成果下，毛泽东同志对社会主义发展形势的判断逐渐过于乐观起来，加之受到国际、国内局势的影响，许多正确的决策和认识被它们的提出者毛泽东自己所放弃，中国社会主义建设道路在进行中遭遇了反复和曲折。建成社会主义甚至实现共产主义的期限一减再减，直至出现像“大跃进”运动这样违背科学规律的所谓“跳跃式”发展。社会矛盾的认识经过“反右”扩大化之后，毛泽东抛弃了其正确主张，认为国家的主要矛盾仍然是资产阶级同无产阶级之间的矛盾，并得出主要任务仍是阶级斗争的观点，极大地影响了其对于中国局势和主要任务的判断。对于经济规律的探寻也随着阶级斗争的高涨再次陷入低潮。虽然这一艰辛探索因为国内的整风“反右”运动、“文化大革命”的爆发而被迫中断，但它同样给我们留下了宝贵的经验，为中国特色社会主义道路的开辟和发展提供了鲜活的理论先导和沉痛的历史教训。

毛泽东对中国社会主义道路的探索实践表明：中国社会主义道路的发

展必须以发展生产力为核心，它是社会主义的根本任务。"大跃进"和人民公社化运动的失误对道路探索造成了严重影响，共产风、浮夸风、高指标和瞎指挥等错误思潮蔓延。毛泽东和党中央曾一度察觉到了"左"倾错误并进行了纠正，并于八届九中全会通过了对国民经济的"调整、巩固、充实、提高"八字方针，随后召开的中共中央工作扩大会议又系统总结了"大跃进"运动中的经验教训，"左"倾思想已经初步受到遏制，整体的形势正在逐步好转。但是，国际形势的风云突变，以及国内少数右倾分子乘机对党中央的大肆攻击，让毛泽东误认为资产阶级正在谋划夺权，人民拥有的政权正在丧失。1962年的八届十中全会上，毛泽东重新强调阶级斗争要"年年讲，月月讲，天天讲"，并以此为指导制定了党在社会主义时期的基本路线并强调要"以阶级斗争为纲"。"文化大革命"期间，更进一步提出"无产阶级专政下继续革命"的理论，致使中国陷入阶级斗争扩大化的泥潭长达20多年之久。由于放弃了发展生产力，各行各业强调阶级斗争，农民不种地，工人不开工，学生不上学，政府瘫痪，城市出现大量劳动力冗余，社会趋于混乱。"文化大革命"时期，虽然在个别科技领域有所突破，但整体来说，国民经济的发展几乎处于停滞状态，这个教训是刻骨铭心的。总结新中国成立以来社会主义建设的历史经验不难发现，在通常情况下，一个国家的根本任务取决于其主要矛盾，主要矛盾则取决于社会性质，社会性质取决于其基本国情。基于这样的逻辑，我们只有正确把握社会的基本国情，才能正确分析社会性质；只有正确认识社会性质，才能正确判断社会的主要矛盾；只有正确理解社会的主要矛盾，才能正确提出党和国家的根本任务。正因如此，民主革命时期半殖民地半封建的社会性质是中国近代社会的基本国情，帝国主义和中华民族的矛盾，封建主义和人民大众的矛盾是近代中国社会的主要矛盾，反对帝国主义、反对封建主义的斗争是中国民族民主革命的根本任务。大规模社会主义建设开始后，不发达社会主义（初级阶段）是社会主义时期中国社会的基本国情，人民日益增长的物质文化需求同落后生产力之间的矛盾是社会主要矛盾，发展生产力是社会主义的根本任务。因此，发展生产力必然会成为社会主义中国的根本任务。1958年后，毛泽东在领导中国社会主义建设过程中，过多地强调生产关系对生产力的积极意义，甚至在一定时期过分夸大生产关系的作用，在实践中导致脱离生产力盲目变更生产关系、以生产关系的变革代替生产力发展的错误，最终束缚了生产力发展。当前，中国仍处于社会主义的初级阶段，我们现在依旧面临着发展生产力的艰巨任务，生产力是社会发展的最终决定力量，是决定我们的事业兴衰成败的根本，所以我们要以经济建设为中心，大力发展生产力。把发展作为党执政兴国的第一要务，这是我们党、我们国家兴旺发达和长治久安的根本要求。事实已经证明，偏离生产力的发展方向，只是在生产关系上不断变革或是意识形态领域搞阶级斗争，表面上是对社会主义的维护，实质是在破坏社会主义巩固和发展的基础。因为社会主义的胜利，必须建立在发达的生产力之上。社会主义阶段的最根本任务就是发展生产力，社会主义的优越性归根到底要体现在它的生产力比资本主义发展得更快一些、更高一些，并且在发展生产力的基础上不断改善人民的物质文化生活。如果说我们新中国成立以后党和国家的工作有缺点，那就是对发展生产力重视不够。社会主义要消灭贫穷，当务之急就是发展生产力。虽然，中国的经济有了举世瞩目的提高，但我们仍然还是一个发展中的社会主义国家，仍然处于社会主义初级阶段。发展生产力作为社会进步的最终决定力量，作为社会主义优越性的体现标志，作为发展中国特色社会主义道路的关键，仍然是我们必须坚持的根本任务。

毛泽东对中国社会主义道路的探索实践表明：中国社会主义道路的发展必须发挥人民群众的主体作用，必须坚持人民民主和党内的民主集中制。中国共产党是社会主义事业的开创者、组织者和领航者，中国共产党的领导地位是在中国人民追求民族独立、国家富强、生活幸福的长期斗争和实践中逐步形成的，是历史的选择、人民的选择。中国共产党领导中国人民进行民主革命和社会主义建设，其本质就是领导、支持和保证人民当家作主。因为中华人民共和国的一切权力属于人民，人民民主是社会主义的生命。毛泽东是最重视、最早提出人民民主的领导人。一方面他反对分散主义，主张高度的集中；另一方面他又强调实行高度的民主，把建立民主政治作为革命的首要任务之一。早在1944年他同黄炎培的谈话中，就提出民主是保证党和国家政权不变质，解决“历史周期律”问题的根本途径。1957年他又明确地提出了造成一个“又有民主又有集中，又有纪律又有自由，又有统一意志、又有个人心情舒畅、生动活泼的那样一种政治局面”的目标。1959年底到1960年初他还提出劳动者管理国家、管理军队、管理各种企业、管理文化教育的权利，是社会主义制度下劳动者最大的权利，最根本的权利。要求保证人民的权利，扩大社会主义民主。1962年七千人大会上，他又重点讲了民主集中制问题，强调不论党内党外，都要有充分的民主生活，都要认真实行民主集中制。在新中国成立后的较长一段时间内，以毛泽东为核心的中国共产党第一代中央领导集体把在长期革命战争年代形成的高度一元化领导体制沿袭下来，在加强党的一元化领导的口号下，不适当地、不加分析地把一切权力集中于党委，党的权力又往往集中于几个书记，特别是集中于第一书记。与高度集权的计划经济体制相适应，逐步形成以党代政、党政不分、个人集权的政治体制。特别是在“文化大革命”时期，权大于法、以言代法的现象比较普遍，致使我国的民主和法制观念遭到严重冲击，民主和法制建设遭到严重破坏，法律荡然无存，中国社会为此付出了极其惨痛的代价，国民经济到了崩溃的边缘，基本人权被破坏殆尽，冤假错案大量发生。历史经验告诉我们，人民民主是社会主义的生命，要建设符合中国实际的社会主义民主政治，就必须处理好共产党领导、人民当家作主和依法治国三者的有机统一，核心是人民当家作主。中国共产党领导、支持和保证人民当家作主，就是从制度上、法律上保障这一根本准则在国家和社会生活中得到充分和切实的贯彻和体现。

毛泽东对中国社会主义道路的探索实践表明：必须坚持马克思主义一元化与社会思潮多样性相统一的意识形态建设。意识形态是一个国家政权的灵魂和文化的核心，要巩固自己的政权就必须确立本阶级意识形态的统治地位。无产阶级政党在取得民主革命胜利后，要建立和巩固自己的政治统治，不仅要在新的国家政权中占据统治地位，而且要在整个意识形态领域中占据主导地位。马克思指出："任何一个时代的统治思想始终都不过是统治阶级的思想。"[①]这就是说，统治阶级的思想在每一时代都是占统治地位的思想。一个阶级不仅是社会上占统治地位的物质力量，同时也是社会上占统治地位的精神力量。新中国成立初期的思想文化状况呈现多样化的趋势，无产阶级思想与资产阶级思想、封建主义和帝国主义思想的残余、唯物主义与唯心主义同时存在。中国共产党和中央人民政府主要通过肃清封建的、买办的、法西斯主义的思想，树立为人民服务的思想，改革旧教育，加强对青年学生和旧知识分子的思想政治教育，在理论研究和文学艺术领域宣传历史唯物主义，批判资产阶级唯心主义思想等，清除封建主义、帝国主义和资产阶级唯心主义思想的影响，逐步确立和巩固了社会主义意识形态的主导地位，加强了中国共产党对思想文化领域的领导，扩大了马克思主义在学术界的影响，有利于马克思主义中国化的发展。但这场批判在确立马克思主义在思想文化意识形态领域领导地位过程中也存

①《马克思恩格斯选集》（第一卷），人民出版社，1995，第292页。

在着比较明显的简单化、教条化、绝对化的不良倾向。三大改造完成后，我国进入了开始全面建设社会主义的新时期，党对国内阶级斗争的状况还能够客观、冷静地分析：一方面革命时期的大规模的急风暴雨式的群众阶级斗争已经基本结束；另一方面被推翻的地主买办阶级的残余还存在，资产阶级还存在，小资产阶级刚刚在改造，阶级斗争并没有结束。无产阶级和资产阶级之间的阶级斗争，各派政治力量之间的阶级斗争，无产阶级和资产阶级之间在意识形态方面的阶级斗争，还是长期的、曲折的，有时甚至是很激烈的。正因为我国还存在一定范围内的阶级斗争，所以毛泽东反复告诫全党：如果对于这种形势认识不足，或者根本不认识，那就要犯绝大的错误，就会忽视必要的思想斗争。一旦忽视必要的思想斗争，其结果只能使各种反社会主义的意识形态死灰复燃，甚至泛滥成灾，从而导致社会主义意识形态主导地位的削弱和动摇。因此，毛泽东明确提出：凡是错误的思想，凡是毒草，凡是牛鬼蛇神，都应该进行批判，决不能让它们自由泛滥。但由于意识形态斗争不同于一般的阶级斗争，所以，毛泽东又指出：这种批判应该是充分说理的，有分析的，有说服力的，而不应该是粗暴的、官僚主义的，或者是形而上学的、教条主义的。毛泽东在领导全党开展意识形态斗争中，对各种错误思想，尤其是反马克思主义思想进行了坚决有力的批判，使各种错误思潮从未在中国形成大的政治气候，在思想意识形态领域稳定了国家政治局面。遗憾的是1957年后，国际上，中苏关系不断恶化；在国内，党在指导思想上犯了“左”的错误，使这种批判逐渐偏离了正确的轨道。党对社会主义意识形态的阶级斗争估计得过于严重，毛泽东提出了所有制改造完成后“主要是政治战线和思想战线的阶级斗争”命题，认为我们现在思想战线的一个重要任务，就是开展对修正主义的批判，这使党领导的社会主义意识形态工作开始偏离了正常的发展轨道。八届十中全会后，阶级斗争进一步扩大化、理论化、绝对化，并导致了意识形态领域的大批判运动，使阶级斗争扩大化在意识形态领域不断升级，并不恰当地运用“大鸣、大放、大字报、大辩论”等群众政治运动的形式进行思想教育，造成了思想教育的过度政治化。对社会主义、共产主义的宣传，出现了庸俗化、简单化的倾向。由于错误地估计了阶级斗争形势，把一定范围内的阶级斗争夸大为无时不有、无处不在的普遍现象，扩大了意识形态的阶级性，动辄上纲上线，把文艺界、理论界、学术界的不同创作思想和理论观点当作“封资修”进行批判，把人民群众中的一些思想认识上的问题当作阶级斗争来抓，把党内领导人之间在工作方针上的分歧和矛盾当成无产阶级与资产阶级两个阶级两条路线的政治斗争，从而导致了“以阶级斗争为纲”全局性“左”倾错误的发生，给我国社会主义事业造成了不可估量的损失。总结社会主义意识形态领域过火批判的教训，在社会主义文化建设中我们一定要以马克思主义一元化为指导，引领多样化社会思潮，立足中国现实，继承历史文化优秀传统，吸取外国文化有益成果，以培育有理想、有道德、有文化、有纪律的公民为目标，发展面向现代化、面向世界、面向未来的，民族的科学的大众的社会主义文化。

毛泽东对中国社会主义现代化建设、对中国特色工业化道路的探索是艰辛的、富有成效的。但是也应该看到，毛泽东对中国社会主义建设的探索没有使中国成为一个富强、民主、文明、和谐的社会主义现代化国家，中国社会主义初级阶段的基本国情没有改变。从这个视角来看，毛泽东对中国社会主义建设的探索并未能改变中国的历史方位。中国要想寻求富强之路，要想真正实现民族伟大复兴的梦想，就必须开辟新的道路。这条道路必须符合马克思主义，适应我国的基本国情；必须能够最大限度地解放和发展生产力，提高我们的综合国力；必须在各领域实现深化改革，必须符合中国人民最根本的利益。这条道路就是中国特色社会主义道路。

第二章
中国特色社会主义道路的理论基石

党的十一届三中全会以来，中国共产党领导全国人民成功地开辟了一条中国特色的社会主义道路，开启了中华民族伟大复兴的新征程。中国特色社会主义道路的成功开辟，是继毛泽东领导中国人民把半殖民地半封建的旧中国变为社会主义新中国的伟大革命之后，把中国由不发达的社会主义国家变成富强民主文明和谐美丽的社会主义现代化国家的又一场伟大革命，是马克思主义普遍真理和中国的具体实际相结合的又一次历史性飞跃。在当代中国，坚持中国特色社会主义道路，就是真正坚持科学社会主义。中国特色社会主义道路，是马克思主义基本原理同当代中国实际和时代特征相结合的产物，是科学社会主义基本原则在当代中国的创造性运用和发展，具有深厚的理论渊源和思想基础。

一、马克思列宁主义是中国特色社会主义道路的理论基础

马克思列宁主义是中国共产党的指导思想，也是中国特色社会主义道路的理论基础和指导思想。坚定不移地走中国特色的社会主义道路，毋庸置疑必须坚持马克思列宁主义的指导地位，这是由于中国特色的社会主义

道路是马克思主义基本原理同当代中国实际和时代特征相结合的产物，是科学社会主义基本原则在当代中国的创造性运用和发展。

（一）科学社会主义的基本原则

科学社会主义的奠基人马克思、恩格斯创立了唯物史观和剩余价值学说，以此考察资本主义社会的基本矛盾，揭示了社会主义代替资本主义的必然趋势、现实道路和主体力量，使社会主义由空想变成科学。列宁把科学社会主义基本原理运用于俄国实际，领导十月革命取得了胜利，使社会主义由理论变成现实。马克思主义经典作家对社会主义的预测和探索，也经受了社会主义曲折历史的检验、筛选和提炼，并在实践中不断丰富和发展，形成了科学社会主义共同遵循的一些基本原则。所谓科学社会主义的基本原则，主要是指科学社会主义原理中那些带有普遍的指导意义，在整个理论体系中处于最重要、最本质、最核心的地位，已经被国际共产主义运动的实践证明是正确的，可以作为认识和实践社会主义所依据的法则或标准的基本原则。这些基本原则可以概括为：大力发展社会生产力，实现生产资料社会占有，实行按劳分配和共同富裕，无产阶级专政和共产党的领导，坚持马克思主义的指导地位，实现人的自由全面的发展，等等。科学社会主义的基本原则，是科学社会主义的思想精髓和本质特征，对社会主义建设和发展具有永恒的思想价值和理论意义，必须毫不动摇地长期坚持。

1. 大力发展社会生产力是社会主义社会建立和发展的物质前提

大力发展社会主义社会生产力，是科学社会主义首要的基本的原则。社会主义作为优越于资本主义的一种崭新的社会制度，应该而且可以创造出比资本主义更富足的社会财富和更高的劳动生产率；也只有大力发展社会生产力，不断满足人民群众日益增长的物质文化生活的需要，才能发挥社会主义制度的优越性，为巩固和发展社会主义制度奠定坚实的物质基础。

马克思恩格斯认为，资本主义之所以被社会主义所代替，根本原因就在于资本主义的生产关系已经不能适应社会生产力发展的需要。“资产阶级的生产关系和交换关系，资产阶级的所有制关系，这个曾经仿佛用法术创造了如此庞大的生产资料和交换手段的现代资产阶级社会，现在像一个魔法师一样不能再支配自己用法术呼唤出来的魔鬼了。”[①]“社会所拥有的生产力已经不能再促进资产阶级文明和资产阶级所有制关系的发展；相反，生产力已经强大到这种关系不能适应的地步，它已经受到这种关系的阻碍。”[②]在社会主义社会，“无产阶级将利用自己的政治统治，一步一步地夺取资产阶级的全部资本，把一切生产工具集中在国家即组织成为统治阶级的无产阶级手里，并且尽可能快地增加生产力的总量”。[③]而要做到这一点，首先必须对所有权和资产阶级生产关系实行强制性的干涉，作为变革全部生产方式的必不可少的手段。他们强调，建立社会主义新社会的“绝对必需的实际前提”，是实现“生产力的巨大增长和高度发展”。因为如果没有这种增长和发展，“那就只会有贫穷、极端贫困的普遍化；而在极端贫困的情况下，必须重新开始争取必需品的斗争，全部陈腐污浊的东西又要死灰复燃”。[④]同时，只有随着生产力的这种普遍发展，人们的普遍交往才能建立起来，这也是共产主义运动发生的前提条件。

列宁根据俄国社会主义建设的实践指出，在社会主义建设过程中，党和国家最重要的任务就是发展生产力。“无产阶级取得国家政权以后，它的最主要最根本的需要就是增加产品数量，大大提高社会生产力。……没有这个条件，劳动摆脱资本桎梏这整个解放事业就不可能获得成功，社会

①《马克思恩格斯选集》（第一卷），人民出版社，1995，第277—278页。
②《马克思恩格斯选集》（第一卷），人民出版社，1995，第278页。
③《马克思恩格斯选集》（第一卷），人民出版社，1995，第293页。
④《马克思恩格斯选集》（第一卷），人民出版社，1995，第86页。

主义就不可能获得胜利。”[①]十月革命以后，列宁立足于俄国社会主义在经济、文化、科学技术等方面还落后于西方发达资本主义国家的实际，从历史发展的战略高度，提出了“创造比资本主义更高的劳动生产率”这个宏伟任务。他深刻地指出：“劳动生产率，归根到底是使新社会制度取得胜利的最重要最主要的东西。资本主义创造了在农奴制度下所没有过的劳动生产率。资本主义可以被最终战胜，而且一定会被最终战胜，因为社会主义能够创造新的高得多的劳动生产率。”[②]共产主义就是利用先进技术的、自愿自觉的、联合起来的工人创造的较资本主义更高的劳动生产率。在《伟大的创举》一文中，列宁认为，普通工人起来承担艰苦的劳动，奋不顾身地设法提高劳动生产率，保护每一普特粮食、煤、铁及其他产品，这些产品归全社会所有，归起初联合为一个社会主义国家然后联合为苏维埃共和国联盟的亿万人所有，这也就是共产主义的开始。在晚年，列宁进一步认为，建立社会主义社会的真正的唯一的基础只有一个，这就是大工业。如果没有资本主义的大工厂，没有高度发达的大工业，那就根本谈不上社会主义，而对一个农民国家来说就更谈不上社会主义了。

斯大林高度重视在社会主义社会发展生产力。他认为，为什么资本主义打破和战胜了封建制度呢？因为它创造了更高的劳动生产率，它使社会有可能得到比在封建制度下多得多的产品。因为它使社会更加富足了。社会主义之所以能够、应当而且一定会战胜资本主义经济制度，就是“因为它能比资本主义经济制度创造出更高的劳动典范，更高的劳动生产率。因为它能比资本主义经济制度给予社会更多的产品，使社会更加富足起来”。斯大林批评“社会主义可以在贫苦生活的基础上用稍许拉平各人物质生活状况的方法巩固起来”的观点是“小资产阶级的社会主义观念”，

①《列宁选集》（第四卷），人民出版社，1995，第623页。
②《列宁选集》（第四卷），人民出版社，1995，第16页。

他强调指出："社会主义只有在高度的劳动生产率基础上，只有在比资本主义制度更高的劳动生产率基础上，只有在产品和各种消费品丰裕的基础上，只有在社会全体成员都过着富裕而有文化的生活的基础上，才能获得胜利。"①他还指出，为了使社会主义达到这个目的，把苏联社会变成最富裕的社会，就必须使苏联有超过各种先进资本主义国家的劳动生产率。否则，就绝对不会有丰裕的产品和各种消费品。

2. 实现生产资料社会占有是社会主义制度的经济基础

生产资料公有制是科学社会主义在所有制方面的基本原则。生产资料归谁所有是任何社会生产关系的基础和前提，决定着人们在生产中的相互关系和产品的分配方式。实现生产资料的社会占有不但是社会主义代替资本主义的必然要求，更是社会主义发挥制度的优越性，不断提高劳动生产率，最终实现共同富裕的根本前提。没有公有制就没有社会主义，这是科学社会主义一条不容否定的基本原则。

马克思恩格斯认为，社会主义社会必须实行生产资料公有制。因为这种新的社会制度"首先必须剥夺相互竞争的个人对工业和一切生产部门的经营权，而代之以所有这些生产部门由整个社会来经营，就是说，为了共同的利益、按照共同的计划、在社会全体成员的参加下来经营"。"因此私有制也必须废除，而代之以共同使用全部生产工具和按照共同的协议来分配全部产品，即所谓财产共有。废除私有制甚至是工业发展必然引起的改造整个社会制度的最简明扼要的概括。"②恩格斯更是明确指出，社会主义社会同资本主义社会"具有决定意义的差别当然在于，在实行全部生产资料公有制（先是单个国家实行）的基础上组织生产"③。

---

①《斯大林选集》（下卷），人民出版社，1979，第375—376页。
②《马克思恩格斯选集》（第一卷），人民出版社，1995，第237页。
③《马克思恩格斯选集》（第四卷），人民出版社，1995，第693页。

马克思恩格斯认为，社会主义社会实现生产资料公有制是发展社会生产力的前提条件。因为“把生产资料从这种桎梏下解放出来，是生产力不断地加速发展的唯一先决条件，因而也是生产本身实际上无限增长的唯一先决条件”。生产资料由社会占有，“不仅会消除生产的现存的人为障碍，而且还会消除生产力和产品的有形的浪费和破坏”。“这种占有还由于消除了现在的统治阶级及其政治代表的穷奢极欲的挥霍而为全社会节省出大量的生产资料和产品。”[①]“一旦社会占有了生产资料，商品生产就将被消除，而产品对生产者的统治也将随之消除。社会生产内部的无政府状态将为有计划的自觉的组织所代替。”[②]他们认为，“共产主义的特征并不是要废除一般的所有制，而是要废除资产阶级的所有制”。因为现代的资产阶级私有制是建立在阶级对立上面，建立在一些人对另一些人的剥削上面的产品生产和占有的最后而又最完备的表现，“从这个意义上说，共产党人可以把自己的理论概括为一句话：消灭私有制”。[③]当然，马克思恩格斯所说的“消灭私有制”，是指“把资本变为公共的、属于社会全体成员的财产，这并不是把个人财产变为社会财产”；是要“消灭那种以社会上的绝大多数人没有财产为必要条件的所有制”。这是因为，“共产主义并不剥夺任何人占有社会产品的权力，它只剥夺利用这种占有去奴役他人劳动的权力”。[④]

同时，马克思恩格斯认为，社会主义不可能一下子就把私有制彻底废除，“正像不能一下子就把现有的生产力扩大到为实行财产公有所必要的程度一样”。“只有创造了所必需的大量生产资料之后，才能废除私有

①《马克思恩格斯选集》（第三卷），人民出版社，1995，第633页。
②《马克思恩格斯选集》（第三卷），人民出版社，1995，第633页。
③《马克思恩格斯选集》（第一卷），人民出版社，1995，第286页。
④《马克思恩格斯选集》（第一卷），人民出版社，1995，第288页。

制。”[①]在废除资本主义私有制以后，必须建立与生产力发展相适应的生产资料所有制，“首先把生产资料变为国家财产”。[②]这是实现生产资料公有制的第一步。而要实现整个社会对一切生产资料的直接占有，那只有实际条件已经具备的时候才能成为可能。正如恩格斯所说：“自从资本主义生产方式在历史上出现以来，由社会占有全部生产资料，常常作为未来的理想隐隐约约地浮现在个别人物和整个整个派别的头脑中。但是，这种占有只有在实现它的实际条件已经具备的时候，才能成为可能，才能成为历史的必然性。正如其他一切社会进步一样，这种占有之所以能够实现，并不是由于人们认识到阶级的存在同正义、平等等等相矛盾，也不是仅仅由于人们希望废除阶级，而是由于具备了一定的新的经济条件。”[③]

马克思主义经典作家还把是否坚持公有制作为划清科学社会主义与民主社会主义的界线。恩格斯说：“我处处不把自己称做社会民主主义者，而称做共产主义者。这是因为当时在各个国家里那种根本不把全部生产资料转归社会所有的口号写在自己旗帜上的人自称是社会民主主义者。”[④]1893年，恩格斯同法国《费加罗报》记者谈话时说：“当我们把生产资料交到整个社会的手里时，我们就会心满意足了。”[⑤]1895年，恩格斯在《卡尔·马克思〈1848年至1850年的法兰西阶级斗争〉一书导言》中指出，马克思“第一次提出了世界各国工人政党都一致用以扼要表述自己的经济改造要求的公式，即，生产资料归社会占有。……第一次表述了一个使现代工人社会主义既与形形色色封建的、资产阶级的、小资产阶级等等的社会主义截然不同，又与空想的以及自发的工人共产主义所提出的

①《马克思恩格斯选集》（第一卷），人民出版社，1995，第239页。
②《马克思恩格斯选集》（第三卷），人民出版社，1995，第630页。
③《马克思恩格斯选集》（第三卷），人民出版社，1995，第755—756页。
④《马克思恩格斯全集》（（第二十二卷），人民出版社，1965，第489页。
⑤《马克思恩格斯全集》（（第二十二卷），人民出版社，1965，第629页。

模糊的财产公有截然不同的原理”[1]。可见，在马克思恩格斯看来，生产资料公有制是社会主义生产关系的基础，它为实行按劳分配提供了社会基础和前提，在此基础上才能形成人与人新型的互助合作的和谐关系，才能确立和巩固社会主义上层建筑。

列宁继承和发展了马克思主义“生产资料公有制是社会主义生产关系的基础”的思想，早在1902年就指出：“工人阶级要获得真正的解放，必须进行资本主义全部发展所准备起来的社会革命，即消灭生产资料私有制，把它们变为公有财产，组织由整个社会承担的社会主义的产品生产代替资本主义商品生产，以保证社会全体成员的充分福利和自由的全面发展。”[2]列宁还把生产资料公有制作为社会主义的本质特征之一，反复强调要始终坚持，绝不动摇。

3. 按劳分配和共同富裕是社会主义的分配原则

社会主义社会生产资料的公有制，排除了少数人凭借对生产资料的占有而无偿占有他人劳动，决定了个人消费品的分配原则只能是各尽所能，按劳分配；生产资料公有制的性质，也决定了社会主义本质上要消除两极分化，通过生产的发展和按劳分配的实施，不断满足全体社会成员不断增长的物质文化生活需要，最终实现共同富裕。按劳分配和共同富裕，是科学社会主义在分配领域必须坚持的基本原则。

马克思恩格斯认为，在未来社会，劳动的特性决定了劳动者有权参与社会财富的管理和分配。因为“在资产阶级社会里，活的劳动只是增殖已经积累起来的劳动的一种手段。在共产主义社会里，已经积累起来的劳动只是扩大、丰富和提高工人生活的一种手段”。“共产主义并不剥夺任何人占有社会产品的权力，它只剥夺利用这种占有去奴役他人劳动的

①《马克思恩格斯选集》（第四卷），人民出版社，1995，第508—509页。
②《列宁专题文集：论社会主义》，人民出版社，2009，第381页。

权力。”[①]因此，劳动者作为社会的主人，不仅参加生产，而且参与社会财富的管理和分配。他们认为，因为社会主义社会不是一成不变的，因此未来社会没有一个一成不变的分配方式，关于社会主义分配的“合理的想法”只能是：“（1）设法发现将来由以开始的分配方式；（2）尽力找出进一步的发展将循以进行的总趋向。”[②]

马克思科学区分了共产主义发展的两个阶段，并准确地规定了两个阶段的分配原则。共产主义社会的第一阶段，是刚刚从资本主义社会中产生出来的，因此在经济、道德和精神方面都还带着资本主义社会的痕迹，对消费品的分配只能实行商品等价交换的原则，即按劳分配的原则，“每一个生产者，在作了各项扣除以后，从社会领回的，正好是他给予社会的。他给予社会的，就是他个人的劳动量”。“他从社会领得一张凭证，证明他提供了多少劳动（扣除他为公共基金而进行的劳动），他根据这张凭证从社会储存中领得一份耗费同等劳动量的消费资料。他以一种形式给予社会的劳动量，又以另一种形式领回来。”[③]然而，尽管有了这种进步，生产者的平等权利仍然受到限制，因为“它默认，劳动者的不等同的个人天赋，从而不等同的工作能力，是天然特权。所以就它的内容来讲，它像一切权利一样是一种不平等的权利”。[④]他们认为，“分配方式本质上毕竟要取决于有多少产品可供分配，而这当然随着生产和社会组织的进步而改变，从而分配方式也应当改变”。[⑤]因此，分配方式应当按照生产力的发展水平和发展需要及时加以调整。只有到了“共产主义社会的高级阶段，在迫使个人奴隶般地服从分工的情形已经消失，从而脑力劳动和体力劳动

①《马克思恩格斯选集》（第一卷），人民出版社，1995，第287—288页。
②《马克思恩格斯选集》（第四卷），人民出版社，1995，第691页。
③《马克思恩格斯选集》（第三卷），人民出版社，1995，第304页。
④《马克思恩格斯选集》（第三卷），人民出版社，1995，第305页。
⑤《马克思恩格斯选集》（第四卷），人民出版社，1995，第691页。

的对立也随之消失之后；在劳动已经不仅仅是谋生的手段，而且本身成了生活的第一需要之后；在随着个人的全面发展，他们的生产力也增长起来，而集体财富的一切源泉都充分涌流之后，——只有在那个时候，才能完全超出资产阶级权利的狭隘眼界，社会才能在自己的旗帜上写上：'各尽所能，按需分配！'"[①]在《哥达纲领批判》中，马克思批判了拉萨尔关于社会主义制度下劳动者应当得到不折不扣的劳动所得的论点，强调指出：只有从社会总产品中扣除用于补偿生产资料、扩大再生产、建立后备基金、支付管理费用、满足共同需要、为丧失劳动能力的人设立基金等各部分之后，才谈得上在劳动者之间进行消费资料的分配。

列宁不仅继承了马克思主义按劳分配的思想，而且更进一步把共同富裕视为社会主义社会的本质要求。他指出："我们要争取新的、更好的社会制度：在这个新的、更好的社会里不应该有穷有富，大家都应该做工。共同劳动的成果不应该归一小撮富人享受，应该归全体劳动者享受。机器和其他技术改进应该用来减轻大家的劳动，不应该用来使少数人发财，让千百万人民受穷。这个新的、更好的社会就叫社会主义社会。"[②]

斯大林则论述了社会主义实行按劳分配的历史必然性。他认为，社会主义由于客观历史条件的限制，还必须实行按劳分配。"社会主义的原则是：在社会主义社会里，每个人按他的能力进行工作，但不是按他的需要，而是按他为社会所做的工作取得消费品。"[③]这是因为劳动者的文化技术水平还不是很高，脑力劳动和体力劳动的对立依然存在，劳动生产率还没有达到保证消费品丰裕的程度。只有到了共产主义社会，每个人按他的能力进行工作，但不是按他所做的工作，而是按一个有高度文化的人的

---

①《马克思恩格斯选集》（第三卷），人民出版社，1995，第305—306页。
②《列宁专题文集：论社会主义》，人民出版社，2009，第381页。
③《斯大林选集》（下卷），人民出版社，1979，第376页。

需要取得消费品。这是因为劳动者的文化技术水平“已经达到了足以打破脑力劳动和体力劳动的对立的基础的高度，脑力劳动和体力劳动的对立已经消失，而劳动生产率达到了可以保证消费品十分丰裕的程度，所以社会就有可能按各个成员的需要来分配这些消费品了”①。1936年3月1日，他同美国罗易·霍华德谈话时说，在社会主义社会里，还有某些财产上的不平等，人们所得到的劳动报酬不是以他们的需要为标准，而是以他们所投入的劳动的数量和质量为标准。因此还存在着工资，而且工资是不相等的，是有差别的。

4. 实行无产阶级专政和共产党的领导是发展社会主义的重要保证

社会主义制度建立以后，如何巩固和发展社会主义，赢得和资本主义的比较优势，这是一个十分重要的课题。只有在政治上坚持无产阶级专政，坚持无产阶级的先锋队共产党的正确领导，才能巩固社会主义的上层建筑，为发展社会主义提供重要的政治保证。因此，实现无产阶级专政和共产党的领导是社会主义在上层建筑方面必须坚持的基本原则。

在马克思主义经典著作中，“无产阶级专政”这一概念有广义和狭义之分，广义的无产阶级专政是指无产阶级革命胜利后建立的国家政权，是“炸毁旧的国家政权并以新的真正民主的国家政权来代替”，是破坏资产阶级民主和建立无产阶级民主的完整概念。狭义的无产阶级专政是特指无产阶级国家政权的暴力镇压职能。马克思恩格斯在《共产党宣言》中指出：“过去一切阶级在争得统治之后，总是使整个社会服从于它们发财致富的条件，企图以此来巩固它们已经获得的生活地位。无产者只有废除自己的现存的占有方式，从而废除全部现存的占有方式，才能取得社会生产力。无产者没有什么自己的东西必须加以保护，他们必须摧毁至今保

①《斯大林选集》（下卷），人民出版社，1979，第376页。

护和保障私有财产的一切。”[①]作为无产阶级先锋队的共产党，要使无产阶级组织成为阶级，推翻资产阶级的统治，由无产阶级夺取政权。“工人革命的第一步就是使无产阶级上升为统治阶级，争得民主。”“无产阶级将利用自己的政治统治，一步一步地夺取资产阶级的全部资本，把一切生产工具集中在国家即组织成为统治阶级的无产阶级手里。”[②]“他们公开宣布：他们的目的只有用暴力推翻全部现存的社会制度才能达到。”[③]后来马克思称无产阶级的国家政权为“无产阶级专政”。马克思还说：“在资本主义社会和共产主义社会之间，有一个从前者变为后者的革命转变时期。同这个时期相适应的也有一个政治上的过渡时期，这个时期的国家只能是无产阶级的革命专政。”[④]

马克思指出，无产阶级反对资产阶级的斗争必然导致无产阶级专政，无产阶级专政不过是达到消灭一切阶级和进入无阶级社会的过渡形式。1852年，马克思在给约·魏德迈的信中说：“无论是发现现代社会中有阶级存在或发现各阶级间的斗争，都不是我的功劳。”“我所加上的新内容就是证明了下列几点：（1）阶级的存在仅仅同生产发展的一定历史阶段相联系；（2）阶级斗争必然导致无产阶级专政；（3）这个专政不过是达到消灭一切阶级和进入无阶级社会的过渡。”[⑤]无产阶级只有夺取了政权，打碎旧的国家机器，建立无产阶级专政的政权，消灭阶级和阶级剥削，大力发展社会生产力，才能巩固和发展社会主义，过渡到无阶级的共产主义社会。“对我们说来，问题不在于改变私有制，而只在于消灭私有制，不在于掩盖阶级对立，而在于消灭阶级，不在于改良现存社会，而在

①《马克思恩格斯选集》（第一卷），人民出版社，1995，第283页。
②《马克思恩格斯选集》（第一卷），人民出版社，1995，第293页。
③《马克思恩格斯选集》（第一卷），人民出版社，1995，第307页。
④《马克思恩格斯选集》（第三卷），人民出版社，1995，第314页。
⑤《马克思恩格斯选集》（第四卷），人民出版社，1995，第547页。

于建立新社会。”[①]马克思还明确指出：“这种社会主义就是宣布不间断革命，就是实现无产阶级的阶级专政，把这种专政作为必经的过渡阶段，以求达到根本消灭阶级差别，消灭一切产生这些差别的生产关系，消灭一切和这些生产关系相适应的社会关系，改变一切由这些社会关系产生出来的观念。”恩格斯在1873年《论权威》中说：“获得胜利的政党如果不愿意失去自己努力争取的成果，就必须凭借它的武器对反动派造成的恐惧，来维持自己的统治。”[②]他还忠告取得胜利的无产阶级，如果过早地破坏国家政权，“整个胜利最后就一定归于失败，工人就会大批遭到屠杀，巴黎公社以后的情形就是这样”[③]。

列宁认为，无产阶级在推翻资产阶级的统治，夺取政权以后，成了统治阶级，也就成了掌握着国家政权的阶级。“这个过渡时期不能不是衰亡着的资本主义与生长着的共产主义彼此斗争的时期，换句话说，就是已被打败但还未被消灭的资本主义和已经诞生但还非常幼弱的共产主义彼此斗争的时期。”[④]在以上分析基础上，列宁指出，一个阶级的专政，“不仅对一般阶级社会是必要的，不仅对推翻了资产阶级的无产阶级是必要的，而且对介于资本主义和‘无阶级社会’即共产主义之间的整整一个历史时期都是必要的，——只有懂得这一点的人，才算掌握了马克思国家学说的实质”。尽管从资本主义向共产主义过渡会“产生非常丰富和多样的政治形式，但本质必然是一样的：都是无产阶级专政”[⑤]。这是因为从社会主义社会的管理需要出发，“还需要有国家来保卫生产资料公有制的同时来保卫劳动的平等和产品分配的平等”，对“劳动量和消费量实行极严格的

①《马克思恩格斯选集》（第一卷），人民出版社，1995，第368页。
②《马克思恩格斯全集》（第十八卷），人民出版社，1964，第344页。
③《马克思恩格斯选集》（第四卷），人民出版社，1995，第656—657页。
④《列宁全集》（第三十七卷），人民出版社，1986，第263页。
⑤《列宁选集》（第三卷），人民出版社，1995，第140页。

监督，不过这种监督应当从剥夺资本家和由工人监督资本家开始，并且不是由官吏的国家而是由武装工人的国家来实行”①。关于无产阶级专政的实质，列宁强调的是无产阶级专政的非暴力、民主的方面，强调无产阶级专政的苏维埃政权比起资产阶级专政是更民主的政权，“因而这个时期的国家就不可避免地应当是新型民主的（对无产者和一般穷人是民主的）和新型专政的（对资产阶级是专政的）国家”②。“无产阶级专政不只是对剥削者使用的暴力，甚至主要的不是暴力。这种革命暴力的经济基础，它的生命力和成功的保证，就在于无产阶级代表着并实现着比资本主义更高类型的社会劳动组织。实质就在这里。”③同时，由于社会主义是建立在社会化大生产基础上的，社会主义又要求最大限度地发展社会生产力，这也就决定了无产阶级专政不能不把实现高度发达的劳动生产率、高度的组织性和纪律性看作它的本质要求。因此，列宁强调：“要知道无产阶级专政决不只是推翻资产阶级或推翻地主，——一切革命都这样做过，——我们的无产阶级专政是要保证建立秩序、纪律，提高劳动生产率，实行计算和监督，建立比过去更巩固更坚强的无产阶级苏维埃政权。”④无产阶级专政的“主要实质在于劳动者的先进部队、先锋队、唯一领导者即无产阶级的组织性和纪律性”⑤。列宁又指出，无产阶级的专政必须由无产阶级的先锋队共产党来领导，“只有这个先锋队才能抵制这些群众中不可避免的小资产阶级动摇性，抵制无产阶级中不可避免的种种行业狭隘性或行业偏见的传统和恶习的复发，并领导全体无产阶级的一切联合行动，也就是说在政治上领导无产阶级，并且通过无产阶级领导全体劳动群众。不这

①《列宁选集》（第三卷），人民出版社，1995，第199页。
②《列宁全集》（第三十一卷），人民出版社，1985，第33页。
③《列宁全集》（第三十七卷），人民出版社，1986，第11页。
④《列宁全集》（第三十四卷），人民出版社，1985，第242页。
⑤《列宁全集》（第三十六卷），人民出版社，1985，第375页。

样，便不能实现无产阶级专政”[①]。所以，党是无产阶级专政的最高领导力量。它领导着国家的全部政治经济工作。同时，党又必须通过苏维埃、工会、非党工农代表会议等“传动装置”同本阶级的群众取得密切联系，实现无产阶级专政。这个“由若干齿轮组成的复杂体系”，“就是无产阶级专政的基础本身的结构”。[②]针对当时出现的党政不分、以党代政的弊病，列宁还指出党的领导“是对所有国家机关的工作进行总的领导，不是像目前那样进行过分频繁的、不正常的、往往是琐碎的干预”[③]。

5. 坚持以马克思主义为指导是社会主义意识形态的显著特征

社会主义意识形态是社会主义的上层建筑，它建立在社会主义公有制经济基础上，体现着工人阶级和广大劳动人民的根本利益和意志。社会主义制度是无产阶级政党运用马克思主义的实践成果，马克思主义也是无产阶级政党的根本指导思想，这就决定了必须以马克思主义作为社会主义意识形态的指导思想。

“马克思主义的理论，我们的整个世界观以及我党的全部纲领和策略的‘原则基础’现在被提到党的整个生活的首要地位，这不是偶然的，而是必然的。”[④]这是因为无产阶级政党的一大优点，就是有一个新的科学的观点作为理论的基础，这就是辩证唯物主义和历史唯物主义。马克思主义的科学世界观和方法论是工人阶级及其劳动群众争取自身解放和整个人类解放的理论武器，是无产阶级政党的指导思想。通过无产阶级革命，以社会主义公有制逐步代替资本主义私有制，也必须以社会主义、共产主义思想观念逐步代替资本主义思想观念，并在社会主义社会占统治地位。马

①《列宁全集》（第四十一卷），人民出版社，1986，第85页。
②《列宁全集》（第四十卷），人民出版社，1986，第200页。
③《列宁全集》（第四十三卷），人民出版社，1987，第64页。
④《列宁专题文集：论马克思主义》，人民出版社，2009，第304—305页。

克思说得好："统治阶级的思想在每一时代都是占统治地位的思想。这就是说，一个阶级是社会上占统治地位的物质力量，同时也是社会上占统治地位的精神力量。"

坚持以马克思主义作为社会主义意识形态的指导思想，还是因为马克思主义的学说是真理，具有无限力量。它完备而严密，给人们提供了决不同任何迷信、任何反动势力、任何为资产阶级压迫所作的辩护相妥协的完整的世界观。"这一理论对世界各国社会主义者所具有的不可遏止的吸引力，就在于它把严格的和高度的科学性（它是社会科学的最新成就）同革命性结合起来，并且不仅仅是因为学说的创始人兼有学者和革命家的品质而偶然地结合起来，而是把二者内在地和不可分割地结合在这个理论本身中。"[①]列宁指出："我们完全以马克思的理论为依据，因为它第一次把社会主义从空想变成科学，给这个科学奠定了巩固的基础，指出了继续发展和详细研究这个科学所应遵循的道路。"[②]1920年10月，他在《关于无产阶级文化》一文中指出，马克思主义这一革命无产阶级的思想体系赢得了世界历史性的意义，是因为它并没有抛弃资产阶级时代最宝贵的成就，相反却吸收和改造了两千多年来人类思想和文化发展中一切有价值的东西。"现代历史的全部经验，特别是《共产党宣言》发表后半个多世纪以来世界各国无产阶级的革命斗争，都无可争辩地证明，只有马克思主义的世界观才正确地反映了革命无产阶级的利益、观点和文化。"[③]

列宁还认为，在分析任何一个社会问题时，马克思主义理论的绝对要求，就是要把问题提到一定的历史范围之内；此外，如果谈到某一国家，那就要估计到在同一历史时代这个国家不同于其他各国的具体特点。他强

①《列宁专题文集：论马克思主义》，人民出版社，2009，第297页。
②《列宁选集》（第一卷），人民出版社，1995，第273页。
③《列宁选集》（第四卷），人民出版社，1995，第299页。

调，我们决不把马克思的理论看作某种一成不变的和神圣不可侵犯的东西；恰恰相反，我们深信：它只给一种科学奠定了基础，社会党人如果不愿落后于实际生活，就应当在各方面把这门科学推向前进。“对于俄国社会党人来说，尤其需要独立地探讨马克思的理论，因为它所提供的只是总的指导原理，而这些原理的应用具体地说，在英国不同于法国，在法国不同于德国，在德国又不同于俄国。”[①]列宁还强调，“应当时刻不忘我们的最终目的，随时进行宣传，保卫无产阶级的思想体系——科学社会主义学说，也就是马克思主义——不被歪曲，并使之继续发展”[②]。

6. 实现人的全面和自由发展是社会主义的价值目标

人的畸形发展，即在物质财富日益增长的同时人的自身价值的日益下降，是资本主义社会一个最大的弊端。而在社会主义社会，由于消灭了剥削，消灭了阶级和阶级差别，由于社会生产力有了巨大的发展，人们完全能够得到自由和全面的发展。重视人和人的全面发展，是科学社会主义的一个重要原则，也是社会主义的价值目标。

马克思恩格斯十分重视人的全面和自由发展，把它作为未来社会发展的一个重要目标。恩格斯指出：“我们的目的是要建立社会主义制度，这种制度将给所有的人提供健康而有益的工作，给所有的人提供充实的物质生活和闲暇时间，给所有的人提供真正的充分的自由。”[③]这一思想贯穿在他们毕生所写的全部著作中。在1848年的《共产党宣言》中他们指出：“代替那存在着阶级和阶级对立的资产阶级旧社会的，将是这样一个联合体，在那里，每个人的自由发展是一切人的自由发展的条件。”[④]1867

①《列宁全集》（第四卷），人民出版社，1984，第161页。
②《列宁专题文集：论马克思主义》，人民出版社，2009，第303页。
③《马克思恩格斯全集》（第二十一卷），人民出版社，1972，第570页。
④《马克思恩格斯文集》（第十卷），人民出版社，1995，第666页。

年，马克思在《资本论》中又说，未来共产主义社会是“一个更高级的、以每个人的全面自由的发展为基本原则的社会形式”[①]。实现人的全面而自由的发展，既是《共产党宣言》的基本思想，也是整个马克思主义的基本思想。关于这一点，恩格斯说得非常明确，认为只有它才能够“概括未来新时代的精神”。1894年1月9日，他在答复意大利社会党人的信中说：“除了《共产党宣言》中下面这句话，我再也找不出合适的了：‘代替那存在着阶级和阶级对立的资产阶级旧社会的，将是这样一个联合体，在那里，每个人的自由发展是一切人的自由发展的条件。’”[②]人的自由而全面发展，是社会主义社会区别于其他一切社会的显著特征和根本标志，体现了人类社会发展的最高价值。

关于人的全面和自由发展，恩格斯作过明确的阐述和概括：“社会的每一个成员都能完全自由地发展和发挥他的全部才能和力量，并且不会因此而危及这个社会的基本条件。”[③]“他们的体力和智力获得充分的自由的发展和运用。”“人在一定意义上才最终地脱离了动物界，从动物的生存条件进入真正人的生存条件。”“人们第一次成为自然界的自觉的和真正的主人，因为他们已经成为自身的社会结合的主人了。人们自己的社会行动的规律，这些一直作为异己的、支配着人们的自然规律而同人们相对立的规律，那时就将被人们熟练地运用，因而将听从人们的支配。”“只有从这时起，人们才完全自觉地自己创造自己的历史。”最终，“人终于成为自己的社会结合的主人，从而也就成为自然界的主人，成为自身的主人——自由的人”[④]。

①《马克思恩格斯全集》（第二十三卷），人民出版社，1972，第649页。
②《马克思恩格斯文集》（第十卷），人民出版社，2009，第666页。
③《马克思恩格斯全集》（第四十二卷），人民出版社，1979，第373页。
④《马克思恩格斯选集》（第三卷），人民出版社，1995，第634、760页。

所谓人的全面发展主要是指人的各种需要、素质、能力、活动和关系的整体发展，包括物质和精神方面的全面性，核心是人的能力的全面发展。在《1844年经济学哲学手稿》中马克思说，共产主义使人“以一种全面的方式，也就是说，作为一个完整的人，占有自己的全面的本质”[①]。所谓自由发展，是把人作为目的的发展。马克思说，在共产主义社会中，“个人的独创的和自由的发展不再是一句空话”[②]，“任何人都没有特定的活动范围，每个人都可以在任何部门内发展”，可以“随我自己的心愿今天干这事，明天干那事”[③]。所谓充分发展，是指在共产主义社会，人的“一切天赋得到充分发展”，体力和智力得到“自由而充分的发展”[④]。所谓和谐的发展，是指人与人、人与社会、人与他人以及包括个人自身在内各方面的关系的协调和优化。马克思在《资本论》中曾以赞同的口吻转述了黑格尔“人的和谐发展”的思想。马克思认为，人的发展包括人的劳动能力的发展，人的社会关系的发展，人的自由个性的发展等等。人的全面发展就是“全面地发展自己的一切能力”，“发挥他的全部才能和力量”，包括体力和智力、自然力和社会能力、现实能力和潜力。

（二）科学社会主义基本原则在当代中国的创造性运用和发展

中国特色社会主义道路是科学社会主义基本原则与中国实际和时代特征相结合的产物，是科学社会主义原则在当代中国的创造性运用和发展。

“我们并不苛求马克思或马克思主义者知道走向社会主义的道路上的一切具体情况。这是痴想。”[⑤]在中国这样经济文化落后的东方大国建设社会主义，是社会主义运动史上的崭新课题。我们面对的情况，既不是马

①《马克思恩格斯全集》（第四十二卷），人民出版社，1979，第123页。
②《马克思恩格斯全集》（第三卷），人民出版社，1960，第516页。
③《马克思恩格斯全集》（第三卷），人民出版社，1960，第37页。
④《马克思恩格斯全集》（第四十六卷）（上），人民出版社，1979，第485页。
⑤《列宁专题文集：论社会主义》，人民出版社，2009，第399页。

克思主义创始人设想的在资本主义高度发展的基础上建设社会主义，也不完全相同于其他社会主义国家。照搬书本不行，照搬外国也不行，必须从国情出发，把科学社会主义的基本原理同中国实际结合起来，在实践中开辟有中国特色的社会主义道路。为此，邓小平强调指出："把马克思主义的普遍真理同我国的具体实际结合起来，走自己的道路，建设有中国特色的社会主义，这就是我们总结长期历史经验得出的基本结论。"[①]"马克思主义必须是同中国实际相结合的马克思主义，社会主义必须是切合中国实际的有中国特色的社会主义。"[②]中国特色社会主义道路是科学社会主义的基本原则在中国具体体现、创造性运用和发展的成果。

1. 中国特色社会主义道路坚持发展生产力作为社会主义的根本任务

马克思主义认为，社会主义制度的建立，必须以生产力的发展为物质前提。社会主义社会的最大优越性就在于可以创造出比旧社会制度更高的劳动生产率，而只有通过大力发展生产力，建立了强大的物质基础，社会主义才能巩固和发展。早在民主革命时期，毛泽东在《论联合政府》中就明确指出："中国一切政党的政策及其实践在中国人民中所表现的作用的好坏、大小，归根到底，看它对于中国人民的生产力的发展是否有帮助及其帮助之大小，看它是束缚生产力的，还是解放生产力的。"1956年1月，在最高国务会议第六次会议上毛泽东强调："社会主义革命的目的是为了解放生产力。农业和手工业由个体的所有制变为社会主义的集体所有制，私营工商业由资本主义所有制变为社会主义所有制，必然使生产力大大地获得解放。这样就为大大地发展工业和农业的生产创造了社会条件。"他同时提出了"要在几十年内，努力改变我国在经济上和科学文化

---

①《邓小平文选》（第三卷），人民出版社，1993，第3页。
②《邓小平文选》（第三卷），人民出版社，1993，第63页。

上的落后状况，迅速达到世界上的先进水平”的宏伟目标。[①]毛泽东领导中国人民始终致力于发展社会主义生产力，致力于实现民族振兴和国家富强的伟大事业。令人遗憾的是，1957年以后，毛泽东逐步偏离了以经济建设为中心的正确轨道，特别是在“文化大革命”中，批判“唯生产力”理论，搞所谓的“以阶级斗争为纲”，使生机勃勃的社会主义失去了活力，社会生产力遭到了严重的破坏，留下了惨痛的历史教训。

十一届三中全会以来，以邓小平为核心的党的第二代中央领导集体，恢复了实事求是的思想路线，果断停止“以阶级斗争为纲”的错误路线，坚持社会主义的基本原则，及时把党和国家的工作重心转移到社会主义现代化建设上来。1979年11月，邓小平在会见美国不列颠百科全书出版公司吉布尼等人时就指出：“当然我们不要资本主义，但是我们也不要贫穷的社会主义，我们要发达的、生产力发展的、使国家富强的社会主义。我们相信社会主义比资本主义的制度优越。它的优越性应该表现在比资本主义有更好的条件发展社会生产力。”[②]他认为，要坚持社会主义制度，最根本的是要发展社会生产力，这个问题长期以来我们并没有解决好。“不解放思想不行，甚至于包括什么叫社会主义这个问题也要解放思想。经济长期处于停滞状态总不能叫社会主义。人民生活长期停止在很低的水平总不能叫社会主义。”[③]“马克思主义的基本原则就是要发展生产力。”“不发展生产力，不提高人民的生活水平，不能说是符合社会主义要求的。”[④]针对“文革”时期流行的“宁要社会主义的草，不要资本主义的苗”的错误观点，邓小平深刻地指出：“搞社会主义，一定要使生产

①《毛泽东文集》（第七卷），人民出版社，1999，第1—2页。
②《邓小平文选》（第二卷），人民出版社，1994，第231页。
③《邓小平文选》（第二卷），人民出版社，1994，第312页。
④《邓小平文选》（第三卷），人民出版社，1993，第116页。

力发展，贫穷不是社会主义。我们当然要坚持社会主义。但要进一步建设对资本主义具有优越性的社会主义，首先必须建设能够摆脱贫困的社会主义。现在虽说我们也在搞社会主义，但事实上不够格。”[①]1988年10月，邓小平说：“我们中国要用本世纪末期的二十年，再加上下个世纪的五十年，共七十年的时间，努力向世界证明社会主义优于资本主义。我们要用发展生产力和科学技术的实践，用精神文明、物质文明建设的实践，证明社会主义制度优于资本主义制度，让发达资本主义国家的人民认识到，社会主义确实比资本主义好。”[②]只有经济发展了，综合国力提高了，人民生活不断改善了，国家更加强大了，社会主义制度的巨大优越性才会更加充分地显示出来，我们的社会主义制度才会更加立于不败之地。

以江泽民为核心的党的第三代中央领导集体，提出了“三个代表”重要思想，进一步丰富和发展了社会主义的经济建设和生产力发展理论。江泽民指出：“社会主义的根本任务是发展社会生产力。在社会主义初级阶段，尤其要把集中力量发展社会生产力摆在首要地位。”[③]他认为，经济是基础，解决中国的所有问题，归根到底要靠经济的发展。无论形势发生怎样的变化，除了发生大规模的外敌入侵，坚持以经济建设为中心，这一条是绝对不能动摇的。中国共产党之所以赢得人民的拥护，一个重要的原因是，在革命、建设和改革的各个历史时期，它总是代表着中国先进生产力的发展要求。“因为我们党是代表先进生产力的发展要求的，所以全党同志的一切奋斗，归根到底都是为了解放和发展生产力，党的一切方针政

①中共中央文献研究室编《十二大以来重要文献选编》（下），人民出版社，1988，第1390页。

②中共中央文献研究室编《邓小平年谱（1975—1997）》（下），中央文献出版社，2004，第1255页。

③中共中央文献研究室编《江泽民论有中国特色社会主义（专题摘编）》，中央文献出版社，2002，第32页。

策都要最终促进生产力的不断发展，促进国家经济实力的不断增强。”[①]他强调，在中国这样一个经济文化落后的发展中大国领导人民进行现代化建设，执政党能不能解决好发展问题，直接关系人心向背、事业兴衰。发展必须以经济建设为中心，立足中国现实，顺应时代潮流，不断开拓促进先进生产力和先进文化发展的新途径。

以胡锦涛为总书记的中央领导集体在新世纪面临新形势新问题新任务，提出了以人为本、坚持全面协调可持续的科学发展观，并且把发展生产力作为党执政兴国的第一要务。“我们这样一个经济文化比较落后的社会主义大国，如何实现又好又快的发展，是党执政以后必须下大力气解决好的重大课题。”“党领导人民建设社会主义的根本任务是解放和发展生产力，增强综合国力，满足人民日益增长的物质文化需要。”[②]胡锦涛在党的十七大上强调指出：“要牢牢扭住经济建设这个中心，坚持聚精会神搞建设，一心一意谋发展，不断解放和发展社会生产力。”[③]而要解放和发展生产力，必须坚持改革开放，这是中国特色社会主义的发展动力，也是中国特色社会主义的强国之路。

以习近平为核心的新一代中央领导集体，根据中国特色社会主义的时代特征，提出了习近平新时代中国特色社会主义思想。习近平总书记多次提出，人民对美好生活的向往，就是我们的奋斗目标，并强调我们的责任，就是要团结带领全党全国各族人民，继续解放思想，坚持改革开放，不断解放和发展社会生产力，努力解决群众的生活生产困难，坚定不移走共同富裕的道路。

---

①《江泽民文选》（第三卷），人民出版社，2006，第2页。

②中共中央文献研究室编《十六大以来重要文献选编》（中），中央文献出版社，2006，第308页、274页。

③《十七大报告辅导读本》，人民出版社，2007，第14—15页。

2. 中国特色社会主义道路坚持四项基本原则作为立国之本

中国特色社会主义道路把坚持四项基本原则作为立国之本，强调要坚持党的领导和人民民主专政，这就为建设中国特色社会主义提供了坚强的政治保证，表明了我们所坚持的社会主义的政治方向，是科学社会主义的基本原则在中国运用的重要标志，也是中国特色社会主义的显著特征。

改革开放的总设计师邓小平始终强调：在整个改革开放过程中，我们必须始终坚持四项基本原则，“如果动摇了这四项基本原则中的任何一项，那就动摇了整个社会主义事业，整个现代化建设事业”[①]。他认为坚持四项基本原则的核心，是坚持共产党的领导。“没有共产党的领导，肯定天下大乱，四分五裂。”“资产阶级自由化的核心就是反对党的领导，而没有党的领导也就不会有社会主义制度。”[②]同时他也十分重视坚持人民民主专政。在视察南方谈话中，邓小平指出：“依靠无产阶级专政保卫社会主义制度，这是马克思主义的一个基本观点。马克思说过，阶级斗争学说不是他的发明，真正的发明是关于无产阶级专政的理论。”他强调，“运用人民民主专政的力量，巩固人民的政权，是正义的事情，没有什么输理的地方。我们搞社会主义才几十年，还处在初级阶段。巩固和发展社会主义制度，还需要一个很长的历史阶段，需要我们几代人、十几代人，甚至几十代人坚持不懈地努力奋斗，决不能掉以轻心”[③]。1993年9月，邓小平和弟弟邓垦谈话指出：“我们在改革开放初期就提出‘四个坚持’。没有这‘四个坚持’，特别是党的领导，什么事情也搞不好，会出问题。出问题就不是小问题。社会主义市场经济优越性在哪里？就在‘四个坚

---

①《邓小平文选》（第二卷），人民出版社，1994，第173页。
②《邓小平文选》（第二卷），人民出版社，1994，第391页。
③《邓小平文选》（第三卷），人民出版社，1993，第379—380页。

持’。‘四个坚持’集中表现在党的领导。”①

在新的历史时期，江泽民强调指出，我们在建设有中国特色社会主义事业的整个历史进程中，必须始终坚持社会主义道路，坚持人民民主专政，坚持中国共产党的领导，坚持马列主义、毛泽东思想、邓小平理论。“坚持这四项基本原则，是我国根本区别于历史上的封建主义中国和资本主义国家的主要标志。离开了四项基本原则，中国就不成其为社会主义国家，就不能建设有中国特色社会主义。这就是我们坚持四项基本原则的根本政治意义。”②江泽民特别强调坚持社会主义制度和基本原则：“中国要强盛，中国人民要走向共同富裕，中华民族要实现伟大复兴，就必须始终坚持我们已经建立并正在不断完善的社会主义制度及其所决定的基本原则。”“这些都是坚持社会主义道路的基本要求，决定着社会主义在中国的前途命运。”③在中共十四大和十五大的报告中，江泽民反复强调，在建设有中国特色社会主义的伟大事业中，一定要毫不动摇地坚持四项基本原则，并把它与改革开放统一于建设有中国特色社会主义的伟大实践，强调“这是近二十年来我们党最可宝贵的经验，是我们事业胜利前进最可靠的保证”。他还指出，古人说，“求木之长者，必固其根本”。四项基本原则就是管我们建设和发展的政治方向、政治保障的，因此我们说它是立国之本。“如果动摇了四项基本原则，或者四项基本原则坚持得不好，那就会在政治方向、政治保障上出问题，我们的现代化事业就不能成功。”④正如习近平所强调的那样：“四项基本原则是立国之本，是我们党、我们国家生存发展的政治基石”，任何时

①中共中央文献研究室编《邓小平年谱（1975—1997）》（下），中央文献出版社，2004，第1363页。

②中共中央文献研究室编《江泽民论有中国特色社会主义（专题摘编）》，中央文献出版社，2002，第35页。

③中共中央文献研究室编《江泽民论有中国特色社会主义（专题摘编）》，中央文献出版社，2002，第36页。

④《江泽民文选》（第三卷），人民出版社，2006，第215页。

候都决不能动摇。

3. 中国特色社会主义道路坚持公有制为主体、多种所有制共同发展的基本经济制度

坚持以公有制经济为主体、多种所有制经济共同发展的基本经济制度，是我们建设中国特色社会主义必须长期坚持的方针。这是由社会主义的性质和社会主义初级阶段的特殊国情决定的：第一，我国是社会主义国家，必须坚持公有制作为社会主义经济制度的基础；第二，我国处在社会主义初级阶段，需要在公有制为主体的条件下发展多种所有制经济；第三，一切符合"三个有利于"的所有制形式都可以而且应该用来为社会主义服务。这一基本经济制度具有鲜明的中国特色：一是坚持公有制为主体，决不搞私有化；二是坚持多种所有制经济共同发展，不搞单一的公有制。这是促进我国生产力进一步解放和发展，坚持、发展中国特色社会主义的题中应有之义，也是对马克思主义所有制理论的丰富和发展。

坚持公有制的主体地位，是社会主义的一项根本原则，也是我国社会主义市场经济的基本标志。我国是人民当家作主的社会主义国家，必须坚持把公有制作为社会主义经济制度的基础。邓小平指出："我们现在讲的对内搞活经济、对外开放是在坚持社会主义原则下开展的。社会主义有两个非常重要的方面，一是以公有制为主体，二是不搞两极分化。"[①]"过去行之有效的东西，我们必须坚持，特别是根本制度，社会主义制度，社会主义公有制，那是不能动摇的。我们不能允许产生一个新的资产阶级。"[②]江泽民强调指出，社会主义公有制的主体地位决不能动摇，否则我们党的执政地位和我们社会主义的国家政权就很难巩固和加强。"如果失去公有制经济的主体地位和国有经济的主导作用，也就不可能建设有中

①《邓小平文选》（第三卷），人民出版社，1993，第138页。

②《邓小平文选》（第二卷），人民出版社，1994，第133页。

国特色的社会主义。”“我们干的是社会主义事业，国家经济的主体必然是公有制经济。这一点必须坚定不移，决不能动摇。”“中国决不会搞私有化，这是由我们建设有中国特色社会主义事业的本质所决定的。”[①]

坚持公有制为主体，同时还要鼓励、支持和引导非公有制经济的发展。发展非公有制经济，符合我国经济社会发展的内在要求，有利于调整和优化所有制结构，促进市场竞争，引进吸收先进技术和管理经验，调动人民群众和社会各方面的积极性，等等。公有制经济与非公有制经济不是彼此对立、不可调和的：公有制经济是社会主义市场经济的主体，非公有制经济是社会主义市场经济的重要组成部分，公有制经济和非公有制经济是平等竞争、相互促进的关系。所以，党的十六大报告提出，要“毫不动摇地巩固和发展公有制经济，毫不动摇地鼓励、支持和引导非公有制经济发展，使两者在社会主义现代化进程中相互促进，共同发展，是必须长期坚持的基本方针，是完善社会主义市场经济体制、建设中国特色社会主义的必然要求”[②]。党的十九大进一步提出：“必须坚持和完善我国社会主义基本经济制度和分配制度，毫不动摇地巩固和发展公有制经济，毫不动摇地鼓励、支持、引导非公有制经济发展，使市场在资源配置中起决定性作用，更好发挥政府作用。”[③]

4. 中国特色社会主义道路坚持马克思主义在意识形态领域的指导地位

坚持马克思主义在社会主义意识形态领域的指导地位，是科学社会主

①中共中央文献研究室编《江泽民论有中国特色社会主义（专题摘编）》，中央文献出版社，2002，第48页、第50—51页。

②中共中央文献研究室编《十六大以来重要文献选编》（中），中央文献出版社，2006，第684页。

③习近平：《决胜全面建成小康社会　夺取新时代中国特色社会主义伟大胜利——在中国共产党第十九次全国代表大会上的报告》，人民出版社，2017，第21页。

义的基本原则，也是中国特色社会主义道路的灵魂所在。马克思主义是被100多年来世界历史发展进程，特别是我国革命、建设和改革实践反复证明了的科学真理，具有鲜明的科学性和真理性，是我们认识世界、改造世界的强大思想武器。我们的事业需要马克思主义。中国特色社会主义道路始终坚持以发展着的马克思主义为指导，不搞指导思想的多元化，既遵循了科学社会主义的根本原则，又非常符合中国的国情。

在任何社会，意识形态领域的主导思想，都是由其起主导作用的经济基础决定的。马克思说："统治阶级的思想在每一时代都是占统治地位的思想。这就是说，一个阶级是社会上占统治地位的物质力量，同时也是社会上占统治地位的精神力量。"指导思想一元化，正是对这一人类社会发展规律的反映。同时，指导思想作为上层建筑的核心和灵魂部分，它既是上层建筑的重要内容，又对维护上层建筑起着关键作用。社会制度的巩固和完善，需要指导思想或者主导意识形态提供理论指导、价值导向和精神支撑，它必然要集中反映统治阶级的意志和思想。我国发展社会主义市场经济，经济成分多样化，并没有改变我国公有制经济占主体的地位，没有也不能改变中国特色社会主义的发展方向和道路，这就决定了我国意识形态领域只能以马克思主义为指导；虽然利益关系日益多样化，但全体人民的根本利益总体上是一致的，只有发展着的马克思主义而没有别的什么主义或主张，能够最广泛地代表广大人民的根本利益，能够引领社会发展进步。因此，"马克思主义的基本原理任何时候都要坚持，否则我们的事业就会因为没有正确的理论基础和思想灵魂而迷失方向，就会归于失败。这就是我们为什么必须始终坚持马克思主义基本原理的道理所在"[①]。

社会主义核心价值体系是社会主义意识形态的本质体现，建设社会

①中共中央文献研究室编《江泽民论有中国特色社会主义（专题摘编）》，中央文献出版社，2002，第631页。

主义核心价值体系，形成全民族奋发向上的精神力量和团结和睦的精神纽带，是中国特色社会主义道路在思想文化建设上的根本任务。马克思主义指导思想是社会主义核心价值体系的灵魂，建设社会主义核心价值体系，最根本的就是坚持马克思主义的指导地位。正如邓小平1984年在会见日本客人时所指出的："如果我们不是马克思主义者，或者不把马克思主义同中国自己的实际相结合，走自己的道路，中国现在还是四分五裂，不但没有独立，也没有统一。坦率地说，中国不但要坚持马克思主义，而且，如果没有对马克思主义的充分信仰，中国革命也搞不成功。这种信仰是一种动力。"①20世纪90年代初，苏联东欧发生剧变，世界社会主义运动陷入低潮，国际上一些人断言"马克思主义终结了""社会主义失败了"；国内也有一些人产生了"中国的红旗到底还能打多久"的困惑。面对种种迷惑和疑虑，邓小平坚定地说，马克思主义是打不倒的，因为马克思主义的真理颠扑不破。"我坚信，世界上赞成马克思主义的人会多起来的，因为马克思主义是科学。""不要惊慌失措，不要认为马克思主义就消失了，没用了，失败了。哪有这回事！"②江泽民更是坚定地指出："只有坚持以马克思主义为指导，才能正确制定和宣传贯彻党的路线方针政策，才能发展先进思想和克服落后思想。如果放弃马克思主义的指导地位，在指导思想上搞多元化，势必导致人心大乱，天下大乱，给党和国家带来灾难。这是决不允许的。"③习近平在纪念建党九十五周年大会上讲话指出："马克思主义是我们立党立国的根本指导思想。背离或放弃马克思主义，我们党就会失

①中共中央文献研究室编《十二大以来重要文献选编》（中），人民出版社，1986，第512页。

②《邓小平文选》（第三卷），人民出版社，1993，第382—383页。

③中共中央文献研究室编《江泽民论有中国特色社会主义（专题摘编）》，中央文献出版社，2002，第411页。

去灵魂、迷失方向。在坚持马克思主义指导地位这一根本问题上，我们必须坚定不移，任何时候任何情况下都不能有丝毫动摇。”

坚持社会主义先进文化前进方向，建设社会主义核心价值体系，建设社会主义精神文明，发展面向现代化、面向世界、面向未来的，民族的科学的大众的社会主义文化，就是坚持马克思主义指导地位在社会主义意识形态的重要体现。我们积极探索用社会主义核心价值体系引领社会思潮的有效途径，既要尊重差异性，承认多样化，又要有力地抵制各种腐朽和错误思想的影响。要着力发展面向现代化、面向世界、面向未来的，民族的科学的大众的社会主义文化，始终代表中国先进文化的前进方向。我们党始终坚持把马克思主义基本原理同中国具体实际相结合，不断推进马克思主义中国化，特别强调用马克思主义中国化最新成果武装全党、教育人民，这完整地体现了科学社会主义的文化思想建设的基本原则。

5. 中国特色社会主义道路坚持按劳分配为主体、多种分配方式并存，最终达到共同富裕

实行个人消费品的按劳分配，不断满足整个社会日益增长的物质和文化生活的需要，这是社会主义的根本目标。我国生产资料公有制为主体、多种所有制共同发展的基本经济制度，决定了在分配领域必须实行按劳分配为主体、多种分配方式并存。而允许一部分人、一部分地区通过诚实劳动和合法经营先富起来，先富带动后富，最终实现全社会的共同富裕，决不搞两极分化，决不允许产生新的资产阶级，这是中国特色社会主义道路的优势和特色所在。

毛泽东曾从建立社会主义制度的高度提出共同富裕的前景，把共同富裕作为社会主义制度的必然结果。1955年7月31日，毛泽东在《关于农业合作化问题》的报告中说：“逐步地实现对于整个农业的社会主义的改造，即实行合作化，在农村中消灭富农经济制度和个体经济制度，使全体

农村人民共同富裕起来。”[①]1955年10月，毛泽东又进一步阐述了这个思想。他认为，我国是个大国，但不是富国，也不是强国。中国作为一个农业国，是谈不上什么强的，也谈不上什么富的。建立社会主义制度，就可以一年一年走向更富更强，“而这个富，是共同的富，这个强，是共同的强，大家都有份，也包括地主阶级”。他着重指出：“这种共同富裕，是有把握的，不是什么今天不晓得明天的事。”[②]

从1978年到1992年，邓小平不断从坚持社会主义原则的高度来论述共同富裕的问题。他明确指出，共同富裕是社会主义的根本目的、根本目标，也是社会主义的最大优越性。他着重指出，实现共同富裕，防止两极分化，这就是社会主义。改革开放伊始，邓小平就指出：“社会主义与资本主义不同的特点就是共同富裕，不搞两极分化。”[③]“我们坚持走社会主义道路，根本目标是实现共同富裕。”[④]1990年12月，他指出：“社会主义的最大优越性就是共同富裕，这是体现社会主义本质的一个东西。”实现共同富裕是社会主义的根本原则和本质特征，任何时候都不能动摇。“社会主义与资本主义不同的特点就是共同富裕，不搞两极分化。创造的财富，第一归国家，第二归人民，不会产生新的资产阶级。”[⑤]1992年12月，邓小平指出：“中国发展到一定的程度后，一定要考虑分配问题。也就是说，要考虑落后地区和发达地区的差距问题。不同地区总会有一定的差距。这种差距太小不行，太大也不行。如果仅仅是少数人富有，那就会落到资本主义去了。”“我们的政策应该是既不能鼓励懒汉，又不能造成

①《毛泽东选集》（第六卷），人民出版社，1999，第437页。
②《毛泽东文集》（第六卷），人民出版社，1999，第495—496页。
③《邓小平文选》（第三卷），人民出版社，1993，第123页。
④《邓小平文选》（第三卷），人民出版社，1993，第155页。
⑤《邓小平文选》（第三卷），人民出版社，1993，第123页。

打‘内仗’。”[1]他认为，富裕起来财富如何分配这是一个大问题，“解决这个问题比解决发展起来的问题还困难”，所以“要利用各种手段、各种方法、各种方案来解决这些问题”。[2]

江泽民进一步继承和发展了关于共同富裕是社会主义本质的思想。他指出：“实现共同富裕是社会主义的根本原则和本质特征，绝不能动摇。”[3]在社会主义初级阶段，社会成员之间收入存在一定程度的差距，是难以避免的。但如果差距悬殊，而且任其扩大，就会造成多方面的严重后果。“允许一部分地区一部分人通过诚实劳动和合法经营先富起来，带动和帮助其他地区和其他群众，最终达到全国各地区的普遍繁荣和全体人民的共同富裕，这是我们必须长期坚持的一个大政策。它符合经济发展客观规律的要求，是社会主义优越性在经济上的重要体现。”[4]江泽民还强调，要区分不同情况，采取有针对性的措施，保护合法收入，取缔非法收入，调节过高收入，保障低收入者的基本生活。正确处理一次分配和二次分配的关系，在经济发展的基础上普遍提高居民收入水平，逐步形成一个高收入人群和低收入人群占少数、中等收入人群占大多数的“两头小、中间大”的分配格局，使人民共享经济繁荣成果，促进国民经济持续快速健康发展和社会长治久安。

以习近平总书记为核心的新一届党中央明确提出改革的出发点和落脚点是“促进社会公平正义，增进人民福祉”，通过改革“让一切劳动、知识、技术、管理、资本的活力竞相迸发，让一切创造社会财富的源泉充

①中共中央文献研究室编《邓小平年谱（1975—1997）》（下），中央文献出版社，2004，第1356—1357页。

②中共中央文献研究室编《邓小平年谱（1975—1997）》（下），中央文献出版社，2004，第1364页。

③《江泽民文选》（第一卷），人民出版社，2006，第466页。

④中共中央文献研究室编《江泽民论有中国特色社会主义（专题摘编）》，中央文献出版社，2002，第58页。

分涌流”，其目的是“让发展成果更多更公平惠及全体人民”。虽然没有直接表述效率和公平的关系，但显而易见，公平已经提到了改革的价值高度。系统部署的各领域改革举措无一例外地都在向着“公平”发力。无论是深化经济体制改革以“推动经济更有效率、更加公平、更可持续发展”，还是为“促进社会公平正义”而“建立更加公平可持续的社会保障制度”；无论是“建立公平开放透明的市场规则”以“提高资源配置效率和公平性”，还是“按照统一税制、公平税负、促进公平竞争的原则”，以完善税收制度；无论是健全城乡发展一体化体制机制，以“让广大农民平等参与现代化进程、共同分享现代化成果”，还是“保证各种所有制经济依法平等使用生产要素、公开公平公正参与市场竞争、同等受到法律保护”，以完善基本经济制度；无论是“强化权力运行制约和监督体系，让权力在阳光下运行”，还是“建设法治中国”，以“让人民群众在每一个司法案件中都感受到公平正义”；等等。公平作为社会主义市场经济体制改革的核心价值被空前地突出出来。

6. 中国特色社会主义道路坚持以人为本，努力实现人的全面发展

人的全面发展是科学社会主义的最高命题，也是社会主义的终极目标。过去相当长时期内，我们忽视了社会主义价值，甚至把公正、民主、自由、平等、博爱、人权、人道主义等原则当作资产阶级的专利加以否定和批判，使社会主义建设中长期见“物”不见“人”、见“原则”不见“人”，偏离人民群众生存和发展的各种需求，影响社会主义优越性的发挥。改革开放以来，我国总结了社会主义实践的深刻教训，逐步提出以人为本的价值取向和共富、公正、自由、平等、民主、互助、和谐等价值理念。江泽民把实现人的全面发展提高到马克思主义建设社会主义新社会的本质要求的高度，强调指出：“我们要在发展社会主义物质文明和精神文明的基础上，不断推进人的全面发展。”“人越全面发展，社会的物质文

化财富就会创造得越多，人民的生活就越能得到改善，而物质文化条件越充分，又越能推进人的全面发展。”①十六大以来，我们党提出坚持“以人为本”的科学发展观，始终把实现好、维护好、发展好最广大人民的根本利益作为党和国家一切工作的出发点和落脚点，尊重人民主体地位，发挥人民首创精神，保障人民各项权益，走共同富裕道路，促进人的全面发展，做到发展为了人民、发展依靠人民、发展成果由人民共享。

社会和谐是科学社会主义的应有之义，是中国特色社会主义的本质属性，是国家富强、民族振兴、人民幸福的重要保证。构建社会主义和谐社会，就是在中国共产党领导下，全体人民共同建设、共同享有民主法治、公平正义、诚信友爱、充满活力、安定有序、人与自然和谐相处的和谐社会，着力解决人民最关心、最直接、最现实的利益问题，努力形成全体人民各尽其能、各得其所而又和谐相处的局面。构建社会主义和谐社会是贯穿中国特色社会主义事业全过程的长期历史任务。要通过发展增加社会物质财富，不断改善人民生活，又要通过发展保障社会公平正义，不断促进社会和谐。实现公平正义是中国共产党人的一贯主张，是发展中国特色社会主义的重大任务和内在要求，是社会和谐的基本条件。处理好效率和公平的关系是中国特色社会主义的重大课题。坚持效率和公平有机结合，才能更好体现社会主义的本质，体现社会主义制度的优越性，才能构建社会主义和谐社会。

二、毛泽东思想是中国特色社会主义道路的思想先导

毛泽东思想的一系列基本理论特别是探索社会主义建设道路所取得的

① 《江泽民文选》（第三卷），人民出版社，2006，第294、295页。

积极的理论成果，对中国特色社会主义道路的开辟和拓展具有重要的指导意义。党的十七大报告郑重指出："改革开放伟大事业，是在以毛泽东同志为核心的党的第一代中央领导集体创立毛泽东思想，带领全党全国各族人民建立新中国、取得社会主义革命和建设伟大成就以及艰辛探索社会主义建设规律取得宝贵经验的基础上进行的。"①20世纪50年代中期，以毛泽东为核心的第一代中央领导集体提出以苏为鉴，"走自己的路"，对如何建设有中国特色的社会主义提出了一些具有创造性的重要思想，积累了正反两方面的历史经验，为中国特色社会主义道路的开辟以及新时期改革开放和现代化建设事业，提供了宝贵的精神财富和重要的历史借鉴，成为开辟中国特色社会主义道路的思想先导。

（一）中国式工业化道路为开辟中国特色社会主义道路提供思想先导

在中国实现工业化和现代化，是近代以来一切爱国志士梦寐以求的理想，也是中国共产党人矢志不渝的奋斗目标。新中国的诞生和社会主义制度的建立，为中国实现工业化和现代化创造了重要的政治前提和制度基础。1956年9月《中国共产党第八次代表大会关于政治报告的决议》明确提出，由于我们国内的主要矛盾已经是人民对于建立先进的工业国的要求同落后的农业国的现实之间的矛盾，所以，"党和全国人民的当前的主要任务，就是要集中力量解决这个矛盾，把我国尽快地从落后的农业国变为先进的工业国"②。毛泽东在读苏联《政治经济学教科书》的谈话中，第一次比较完整地表述了"四个现代化"的内容："建设社会主义，原来要求是工业现代化、农业现代化、科学现代化，现在要加上国防现代化。"1964年12月，周恩来在三届人大一次会议上正式宣告："要在不太长的历史时期内，把我国建设成为一个具有现代农业、现代工业、现代国

①《十七大报告辅导读本》，人民出版社，2007，第7页。

②中共中央文献研究室编《刘少奇传》（下卷），中央文献出版社，2008，第734页。

防和现代科学技术的社会主义强国，赶上和超过世界先进水平。”①

关于中国的工业化道路，毛泽东指出：“工业化道路的问题，主要是指重工业、轻工业和农业的发展关系问题。我国的经济建设是以重工业为中心，这一点必须肯定。但是同时必须充分注意农业和轻工业。……发展工业必须和发展农业同时并举，工业才有原料和市场，才有可能为建立强大的重工业积累较多的资金。”②毛泽东在读苏联《政治经济学教科书》时又提出要“在优先发展重工业的条件下，发展工业和发展农业同时并举”。所谓并举，并不否认重工业优先增长，不否认工业发展快于农业；同时并举也不是平均使用力量。毛泽东还比较中苏两国的发展道路说，生产资料优先增长的规律，是一切社会扩大再生产的共同规律。斯大林把这个规律具体化为优先发展重工业，其缺点是过分强调了重工业的优先增长，结果在计划中把农业忽略了。我们把这个规律具体化为：在优先发展重工业的条件下，工农业同时并举。我们实行的几个同时并举，以工农业同时并举为最重要。“苏联和我们的经验都证明，农业不发展，轻工业不发展，对重工业的发展是不利的。”③周恩来也认为，优先发展重工业，这个原则是对的，但是在发展中忽视了人们的当前利益。发展重工业，实现社会主义工业化，是为人民谋长远利益。“如果不关心人民的当前利益，要求人民过分地束紧裤带，他们的生活不能改善甚至还要降低水平，他们要购买的物品不能供应，那么，人民群众的积极性就不能很好地发挥，资金也不能积累，即使重工业发展起来也还得停下来。”④

毛泽东认为，中国的工业化道路要从中国的实际情况出发，把发展农

①《周恩来选集》（下卷），人民出版社，1984，第439页。
②《毛泽东文集》（第七卷），人民出版社，1999，第240—241页。
③《毛泽东文集》（第八卷），人民出版社，1999，第121页。
④《周恩来选集》（下卷），人民出版社，1984，第230页。

业放在重要位置，重工业为农业和轻工业服务。1962年，党中央把这一思想概括为“以农业为基础，以工业为主导”的发展国民经济的总方针。正是由于我们吸取了苏联的教训，在发展重工业的同时，注意抓农业和轻工业，因而在相当程度上保证了发展工业所需要的粮食和原料，也在相当程度上满足了人民的日用消费品需求，使国民经济有计划按比例发展。这不仅正确地解决了苏联没有解决好的发展重工业与发展农业、轻工业的关系问题，而且丰富和发展了马克思主义关于生产资料优先增长规律的理论。

如何实现社会主义的现代化和工业化？毛泽东赞同“两步走”的战略设想，即“在三年过渡阶段之后，我们的工业发展可以按两步来考虑：第一步，搞十五年，建立一个独立的完整的工业体系，使我国工业大体赶上世界先进水平；第二步，再用十五年，使我国工业接近世界的先进水平”①。1955年，他在党的全国代表会议上指出：“我们可能经过三个五年计划建成社会主义社会，但要建成为一个强大的高度社会主义工业化的国家，就需要有几十年的艰苦努力，比如说，要有五十年的时间，即本世纪的整个下半世纪。”②在党的第七届中央委员会扩大的第六次全体会议上又提出，大约在50年到75年的时间内，就是10个五年计划到15个五年计划的时间内，可能建成一个强大的社会主义国家。经过“大跃进”的深刻教训，毛泽东认为，在我们这样的国家，建成社会主义不要讲得过早了。1961年，他在会见英国蒙哥马利元帅时又说，建成强大的社会主义经济，在中国，50年不行，会要100年，或者更多的时间。在1962年扩大的中央工作会议上毛泽东进一步指出：“中国的人口多、底子薄，经济落后，要使生产力很大地发展起来，要赶上和超过世界上最先进的资本主义国家，

①《建国以来毛泽东文稿》（第十册），中央文献出版社，1996，第347页。

②《毛泽东文集》（第六卷），人民出版社，1999，第390页。

没有一百多年的时间，我看是不行的。”[①]

毛泽东等关于实现中国式工业化、现代化的思想，初步回答了在经济文化落后的农业大国如何实现工业化，如何走适合中国情况的社会主义现代化道路的问题。这是从国情出发探索适合中国国情的社会主义建设道路的一个典范，不仅有力地指导着当时的工业化和现代化建设，而且为我们党制定新时期中国特色社会主义“三步走”的发展战略，走中国特色的工业化道路奠定了重要的思想基础。

（二）社会主义社会基本矛盾和两类不同矛盾思想是改革开放的理论基础

如何正确认识和处理社会主义社会的矛盾问题，是社会主义运动史上一个重要而难以解决的课题。1957年2月，毛泽东适时地提出了社会主义基本矛盾和两类矛盾理论。他认为，“在社会主义社会中，基本的矛盾仍然是生产关系和生产力之间的矛盾，上层建筑和经济基础之间的矛盾”。“社会主义生产关系已经建立起来，它是和生产力的发展相适应的；但是，它又还很不完善，这些不完善的方面和生产力的发展又是相矛盾的。除了生产关系和生产力发展的这种相适应又相矛盾的情况以外，还有上层建筑和经济基础的又相适应又相矛盾的情况”[②]。但社会主义社会基本矛盾与资本主义社会不同，社会主义基本矛盾是非对抗性的矛盾，可以通过改革和调整生产关系、上层建筑与生产力之间不相适应的环节和方面，使社会主义制度得到自我完善和自我发展。毛泽东指出，在社会主义社会里存在两类不同性质的矛盾，一类是敌我矛盾，一类是人民内部矛盾。解决两类不同性质的矛盾需要不同的方法：解决敌我之间的矛盾用专政的方法，解决人民内部的矛盾用民主的方法。“解决人民内部矛盾，不能用咒

①《毛泽东文集》（第八卷），人民出版社，1999，第302页。
②《毛泽东文集》（第七卷），人民出版社，1999，第215页。

骂，也不能用拳头，更不能用刀枪，只能用讨论的方法、说理的方法、批评和自我批评的方法，一句话，只能用民主的方法，让群众讲话的方法。”[①]毛泽东根据我国生产资料私有制的社会主义改造基本完成以后社会矛盾和阶级关系的变化，明确提出正确处理人民内部矛盾成了国家政治生活的主题，并提出要运用“团结—批评—团结”的方法解决人民内部在政治思想领域的矛盾，用“统筹兼顾、适当安排”的方针解决人民内部物质利益上的矛盾，实行“长期共存，互相监督”的方针处理共产党与民主党派的关系，在科学文化工作中实行“百花齐放，百家争鸣”的方针。毛泽东提出社会主义两类矛盾学说和正确处理人民内部矛盾理论，总的目的是调动一切积极因素为社会主义服务，发展社会主义的经济和文化，巩固社会主义新制度，造成一个又有集中又有民主，又有纪律又有自由，又有统一意志，又有个人心情舒畅、生动活泼的那样一种政治局面。

毛泽东等关于正确处理社会主义社会基本矛盾和两类不同矛盾的思想，成为新时期中国社会主义改革开放的理论基础。毛泽东曾经分析我国社会主义制度确立以后，生产关系和生产力、上层建筑和经济基础又相适应又相矛盾的情况，指出社会主义社会的矛盾可以经过社会主义制度本身不断地得到解决。邓小平领导我们党找到了解决这种矛盾的正确途径，这就是进行改革开放。他说：“改革是社会主义制度的自我完善，在一定的范围内也发生了某种程度的革命性变革。这是一件大事，表明我们已经开始找到了一条有中国特色的社会主义的路子。”[②]以邓小平为核心的第二代中央领导集体继承和发展了毛泽东关于社会主义社会基本矛盾和两类不同矛盾的思想，创造性地揭示了社会主义社会基本矛盾运动的特殊规律，提出了改革是社会主义发展的根本动力的思想，开启了我国经济体制改革

①《毛泽东文集》（第八卷），人民出版社，1999，第291页。
②《邓小平文选》（第三卷），人民出版社，1993，第142页。

和政治体制改革的大门。

毛泽东等关于正确处理社会主义社会基本矛盾和两类不同矛盾的思想，也为我们在新的历史条件下正确处理人民内部矛盾，构建社会主义和谐社会提供了重要的思想理论启迪和科学方法。江泽民指出："在加快经济建设和改革开放的新形势下，正确处理人民内部矛盾，调动一切积极因素，化消极因素为积极因素，是我们国家政治生活的主题，也是维护社会稳定的重要基础。"而学习和实践毛泽东关于正确处理人民内部矛盾的思想，有利于"提高正确对待人民内部矛盾的政策观念和处理能力"①。胡锦涛在省部级主要领导干部提高社会主义和谐社会能力专题研讨班上强调："毛泽东同志关于社会主义社会建设的正确思想，对我们构建社会主义和谐社会仍然具有重要的指导意义。"②

（三）发展社会主义商品生产思想为建立社会主义市场经济体制提供思想先导

社会主义社会是否存在商品经济？要不要遵循商品生产和交换的价值规律？这是毛泽东一直在思考的重大的理论和实践问题。1958年底至1960年初，毛泽东在总结"人民公社化运动"教训时，针对党内存在的要取消商品经济的思想倾向，提出了关于发展社会主义商品经济和运用价值法则的一系列独创性见解。在第一次郑州会议上，毛泽东指出，许多人避而不谈商品和商业问题，好像不如此就不是共产主义似的。"人民公社必须生产适宜于交换的社会主义商品，以便逐步提高每个人的工资。在生活资料方面，必须发展社会主义商业；并且利用价值法则的形式，在过渡时期内

①中共中央文献研究室编《江泽民论有中国特色社会主义（专题摘编）》，中央文献出版社，2002，第218页。

②中共中央文献研究室编《十六大以来重要文献选编》（中），中央文献出版社，2006，第704页。

作为经济核算的工具，以利逐步过渡到共产主义。”他赞成《苏联社会主义经济问题》中关于商品和价值法则的许多观点，但不赞同斯大林关于生产资料不是商品的观点，认为在我国“生产资料又是商品又不是商品”。认为“避开使用还有积极意义的资本主义范畴——商品生产、商品流通、价值法则等来为社会主义服务。……这是对马克思主义不彻底、不严肃的态度”。毛泽东认为，我国是商品生产很不发达的国家，比印度、巴西还落后。“现在是要利用商品生产、商品交换和价值法则，作为有用的工具，为社会主义服务。”①“现在，我们有些人大有消灭商品生产之势。他们向往共产主义，一提商品生产就发愁，觉得这是资本主义的东西，没有分清社会主义商品生产和资本主义商品生产的区别，不懂得在社会主义条件下利用商品生产的作用的重要性。这是不承认客观法则的表现，是不认识五亿农民的问题。在社会主义时期，应当利用商品生产来团结几亿农民。我以为有了人民公社以后，商品生产、商品交换更要发展，要有计划地大大发展社会主义的商品生产。”②他指出商品生产不能与资本主义混为一谈。“商品生产，要看它是同什么经济制度相联系，同资本主义制度相联系就是资本主义的商品生产，同社会主义制度相联系就是社会主义的商品生产。”③“只有当国家有权支配一切产品的时候，才可能使商品经济成为不必要而消失。只要存在两种所有制，商品生产和商品交换就是极其必要、极其有用的。”④

毛泽东十分重视发挥价值法则在商品经济中的作用。他说，价值法则、等价交换，不仅存在于人民公社内部，也存在于集体所有制与全民所

①《毛泽东文集》（第七卷），人民出版社，1999，第435、437页。
②《毛泽东文集》（第七卷），人民出版社，1999，第437页。
③《毛泽东文集》（第七卷），人民出版社，1999，第439页。
④《毛泽东文集》（第七卷），人民出版社，1999，第440页。

有制之间，实际上生产资料各部门之间也有价值法则起作用。还说，价值法则是客观存在的经济法则。我们对于社会产品，只能实行等价交换，不能实行无偿占有，不允许无偿占有别人劳动成果；在社与队、队与队、社与国家之间，在经济上只能是买卖关系，必须遵守等价交换的原则。他批评"共产风"说："'一平、二调、三收款'，就是根本否定价值法则和等价交换。""'一平、二调、三收款'，引起了广大农民的恐慌。这就是我们目前同农民关系中的一个大矛盾，一个大问题。"为了纠正"一平二调"的错误，缓和共产党与农民的紧张关系，毛泽东提议对县、社两级干部进行教育，"使他们懂得价值法则、等价交换，这是个客观规律、客观法则，违反它，要整得头破血流"。1959年3月，毛泽东更是明确指出，价值法则"是一个伟大的学校，只有利用它，才有可能教会我们的几千万干部和几万万人民，才有可能建设我们的社会主义和共产主义。否则一切都不可能"[①]。七千人大会期间，他在修改刘少奇代表中共中央所作的工作报告时，增加了这样一段话："按劳分配和等价交换这样两个原则，是在建设社会主义阶段内人们决不能不严格地遵守的马克思列宁主义的两个基本原则。"[②]毛泽东还主张发展私营经济，并称之为"新经济政策"。他还提出了"可以消灭了资本主义，又搞资本主义"的思想。

刘少奇、周恩来等领导人也提出了允许多种所有制存在，积极发展商品经济的思想。1956年底，刘少奇在全国人大常委会会议上说："我们国家有百分之九十几的社会主义，有百分之几的资本主义，我看也不怕。""有这么一点资本主义，一条是它可以作为社会主义经济的补充，另一条是它可以在某些方面同社会主义经济作比较。"[③]1957年4月，在国

①《毛泽东文集》（第八卷），人民出版社，1999，第34页。
②《建国以来毛泽东文稿》（第十册），中央文献出版社，1996，第8页。
③中共中央文献研究室编《刘少奇传》（下卷），中央文献出版社，2008，第742—743页。

务院全体会议上周恩来指出，一切东西都靠国家生产不行，社会主义建设中活一点有好处，应该允许多种所有制存在，资本主义复活不了。“大煤矿，国家办；小的，合作社、私人都可以开。”“主流是社会主义，小的给些自由，这样可以帮助社会主义的发展。”“大概工、农、商、学、兵除了兵以外，每一行都可以来一点自由，搞一点私营的。文化也可以搞一点私营的。这样才好百家争鸣嘛！在社会主义建设中，搞一点私营的，活一点有好处。”①陈云把市场的作用问题提到十分重要的地位：“苏联十月革命后，市场完全死了。我们今天也把市场搞得很死，若不注意解决这一问题，天下就会大乱。”统统计划，把市场卡死，这条路是走不通的。新的道路就是：“既要实行计划经济，管好市场，反对投机倒把，又不要把市场搞死。”②

毛泽东等关于重视价值规律、发展社会主义商品经济的思想，对新时期提出在坚持公有制基础上发展社会主义商品经济，建立社会主义市场经济体制具有重要启迪。十二届三中全会通过的《中共中央关于经济体制改革的决定》明确指出：“要突破把计划经济同商品经济对立起来的传统观念，明确认识社会主义计划经济必须自觉依据和运用价值规律，是在公有制基础上的有计划的商品经济。商品经济的充分发展，是社会经济发展的不可逾越的阶段，是实现我国经济现代化的必要条件。”③邓小平在南方谈话中更是明确指出：“计划经济不等于社会主义，资本主义也有计划；市场经济不等于资本主义，社会主义也有市场，计划和市场是两种经济手段。”党的十四大根据邓小平的南方谈话精神，把建立社会主义市场经济

①《周恩来经济文选》，中央文献出版社，1993，第350—351页。

②中共中央文献研究室编《陈云传》（下），中央文献出版社，2005，第1022页。

③中共中央文献研究室编《十二大以来重要文献选编》（中），人民出版社，1986，第568页。

确立为我国经济体制改革的目标，从而为我国建立社会主义市场经济体制奠定了思想基础。

（四）改革经济管理体制思想成为新时期社会主义经济体制改革的思想先导

在领导社会主义建设的进程中，毛泽东等中央领导人就已经认识到经济体制改革的紧迫性，并结合实际大胆探索，提出了许多重要思想。早在《论十大关系》一文中，毛泽东就提出中央向地方分权的问题，强调“应当在巩固中央统一领导的前提下，扩大一点地方的权力，给地方更多的独立性，让地方办更多的事情。这对我们建设强大的社会主义国家比较有利。我们的国家这样大，人口这样多，情况这样复杂，有中央和地方两个积极性，比只有一个积极性好得多。我们不能像苏联那样，把什么都集中到中央，把地方卡得死死的，一点机动权也没有”①。他说，把什么东西统统都集中在中央或县市，不给工厂一点权力，一点机动的余地，一点利益，恐怕不妥。企业要有点“独立王国”，就是说要有半独立性，或者是几分之几的独立性，公开的、合法的“半独立王国”。在读苏联《政治经济学教科书》总结教训时，毛泽东认为，中央管得多，统得死，这是我们国家管理体制中的主要倾向。“中央不能只靠自己的积极性，还必须同时依靠地方的积极性。过去中央有些部门，把地方办的事业不当作自己的，只把直属的企业看成自己的，这种看法妨碍了充分发挥地方的积极性。中央和地方都要注意发挥企业的积极性。”②他还把我国同欧洲进行比较：欧洲的好处之一，是各国林立，各搞一套，使欧洲经济发展较快。我国自秦以来形成大帝国，从那以后，少数时间是分裂、割据，多数时间保持统一局面。缺点之一是官僚主义，统治很严，控制太死，地方没有独立性，

①《毛泽东文集》（第七卷），人民出版社，1999，第31页。
②《毛泽东文集》（第八卷），人民出版社，1999，第126—127页。

不能独立发展，大家拖拖沓沓，懒懒散散，过一天算一天，经济发展很慢。毛泽东还探索了如何按经济办法管理经济的问题。1964年1月，在听取国家计委关于托拉斯问题的汇报时，他表示赞同刘少奇关于建立托拉斯企业的设想。他说，目前这种按行政方法管理经济的办法，不好，要改，比如说，企业里用了那么多的人干什么？人要吃饭的，要消耗的，用那么多的人，就是不按经济法则办事。他还指出，商业为什么不能按经济渠道管理？为什么只能按行政区划设置机构？打破省、专、县界嘛！就是要按经济渠道办事。

刘少奇、陈云等也都阐述了经济体制改革的重要性、迫切性和主要内容。1957年春天，刘少奇南下视察，提出要使社会主义经济既有计划性，又有灵活性和多样性。他指出："社会主义经济的特点是有计划性，是计划经济，但是实际社会经济生活，包括各行各业、各个方面，有几千种、几万种、几十万种，国家计划又不可能计划那么几千、几万、几十万种，只能计划那么多少类，结果就把社会经济生活搞得简单了，呆板了。"他提出："如何使我们的社会主义经济同时具有这样几个特点：既有计划性，又有多样性，又有灵活性，这就要利用自由市场。一方面自由市场可以补充当前我们社会主义经济的不足，另一方面它可以帮助我们在经济上搞多样性和灵活性。"[①]为了使社会主义经济既有计划性，又有多样性和灵活性，必须增加地方和企业的自治权利，以及在一定的限度内允许个人的经济活动，甚至允许有个人的经济发展计划。他说："地方、企业以及个人必须有一定范围的经济活动的自由，没有这个自由，社会主义经济就不可能有多样性和灵活性。"[②]他强调，"我们一定要比资本主义经济搞

①中共中央文献研究室编《刘少奇论合作社经济》，中央财政经济出版社，1987，第191—192页。

②中共中央文献研究室编《刘少奇论合作社经济》，中央财政经济出版社，1987，第193页。

得更多样，更灵活。如果我们的经济还不如资本主义的经济灵活、多样，而只有呆板的计划性，那还有什么社会主义的优越性呢？”[①]经过中央财经五人小组半年多的调查、讨论和修改，中共八届三中全会基本通过了关于改进工业、商业和财政三个管理体制的决定，实行部分权力下放。这是中国共产党关于经济体制改革的最初尝试。陈云提出在所有制、生产和流通方面实行“三个主体、三个补充”的管理新体制：国家经营和集体经营是工商业的主体，一定数量的个体经营是国家经营和集体经营的补充；计划生产是工农业生产的主体，按照市场变化而在国家计划范围内的自由生产是计划生产的补充；国家市场是主体，一定范围内国家领导的自由市场是国家市场的补充。这个思想突破了传统的社会主义经济体制模式，为社会主义的所有制、生产和流通体制的改革指明了出路。

毛泽东等领导人提出的改革经济管理体制和按经济办法管理经济的思想，以及在这一思想指导下对我国经济体制的改革尝试，反映了对我国社会主义建设道路的大胆探索，并且力求按照经济发展的规律对我国的经济体制不断进行改革。尽管在当时高度集中的计划经济总体框架还没有被触动的历史条件下，这些思想和实践还有很大的历史局限性，但无疑为新时期中国共产党正确处理计划和市场的关系，实行以市场为导向的经济体制改革奠定了重要的思想基础，提供了有益的经验启迪。

（五）人民民主专政思想为建设中国特色社会主义民主政治提供思想先导

毛泽东提出了人民民主专政的思想，并将其进一步发展为具有中国特色的社会主义政治制度：“在人民内部实行民主，对敌人实行专政，这两个方面是分不开的，把这两个方面结合起来，就是无产阶级专政，或者叫

①《刘少奇论党的建设》，中央文献出版社，1991，第679页。

人民民主专政。”毛泽东认为，无产阶级政党和无产阶级专政，现在非有不可，而且非继续加强不可，否则就不能建设社会主义，建设起来也不能巩固，无产阶级专政不能没有很大的强制性。周恩来在1956年7月指出：“我们的人民民主专政是为了建设社会主义，消灭剥削阶级。专政的权力虽然建立在民主的基础上，但这个权力是相当集中相当大的，如果处理不好，就容易忽视民主。”①

为了扩大民主，正确处理党和非党的关系，中国共产党提出了共产党和各民主党派“长期共存，互相监督”的方针。毛泽东1956年4月听取汇报时说，少奇同志讲过，共产党有两怕，一怕老百姓哇哇叫，二怕民主人士发议论。我们搞两个万岁，共产党万岁，民主党派也万岁。周恩来认为，社会主义国家政治制度的一个缺点就是单一政党体制，它使民主少了，集中多了，不容易听到不同意见，这本身就包含着它的阴暗面。一个党，就是一个鼻孔出气，呼吸就不舒服，会使思想僵化，社会发展停滞起来。他说，在我们国家，民主党派联系资产阶级和上层知识分子，能听到共产党听不到的意见，求大同，存小异，保持这个作用，对共产党、对社会主义都有利。②

为了扩大民主，建设民主政治，党和国家领导制度的改革也被提上了议事日程。周恩来明确提出，要使民主扩大，就要在国家制度上想一些办法。可以改进人民代表大会制度，加强人民代表的视察制度、检查制度，公开发表人大代表对政府工作的批评，增加人民代表大会透明度。他特别强调要学习西方资产阶级民主的某些形式，“资本主义国家的制度我们不能学，那是剥削阶级专政的制度，但是，西方议会的某些形式和方法还是可以学的，这能够使我们从不同方面来发现问题。换句话说，就是允许唱

①《周恩来选集》（下卷），人民出版社，1984，第207页。

②谢经华主编《毛泽东与中国社会主义》，湖北人民出版社，1993，第23—24页。

‘对台戏’，当然这是社会主义的‘戏’。我们共产党人相信真理越辩越清楚。我们共产党人要有勇气面对真实，面对错误，有错误就不怕揭露，就勇于承认和改正”[①]。刘少奇认为，资产阶级革命初期所采用的一些民主比我们现在的一些民主办法甚至更进步一些。他举例说，美国的开国领袖华盛顿也算劳苦功高吧！但是他做了8年总统之后，退为平民。这样的办法，我们是不是也可以参考一下。毛泽东很赞赏刘少奇的意见，并在1956年主动提出不当国家主席。1957年4月30日，他同民主党派负责人和无党派民主人士谈话时表示，到二届人大一定辞去国家主席职务。还说，瑞士有七人委员会，总统是轮流当的，我们几年轮一次总可以，逐步采取脱身政策。他亲笔书写《关于不再当下届国家主席的批语》，并要求政治局讨论。他认为：“可以考虑修改宪法，主席、副主席连选时可以再任一期，即在今年人代大会修改宪法，请邓小平同志准备。第一任主席有两个理由说清楚可以不连选：（一）中央人民政府主席加上人民共和国主席任期已满八年，可不连选；（二）按宪法制定时算起，可连选一次，但不连选，留下四年，待将来如有卫国战争一类重大事件需要我出任时，再选一次。”[②]他甚至考虑，在将来的适当时机不再继续担任中共中央的主席，党中央也赞成这个意见，中共八大党章中规定：“中央委员会认为有必要的时候，可以设立中央委员会名誉主席一人”。同年，他在莫斯科会见哲学家尤金和米丁时说：“我不大想当什么主席了，我倒愿意到大学去教书，当个教授。”这充分说明，毛泽东在认识到加强党内民主，促进人民民主的重要性的同时，也涉及了废除领导职务终身制这一深层次的问题。

毛泽东等还十分强调坚持党的民主集中制原则，反对脱离群众的官僚主义现象。毛泽东指出：“在我们国家，如果不充分发扬人民民主和党

①《周恩来选集》（下卷），人民出版社，1984，第208页。

②《建国以来毛泽东文稿》（第六册），中央文献出版社，1992，第459—460页。

内民主，不充分实行无产阶级的民主制，就不可能有真正的无产阶级的集中制。没有高度的民主，不可能有高度的集中，而没有高度的集中，就不可能建立社会主义经济。我们的国家，如果不建立社会主义经济，那会是一种什么状况呢？就会变成修正主义的国家，变成实际上是资产阶级的国家，无产阶级专政就会转化为资产阶级专政，而且会是反动的、法西斯的专政。”[①]毛泽东认为，实行民主集中制首先要有民主，没有民主就不可能有正确的集中。没有民主，意见不是从群众中来，就不可能制定出好的路线、方针、政策和办法。所以，“发扬党内民主，就必须要让群众讲话，哪怕是骂自己的话，也要让人讲。让人讲话，天不会塌下来”。“不负责任，怕负责任，不许人讲话，老虎屁股摸不得，凡是采取这种态度的人，十个就有十个要失败。”刘少奇也指出：“为了把我们的工作做好，要特别注意一个问题，就是我们党的以及我们国家的领导机关和各级领导人员，无论如何也不要脱离工农劳动群众。这是一个根本问题。”[②]为了保障人民群众的民主权利，毛泽东提出实行职工代表大会制、社员代表大会制等群众管理形式，让人民来监督政府，监督领导者。他指出，领导者如果脱离群众，不艰苦奋斗，那么工人、农民、学生就有理由不赞成他们。谁犯官僚主义错误，不去解决群众问题，骂群众、压群众，总是不改，群众就有理由把他们革掉。他还强调要反对脱离群众的官僚主义，主张精简机构。“必须反对官僚主义，反对机构庞大。在一不死人二不废事的条件下，我建议党政机构进行大精简，砍掉它三分之二。”[③]1961年6月，毛泽东致信邓小平，要求各中央局和各省、市、区党委精简机构：“如果中央二十四万人中，已减三分之一，即八万人，并且还可以减

①《毛泽东文集》（第八卷），人民出版社，1999，第296—297页。

②《刘少奇论党的建设》，中央文献出版社，1991，第643页。

③《毛泽东文集》（第七卷），人民出版社，1999，第36页。

去几万人，我想再减四万人，不知行不行？如能共减十二万人，占总数二十四万人的一半，肯定工作效率会大为提高。各省、市、区一级，专区一级，县一级，这地方三级均照此计划，坚决精减，则将在全国范围内大为减少官僚主义，提高工作效率。”①

（六）“双百方针”为建设有中国特色社会主义文化提供指导方针

毛泽东十分重视社会主义文化建设，他提出了“百花齐放，百家争鸣”是繁荣社会主义科学文化基本的和长期的方针。1951年，毛泽东为中国戏曲研究院题词：“百花齐放，推陈出新”。1953年，在谈到历史研究工作的方针时，他说要“百家争鸣”。1956年4月28日，毛泽东在中央政治局扩大会议上明确提出：“艺术问题上的百花齐放，学术问题上的百家争鸣，我看应该成为我们的方针。”②针对国内外、党内外的种种疑虑和议论，1957年上半年，毛泽东对“双百”方针作了充分的理论阐述。他指出：“‘百花齐放，百家争鸣’的方针，是促进艺术发展和科学进步的方针，是促进我国的社会主义文化繁荣的方针。”“它是根据中国的具体情况提出来的，是在承认社会主义社会仍然存在各种矛盾的基础上提出来的，是在国家需要迅速发展经济和文化的迫切要求上提出来的。”③他指出，艺术上的不同形式和风格可以自由发展，科学上不同的学派可以自由争论。利用行政力量等手段，强制推行一种风格、一种学派，禁止其他风格和其他学派，是会有害于艺术和科学发展的。艺术和科学中的是非问题，应当通过艺术界科学界的自由讨论去解决，通过艺术和科学的实践去解决，而不应当采取简单的方法去解决。毛泽东指出：“百花齐放、百家争鸣，这是一个基本性的同时也是长期性的方针，不是一个暂时性的方

①《毛泽东书信选集》，人民出版社，1983，第583页。
②《毛泽东文集》（第七卷），人民出版社，1999，第54页。
③《毛泽东文集》（第七卷），人民出版社，1999，第229页。

针。”①

为了加强社会主义文化建设，毛泽东还提出了“古为今用，洋为中用”的方针。他认为，对于我国古代文化遗产，应当充分地利用，批判地利用，汲取其民主性的精华，剔除其封建性的糟粕。对于外国文化，凡属今天用得着的东西都应该吸收，不应采取狭隘的民族主义态度，盲目排外，但不能生吞活剥地吸收。“我们的方针是，一切民族、一切国家的长处都要学，政治、经济、科学、文学、艺术的一切真正好的东西都要学。但是，必须有分析有批判地学，不能盲目地学，不能一切照抄，机械搬运。”②毛泽东历来反对全盘西化：“不要全盘西化。应该学习外国的长处，来整理中国的，创造出中国自己的、有独特的民族风格的东西。”③中国的和外国的要有机地结合，而不是套用外国的东西。学外国织帽子的方法，要织中国的帽子。外国有用的东西，都要学到，用来改进和发扬中国的东西，创造中国独特的新东西。毛泽东还指出，为了使社会主义制度巩固起来，“还必须在政治战线和思想战线上，进行经常的、艰苦的社会主义革命斗争和社会主义教育”④。要加强社会主义思想文化建设，在全社会广泛开展爱国主义、集体主义和社会主义思想教育，坚定社会主义和共产主义的理想信念，引导人们树立正确的世界观、人生观和价值观。

（七）独立自主和平外交原则为实施中国特色的外交与国际战略奠定思想基础

毛泽东始终坚持独立自主的原则，坚定地维护中国的独立和主权。“自力更生为主，争取外援为辅，破除迷信，独立自主地干工业、干农

---

①《毛泽东文集》（第七卷），人民出版社，1999，第278页。
②《毛泽东文集》（第七卷），人民出版社，1999，第41页。
③《毛泽东文集》（第七卷），人民出版社，1999，第83页。
④《毛泽东文集》（第七卷），人民出版社，1999，第268页。

业、干技术革命和文化革命，打倒奴隶思想，埋葬教条主义，认真学习外国的好经验，也一定研究外国的坏经验——引以为戒，这就是我们的路线。”[①]毛泽东也十分鄙视教条主义，以学习苏联为例，分析了教条主义的危害性：“什么都学习俄国，当成教条，结果是大失败，把白区搞掉几乎百分之百，根据地和红军搞掉百分之九十，使革命的胜利推迟了好些年。”[②]周恩来也强调：“一个民族和国家，其所以能够存在，总有它一些长处。尽管以往的社会制度一再改变，但人民是永生的，不同时代不同民族的人民总是有自己的优秀的东西。我们要学习别人的东西，但要防止盲目性。”[③]他认为，敢于向一切国家的长处学习，“就是最有自信心和自尊心的表现，这样的民族也一定是能够自强的民族。”“我们不仅要向苏联学习，向兄弟国家学习，而且要向世界上一切国家学习，包括向和平中立的国家，如印度、缅甸、印度尼西亚、埃及等国家学习。”“就是日本、英国和美国，它们也有长处，我们也可以学。除了它们的国家制度我们不学外，资本主义生产上的好的技术、好的管理方法，我们是可以学的。”[④]

第一代中央领导集体坚持反对帝国主义、霸权主义、殖民主义和种族主义，维护世界和平，在和平共处五项原则的基础上发展同世界各国的友好关系和经济文化往来。毛泽东提出了关于三个世界的划分，关于中国站在第三世界一边，加强同第三世界国家的团结，争取第二世界国家共同反霸，并且同美国、日本建立正常的外交关系。所有这些，“对于团结世界人民反对霸权主义，改变世界政治力量对比，对于打破苏联霸权主义企图

①《毛泽东文集》（第七卷），人民出版社，1999，第380页。
②《毛泽东文集》（第七卷），人民出版社，1999，第79页。
③《周恩来选集》（下卷），人民出版社，1984，第197页。
④《周恩来经济文选》，中央文献出版社，1993，第256—257页。

在国际上孤立我们的狂妄计划，改善我们的国际环境，提高我国的国际威望，起了不可估量的作用”[①]。特别是以毛泽东为代表的中国共产党领导集体坚持独立自主方针，以及由此培养起来的自强自立、不依附于人、不怕鬼、不信邪的精神，对于维护国家的主权和民族尊严，巩固和发展社会主义制度，发挥了重大的作用，使得我国的社会主义事业在20世纪90年代的国际风云变幻中岿然不动，卓尔不凡。

以毛泽东为核心的中国共产党第一代中央领导集体关于中国社会主义建设探索中的正确理论和思想观点，为中国特色社会主义道路的开辟以及新时期改革开放和现代化建设事业，提供了宝贵的精神财富和重要的历史借鉴，奠定了坚实的思想前提和理论基础，成为开辟中国特色社会主义道路的思想先导。正如诺贝尔经济学奖获得者、印度经济学家阿马蒂亚·森所指出的：“中国在改革前实行的社会主义政策为其市场经济发展奠定了扎实的基础。”[②]

在中国这样一个经济文化落后的东方农业大国进行社会主义建设，是一项史无前例的伟大实践，人们对如何走出适合中国国情的社会主义道路还缺少规律性认识，加上当时严峻复杂的国际环境的影响，毛泽东等在探索社会主义建设道路过程中发生了曲折，对“什么是社会主义、怎样建设社会主义”的认识出现了迷误，最终导致了“阶级斗争扩大化”，甚至酿成了“文化大革命”这样全国性的悲剧。十一届三中全会以来，中国共产党重新恢复了实事求是的思想路线，坚持把马克思主义的基本原理和中国实际相结合，开辟了一条中国特色的社会主义道路，这是对以毛泽东为核心的第一代中央领导集体艰辛探索中国特色社会主义道路的重要思想的继承和发展。正如邓小平所说：“从许多方面来说，现在我们还是把毛泽东

①《邓小平文选》（第二卷），人民出版社，1994，第160页。

②沙健孙：《毛泽东与20世纪的中国》，《党史文汇》2003年第12期。

同志已经提出、但是没有做的事情做起来，把他反对错了的改正过来，把他没有做好的事情做好。今后相当长的时期，还是做这件事。当然，我们也有发展，而且还要继续发展。”[①]

三、中国特色社会主义理论体系是中国特色社会主义道路最直接的指导思想

“中国特色社会主义是改革开放以来党的全部理论和实践的主题。”[②]“改革开放以来我们取得一切成绩和进步的根本原因，归结起来就是：开辟了中国特色社会主义道路，形成了中国特色社会主义理论体系。高举中国特色社会主义伟大旗帜，最根本的就是要坚持这条道路和这个理论体系。”[③]回眸历史，中国特色社会主义道路的开辟和中国特色社会主义理论体系的形成是前进性与曲折性相统一的艰苦历程。了解中国特色社会主义理论体系是如何在中国特色社会主义道路的发展历程中逐步形成和如何在建设中国特色社会主义的伟大事业中引导中国特色社会主义道路向纵深发展的，把握二者之间的辩证统一关系，有助于我们深刻认识和全面把握“中国特色社会主义是改革开放以来党的全部理论和实践的主题”思想，有助于我们深刻认识到“中国特色社会主义”的主题始终贯穿于中国特色社会主义道路发展和中国特色社会主义理论体系形成的全过程。

①《邓小平文选》（第二卷），人民出版社，1994，第300页。

②习近平：《决胜全面建成小康社会　夺取新时代中国特色社会主义伟大胜利——在中国共产党第十九次全国代表大会上的报告》，人民出版社，2017，第16页。

③《中国共产党第十七次全国代表大会文件汇编》，人民出版社，2007，第10—11页。

（一）中国特色社会主义理论体系为开辟中国特色社会主义道路提供理论指导

中国特色社会主义理论体系是当代中国进步发展的旗帜。只有高举这面旗帜，才能保证中国特色社会主义道路的正确方向，不断从胜利走向新的胜利。中国特色社会主义道路的开辟，中国特色社会主义伟大实践的发展，同中国特色社会主义理论体系的提出、形成和完善基本上是同步发展的，是历史和逻辑的有机统一。中国特色社会主义理论体系是中国特色社会主义道路的指导思想，没有中国特色社会主义的理论体系，就不可能有中国特色社会主义道路的开辟，也不能保证中国特色社会主义的航船在风云变幻的国际国内形势下乘风破浪胜利前进。中国特色社会主义理论体系对中国特色社会主义道路的指导意义主要体现在：一是提供理论基石。社会主义初级阶段论、社会主义本质论和社会主义市场经济论等，为中国特色社会主义道路的开辟奠定了理论基础。二是提供基本的理论支撑。改革开放论、经济政治文化和社会建设论、军队国防建设论、国际战略论、祖国和平统一理论和党的建设理论等，构成了特色道路的主体理论框架。三是提供了核心内容。关于“一个中心、两个基本点”的基本路线，成为中国特色社会主义道路的核心内容。

“文化大革命”结束以后，中国的社会主义建设面临着三种选择：一是延续“文化大革命”的老路，继续以阶级斗争为纲，批判“唯生产力”理论；二是走否定社会主义制度和党的领导、实行资本主义制度的“邪路”；三是坚持马克思主义基本原理与中国实际相结合，走建设有中国特色的社会主义的“新路”。

十一届三中全会坚持解放思想、实事求是的思想路线，坚决批判了“两个凡是”的错误方针，果断地停止使用“以阶级斗争为纲”的口号，在确定党和国家的工作重心转移到现代化建设上来的同时，作出了实行改革开放的战略决策，指出：“实现四个现代化，要求大幅度地提高生产力，也就必然要求多方面地改变同生产力发展不适应的生产关系和上层建筑，改变一切不适应的管理方式、活动方式和思想方式，因而是一场广泛、深刻的革命。”[①]邓小平在《解放思想，实事求是，团结一致向前看》的讲话中，明确提出了以经济建设为中心和进行改革的思想：“如果现在再不实行改革，我们的现代化事业和社会主义事业就会被葬送。”“在经济政策上，我认为要允许一部分地区、一部分企业、一部分工人农民，由于辛勤努力成绩大而收入先多一些，生活先好起来。一部分人生活先好起来，就必然产生极大的示范力量，影响左邻右舍，带动其他地区、其他单位的人们向他们学习。这样，就会使整个国民经济不断地波浪式地向前发展，使全国各族人民都能比较快地富裕起来。”“这是一个大政策，一个能够影响和带动整个国民经济的政策。”十一届三中全会标志着我们党重新确立了马克思主义的思想路线、政治路线、组织路线，标志着中国共产党人在新的时代条件下的伟大觉醒，显示了我们党顺应时代潮流和人民愿望、勇敢开辟建设社会主义新路的坚强决心，标志着我们党对建设中国特色社会主义道路探索的开始。“这次会议，实现了新中国成立以来我们党历史上具有深远意义的伟大转折，开启了我国改革开放历史新时期。从此，党领导全国各族人民在新的历史条件下开始了新的伟大革命。”[②]

党的十二大系统总结了十一届三中全会以来我国各条战线拨乱反正所取得的伟大胜利，提出了全面开创社会主义现代化建设新局面的总任务：

---

①中共中央文献研究室编《三中全会以来重要文献选编》（上），人民出版社，1982，第4页。

②中共中央文献研究室编《十七大以来重要文献选编》（上），中央文献出版社，2009，第788页。

"团结全国各族人民，自力更生，艰苦奋斗，逐步实现工业、农业、国防和科学技术现代化，把我国建设成为高度文明、高度民主的社会主义国家。"[①]邓小平在十二大开幕词中坚定地提出了"建设有中国特色的社会主义"的命题："把马克思主义的普遍真理同我国的具体实际结合起来，走自己的道路，建设有中国特色的社会主义，这是我们总结长期历史经验得出的基本结论。"十二大以后，我国的改革开放全面展开，从农村到城市，从经济体制改革到政治、文化、教育、科技等各方面的体制改革，如火如荼，波澜壮阔。1984年6月30日，邓小平会见日本客人时自豪地说："我们相信，这条道路叫建设有中国特色的社会主义道路，是可行的，是走对了。这条道路我们走了五年半，这五年半发展得不错。我们到本世纪末要翻两番，这五年半的速度超过了我们预期的目标。现在可以告诉朋友们，我们的信心增加了。"[②]

1984年10月十二届三中全会通过的《中共中央关于经济体制改革的决定》提出了"社会主义经济是公有制基础上有计划的商品经济"的论断，突破了把计划经济和商品经济对立起来的传统观念，拉开了我国城市经济体制改革的序幕。1986年9月通过的《中共中央关于社会主义精神文明建设指导方针的决议》进一步提出了我国社会主义现代化建设的总体布局："以经济建设为中心，坚定不移地进行经济体制改革，坚定不移地进行政治体制改革，坚定不移地加强精神文明建设，并且使这几个方面互相配合，互相促进。"[③]在上述思想的指导下，我国社会主义改革开放和现

①中共中央文献研究室编《十二大以来重要文献选编》（上），人民出版社，1986，第13页。

②中共中央文献研究室编《十二大以来重要文献选编》（中），人民出版社，1986，第515页。

③中共中央文献研究室编《十二大以来重要文献选编》（下），人民出版社，1988，第1173—1174页。

代化建设得到了新的进展。到1987年，与现实生产力不相适应的单一公有制结构有了很大改变：全国已有80%的企业实行了各种形式的承包经营责任制，少数企业开始实行租赁经营和股份制试点；高度集中的计划管理体制开始改变，指令性计划大大缩小，经济杠杆在宏观调控中的作用明显增强。与此同时，对外开放也取得重大进展。在建立深圳、珠海、厦门、汕头等经济特区的基础上，1985年5月中央又决定开放大连、天津等14个沿海港口。这是扩大对外开放的一个重大步骤。

党的十三大总结了十一届三中全会以来我们党在对社会主义再认识的过程中发挥和发展了一系列科学理论观点，包括：关于解放思想，实事求是，以实践作为检验真理的唯一标准的观点；关于建设社会主义必须根据本国国情，走自己的路的观点；关于在经济文化落后的条件下，建设社会主义必须有一个很长的初级阶段的观点；关于社会主义社会的根本任务是发展生产力，集中力量实现现代化的观点；关于社会主义经济是有计划商品经济的观点；关于改革是社会主义社会发展的重要动力，对外开放是实现社会主义现代化的必要条件的观点；关于社会主义民主政治和社会主义精神文明是社会主义重要特征的观点；关于坚持四项基本原则同坚持改革开放的总方针这两个基本点相互结合、缺一不可的观点；关于用“一个国家，两种制度”来实现国家统一的观点；关于执政党的党风关系到党的生死存亡的观点；关于按照独立自主、完全平等、互相尊重、互不干涉内部事务的原则，发展同外国共产党和其他政党的关系的观点；关于和平与发展是当代世界的主题的观点，等等。同时，明确了我国所处的历史方位，提出了社会主义初级阶段的论断，并据此概括出党的基本路线。这些观点，构成了建设有中国特色社会主义理论的基本轮廓，初步回答了我国社会主义建设的阶段、任务、动力、条件、布局和国际环境等基本问题，规划了中国特色社会主义前进的科学轨道，标志着我党对建设社会主义的规律有了更深刻更全面的认识。十三大以后，我国改革开放和社会主义现代化建设事业全面展开，社会主义有计划的商品经济发展取得重大进展，社会主义民主政治建设取得较大突破，社会主义精神文明建设取得丰硕成果，建设有中国特色的社会主义事业取得了重大胜利。

1992年初邓小平视察南方并发表了重要讲话，科学总结了十一届三中全会以来党的基本实践和基本经验，深刻回答了多年来经常困扰和束缚人们思想的许多重大问题，指出："不坚持社会主义，不改革开放，不发展经济，不改善人民生活，只能是死路一条。基本路线要管一百年，动摇不得。只有坚持这条路线，人民才会相信你，拥护你。"还强调"计划多一点还是市场多一点，不是社会主义与资本主义的本质区别。计划经济不等于社会主义，资本主义也有计划；市场经济不等于资本主义，社会主义也有市场。计划和市场都是经济手段。社会主义的本质，是解放生产力，发展生产力，消灭剥削，消除两极分化，最终达到共同富裕"[①]。南方谈话为正在社会主义现代化建设关键时期开拓前进的中国人民指明了方向，保证了中国特色社会主义航船披荆斩棘，胜利前进。同年，党的十四大总结了十四年改革开放和现代化建设的历史经验，指出"我们党所以能够取得这样的胜利，根本原因是在十四年的伟大实践中，坚持把马克思主义基本原理同中国具体实际相结合，逐步形成和发展了建设有中国特色社会主义的理论"。十四大报告还从社会主义发展道路、发展阶段、发展任务、战略步骤、发展动力、外部条件、政治保证、依靠力量和领导核心、祖国统一等九个方面全面系统地概括和总结了邓小平建设有中国特色的社会主义理论，指出："这个理论，第一次比较系统地初步回答了中国这样经济文化比较落后的国家如何建设社会主义、如何巩固和发展社会主义的一系列

①《邓小平文选》（第三卷），人民出版社，1993，第373页。

基本问题，用新的思想、观点，继承和发展了马克思主义。”党的十四大根据邓小平南方谈话的精神，把社会主义市场经济体制确立为我国经济体制改革的目标，全面系统地概括和总结了邓小平建设有中国特色的社会主义理论，确立了这一理论在全党的指导地位。在这一理论指导下，我们坚持党的基本路线，加快改革开放步伐，加强社会主义民主法制和精神文明建设，促进了社会全面进步。俄罗斯科学院院士季塔连科说：“在社会主义处于深刻危机和战略撤退的情况下，中国共产党承担了按照时代的要求和新的历史机遇保留并发展社会主义的任务。邓小平提出的建设有中国特色社会主义理论，避免了社会主义被撤出历史舞台的危险。”

党的十五大把主要由邓小平创立的建设有中国特色社会主义理论称为邓小平理论，强调指出：“在当代中国，只有把马克思主义同当代中国实践和时代特征结合起来的邓小平理论，而没有别的理论能够解决社会主义的前途和命运问题。邓小平理论是当代中国的马克思主义，是马克思主义在中国发展的新阶段。”十五大报告还郑重指出，全党要毫不动摇地坚持党在社会主义初级阶段的基本路线，把以经济建设为中心同四项基本原则、改革开放这两个基本点统一于建设有中国特色社会主义的伟大实践。报告还根据邓小平理论和党在社会主义初级阶段的基本路线，提出了建设有中国特色社会主义的经济、政治、文化的基本目标和基本政策，即党在社会主义初级阶段的基本纲领，这就使得建设有中国特色的社会主义更有目标，更具可操作性。

党的十六大把“三个代表”重要思想和全面建设小康社会的奋斗目标写入了党章，指出：“‘三个代表’重要思想是党必须长期坚持的指导思想。这对于保证我们党统一思想、统一行动，团结和带领全国各族人民，实现推进现代化建设、完成祖国统一、维护世界和平与促进共同发展这三大历史任务，在中国特色社会主义道路上实现中华民族的伟大复兴，具有重大而深远的意义。”把全面建设小康社会的奋斗目标写入党章，“对于动员全党紧紧抓住二十一世纪头二十年的重要战略机遇期，集中力量，推进改革开放和社会主义现代化建设事业，推动社会主义市场经济、社会主义民主政治和社会主义先进文化的全面发展，具有重要的作用。”党的十六大提出了“三个代表”重要思想是党必须长期坚持的指导思想，强调要在中国共产党的坚强领导下，把握时代潮流，发展社会主义市场经济、社会主义民主政治和社会主义先进文化，不断促进社会主义物质文明、政治文明和精神文明的协调发展，开创中国特色社会主义事业新局面，实现中华民族的伟大复兴。

党的十七大报告把包括邓小平理论、“三个代表”重要思想以及科学发展观等重大战略思想在内的科学理论体系统称为“中国特色社会主义理论体系”。报告指出，改革开放以来我们取得一切成绩和进步的根本原因，归结起来就是：开辟了中国特色社会主义道路，形成了中国特色社会主义理论体系。“高举中国特色社会主义伟大旗帜，最根本的就是要坚持这条道路和这个理论体系。”①强调指出，中国特色社会主义伟大旗帜，是当代中国发展进步的旗帜，是全党全国各族人民团结奋斗的旗帜。“解放思想是发展中国特色社会主义的一大法宝，改革开放是发展中国特色社会主义的强大动力，科学发展、社会和谐是发展中国特色社会主义的根本要求。”中国特色社会主义道路之所以完全正确、之所以能够引领中国发展进步，关键在于我们既坚持了科学社会主义的基本原则，又根据我国实际和时代特质赋予其鲜明的中国特色。“在当代中国，坚持中国特色社会主义道路，就是真正坚持社会主义。”②

十八大以来，以习近平为核心的党中央在对中国特色社会主义道路

①《十七大报告辅导读本》，人民出版社，2007，第11页。
②《十七大报告辅导读本》，人民出版社，2007，第11页。

的创新拓展中，围绕“治理什么样的国家、怎样治理国家”的时代命题，尤其是围绕我们党要“举什么旗、走什么路、以什么样的精神状态、担负什么样的历史使命、实现什么样的奋斗目标”等一系列“事关党和国家事业继往开来，事关中国特色社会主义前途命运，事关最广大人民根本利益”[①]的重大实践和理论问题，不仅以“中国特色+X道路”的范式，提出了中国特色法治道路、中国特色强军道路、中国特色解决民族问题的道路、中国特色城市发展道路、中国特色减贫道路等中国特色社会主义道路的新模式，而且从理论高度提出了“四个全面”“新发展理念”和“一带一路”等治国理政的新战略、新理念和新思想，进而形成了习近平新时代中国特色社会主义思想。

（二）中国特色社会主义道路是中国特色社会主义理论体系形成发展的实践基础

实践是理论创新的源泉，也是理论发展的强大动力。中国特色社会主义理论体系的形成、发展和不断完善，是同中国特色社会主义道路的开拓、深化紧密相连的。中国特色社会主义道路为中国特色社会主义理论体系提供实践经验、发展动力和检验标准，推动中国特色社会主义理论体系不断丰富和发展。

新时期最鲜明的特点是改革开放，改革开放是党在新的时代条件下带领人民进行的新的伟大革命，是发展中国特色社会主义的强大动力。从农村到城市、从经济领域到其他各个领域，全面改革的进程势不可当地展开了；从沿海到沿江沿边，从东部到中西部，对外开放的大门毅然决然地打开了；从提出有计划的商品经济到建立社会主义市场经济体制，从物质文明和精神文明“两手抓”到按照中国特色社会主义事业“五位一体”总体

①习近平：《高举中国特色社会主义伟大旗帜　为决胜全面小康社会实现中国梦而奋斗》，《人民日报》2017年7月28日。

布局全面推进现代化建设和党的建设新的伟大工程……这场历史上从未有过的大改革大开放，极大地调动了亿万人民的积极性，使我国成功地实现了从高度集中的计划经济体制到充满活力的社会主义市场经济体制、从墨守成规到全面改革、从封闭半封闭到全方位开放的伟大历史转折。在改革开放历史进程中，中国特色社会主义道路日益展开，中国特色社会主义理论体系随着实践的深化而不断丰富和发展，不断被赋予新的时代内涵和实践要求。可以说，改革开放每一步发展都推动了理论创新，党的理论每一次创新都推动着改革开放进入一个新的天地。一部改革开放的历史，就是党在新时期实践探索和理论创新共同推进的历史，就是中国特色社会主义理论体系形成和发展的历史。

中国特色社会主义道路为中国特色社会主义理论体系的形成和发展提供实践基础，主要表现在三个方面：

中国特色社会主义道路的发展不断提出新情况、新问题，推动中国特色社会主义理论体系的形成和发展。伟大的时代呼唤伟大的理论，伟大的实践催生和发展伟大的理论。“文化大革命”结束后，以邓小平为主要代表的中国共产党人，冲破“两个凡是”的禁锢，摒弃走“以阶级斗争为纲”的老路，也反对走否定社会主义的邪路，从总结经验、纠正失误入手，领导全党和全国人民通过对社会主义历史经验的深刻总结，开始了对“什么是社会主义、怎样建设社会主义”的探索，并孕育了从理论到实践的伟大创造，开创了中国特色社会主义道路，形成了邓小平理论。江泽民指出，建设中国特色社会主义是“一篇大文章”，邓小平为它确定了基本思路和基本原则，我们的任务就是要继续把这篇文章做好。十三届四中全会以来，中国面临着两大问题：一是在新的历史条件下如何不断加强党的建设，巩固党的执政地位；二是如何始终坚持党的基本路线，加快社会主义现代化建设。以江泽民为核心的第三代中央领导集体，进行了长期思考和探索，提出了一系列创新性观点，进一步回答了什么是社会主义、怎样建设社会主义的问题，创造性地回答了建设什么样的党、怎样建设党的问题，逐步形成了“三个代表”重要思想，进一步发展了中国特色社会主义理论体系。党的十六大以来，以胡锦涛为总书记的党中央，立足于社会主义初级阶段基本国情，深入分析我国发展的阶段性特征，认真总结我国发展实践，准确把握世界发展趋势，借鉴国外发展经验，适应新的发展要求，深刻回答我国社会主义经济建设、政治建设、文化建设、社会建设、生态文明建设和党的建设中的重大问题，形成了科学发展观等重大战略思想，赋予中国特色社会主义理论体系以新的丰富内容。党的十八大以来，以习近平为核心的党中央在正确认识世界发展大势和深刻变化、当代中国发展大势和深刻变化、党的时代责任和历史使命的基础上，提出了一系列治国理政的新理念新思想新战略，形成了习近平新时代中国特色社会主义思想，开辟了治国理政的新境界，开创了党和国家事业发展的新局面。

中国特色社会主义道路的发展不断创造新的经验，不断丰富中国特色社会主义理论体系的理论宝库，赋予其鲜明的时代特色和民族气派。中国特色社会主义道路是马克思主义中国化理论创新的实践成果，是中国人民把科学社会主义的基本原则和中国实际相结合的伟大创造。中国特色社会主义道路在其发展的每一个阶段，广大人民群众和基层单位都进行了许多成功探索，产生了很多新鲜经验，不断丰富着中国特色社会主义理论体系的理论宝库。无论是农村家庭联产承包责任制的发明，乡镇企业的异军突起，还是城镇化的不断推进，社会主义新农村的建设，无不显示了人民群众在改革开放实践中的智慧和活力。坚持从人民群众的生动实践中总结经验、汲取智慧、寻找路子，是中国特色社会主义的理论体系发展的重要途径和特有规律。中国特色社会主义理论体系中的许多思想观点来源于改革开放中的许多经验，首先是由广大群众在实践中创造的，然后由党中央进行概括和提炼，变成理论化和体系化的东西，再在广大群众中加以提倡和推广。邓小平在审阅中共十四大报告稿时曾表示："改革开放中许许多多的东西，都是群众在实践中提出来的。""乡镇企业是谁发明的，谁都没有提出过，我也没有提出过，突然一下子冒出来了，发展得很快，见效也快。家庭联产责任制也是由农民首先提出来的。这是群众的智慧，集体的智慧。我的功劳是把这些新事物概括起来，加以提倡。"[①]正因为不断从中国特色社会主义道路创造的新经验中汲取智慧、寻找路子，中国特色的社会主义理论体系才与时俱进，生生不息，既富有浓郁的时代气息和实践特色，又为广大人民群众所喜闻乐见，成为具有中国特色、中国风格、中国气派的马克思主义。

中国特色社会主义道路的成功实践，不断检验和发展着中国特色社会主义理论体系。四十年来，党领导中国人民成功开辟了中国特色的社会主义道路，引领中国特色社会主义的伟大事业不断取得新的胜利，我国以世界上少有的速度持续快速发展起来，社会主义和马克思主义在中国大地上焕发出勃勃生机，给人民带来更多福祉，使中华民族大踏步赶上时代潮流、迎来伟大复兴的光明前景。事实雄辩地证明：中国特色社会主义理论体系是科学真理，中国特色社会主义是引领当代中国进步发展的伟大旗帜。面对国内外形形色色的反社会主义思潮的挑战，中国特色社会主义道路的成功实践给中国特色社会主义理论体系以强有力的实践支撑，用改革开放和现代化建设的不凡成绩不断检验和发展着中国特色社会主义理论体系，从而使中国特色社会主义理论体系永葆生机和活力，成为当代中国的马克思主义。

中国特色社会主义作为新时期以来我们党继续推进马克思主义中国化

---

①中共中央文献研究室编《邓小平年谱（1975—1997）》（下），中央文献出版社，2004，第1350页。

的伟大历史性创造，体现在实践上就是开辟了中国特色社会主义道路，体现在理论上就是形成了中国特色社会主义理论体系。高举中国特色社会主义伟大旗帜，既要在中国特色社会主义理论体系指导下坚持中国特色社会主义道路的伟大实践，又要在伟大实践中不断丰富和发展中国特色社会主义理论体系。两者紧密结合，相互促进，就能保证中国特色社会主义伟大旗帜始终高高飘扬。

第三章
中国特色社会主义道路的发展历程

中国特色社会主义道路是马克思主义发展史和社会主义运动史上崭新的历史性课题，是中国共产党人在命运攸关时刻的正确抉择和社会主义实践中的伟大创造。新中国成立后的前30年，以毛泽东为核心的党的第一代中央领导集体对社会主义制度的自觉构建以及对中国式现代化道路的不懈求索从政治、制度、物质等方面为中国特色社会主义道路基本特征的形成奠定了坚实基础。改革开放后，我们成功开辟和拓展了中国特色社会主义道路，大力推进了中国特色社会主义事业，不断赋予中国特色社会主义新的时代内涵。

一、中国特色社会主义道路的成功开辟

改革开放初期，邓小平高瞻远瞩，既不走老路，又不走邪路，重新确立了解放思想、实事求是的马克思主义思想路线，对中国特色社会主义道路作出顶层设计，提出以经济建设为中心，并逐步实现了由计划经济向社会主义市场经济的转变。事实证明，正是因为我们明确了建立社会主义市场经济体制的改革目标，中国特色社会主义道路才会越走越宽，并不断将

改革开放推向前进。

（一）邓小平开辟中国特色社会主义道路的主观动因与客观依据

中国贫穷落后的现状是邓小平决定开辟中国特色社会主义道路的主要原因。粉碎“四人帮”之后，中国虽然从长期的政治动乱中逐渐恢复过来，但思想上的“乱”还没有完全消除。是继续走以“阶级斗争为纲”的老路，还是选择以经济建设为中心的新路，当时的人们在此问题上还存在着严重分歧。“文化大革命”的十年，是中国经济增长剧烈波动的十年，其中1967、1968、1976年出现了经济的负增长。由于主要实行粗放式扩大再生产，我国的经济增长质量很差。1966—1978十多年间，中国工业劳动生产率年均仅增长1.5%，1978年的农业劳动生产率仅为1957年的94.8%，平均每年下降0.2%。1978年，全社会每个就业人口所生产的国民生产总值为632美元，仅为世界平均水平的10%，发展中国家平均水平的34%。人民生活水平在“文化大革命”时期，也基本处于徘徊、停滞状态。目睹了中国贫穷落后的现状，邓小平忧心忡忡。他指出，我们有两个特点，一是底子薄，一是科技落后。中国是世界上很贫穷的国家之一，人口多，耕地少，受教育度差，科技水平比别人落后二三十年，甚至吃饭都成为严重问题。难道社会主义就应该是贫穷落后的吗？在反复摸索调查权衡下，邓小平创造性地得出了自己的思考结论：中国要想发展，要想真正进入社会主义，就必须改革，就必须要转变以“阶级斗争为纲”的思想，把发展的重心放到经济建设上来。

出境考察、准确洞悉中外发展差距是邓小平推动中国特色社会主义道路前行的重要原因。邓小平曾在1975年访问法国，走出国门的邓小平看到了国外先进的科学技术，看到了世界领先的现代工业，也让他更加深感中国的贫穷落后。出国考察让邓小平重新审视了对资本主义国家的认识，这促使他动员国人放弃冷战思维，逐步扭转对资本主义国家的传统观念。

面对着与西方资本主义发达国家之间的巨大差距，应该如何利用先进的社会主义制度推进生产力的发展？资本主义的东西是否都是腐朽的？资本主义推崇的市场经济是否就是资本主义国家的标志，能否为社会主义国家所用？对这些问题的思考，让邓小平进一步坚定了发展中国特色社会主义道路的信念：中国只有实行对外开放，大量引进外资，积极运用国际上的先进人才、技术，才能走向全面崛起的发展道路。

中国尚处在社会主义初级阶段的基本国情与和平发展的时代特征，是邓小平对中国特色社会主义道路进行顶层设计的客观依据。邓小平认为，要发展，就必须正确认识我国的基本国情，准确把握历史方位，并把两者结合起来。他明确指出："社会主义本身是共产主义初级阶段，而我们中国又处在社会主义的初级阶段，就是不发达的阶段。一切要从这个实际出发，根据这个实际来制定规划。"①对中国国情的准确认识是邓小平对中国特色社会主义道路顶层设计的基本依据。此外，邓小平还准确把握住了时代特征。他面对世界态势，高瞻远瞩地作出了当今世界的主题是和平与发展的科学论断。邓小平认为，世界大战在短时间内打不起来，中国必须紧紧抓住这一有利时机，集中精力搞经济建设。他深切指出："中国太穷，要发展自己，只有在和平的环境里才有可能。"②"我们诚心诚意地希望不要发生战争，争取长时间的和平，集中精力搞好国内的四化建设。"③对时代主题的准确把握，强化了邓小平中国特色社会主义道路顶层设计的信心。

（二）以经济发展为中心，奠定中国特色社会主义道路的物质基础

由于准确把握住了中国的现实国情，邓小平深刻认识到，中国出现各

①《邓小平文选》（第三卷），人民出版社，1993，第252页。
②《邓小平文选》（第三卷），人民出版社，1993，第82页。
③《邓小平文选》（第三卷），人民出版社，1993，第57页。

种问题的症结在于经济发展，许多问题也只有放在发展中才能解决。中国要走上正确道路，必须将重心从阶级斗争转向经济发展，必须要认清社会主义本质，抓住国家的基本矛盾，构建宏观、科学的发展蓝图，才能使中国在发展的道路上逐步解决自身的各项现实问题。

确立以国民经济发展为中心，准确把握中国社会的主要矛盾。邓小平认为，中国通过社会主义改造后，资产阶级已经不再以阶级形式存在。作为社会主义国家，虽然还存在阶级斗争，甚至有可能在一定情况下比较凸显，但实际上中国的主要矛盾，已经从阶级斗争转变为人民日益增长的物质文化需求同落后生产力之间的矛盾。因此，就必须要以经济建设为中心，妥善运用政策，调动人民群众的生产积极性，最大限度地促进生产力的高速发展。

社会主义的本质与优越性就是要体现在发展上。改革开放伊始，人们在如何看待社会主义的问题上，还像隔着纱窗看晓雾，没有清晰的认识。要将国家重心置于经济建设，首先就必须解决如何认识社会主义本质的问题。社会主义是比资本主义更加高级的社会形态，它应该比资本主义社会更有利于解放生产力，发展生产力，更有利于人民生活水平的提高，实现共同富裕。换句话说，社会主义要比资本主义更能成为生产力发展的催化剂，优越性必须体现在发展上。在“文化大革命”期间，林彪、“四人帮”不但不讲生产力发展，反而对于倡导发展生产力的同志，动辄扣上“唯生产力论”的帽子，大加批判。他们用迂腐的量化标准衡量社会主义本质，正如邓小平所说：“养三只鸭子就是社会主义，养五只鸭子就是资本主义，怪得很。”[①]社会上充斥着对社会主义的教条化理解，无形中对邓小平的改革设置了层层阻力。面对问题，邓小平提出社会主义本质论。他准确把握了政治风向和人民的利益诉求，将社会主义的本质落脚在生产

①中共中央文献研究室编《邓小平思想年编（1975—1997）》，中央文献出版社，2011，第103页。

力和人民生活上，为国民经济发展注入一针强心剂。1978年3月2日，邓小平在五届全国人大一次会议上指出："社会主义不是比资本主义优越吗?不优越叫什么社会主义……过渡到共产主义不讲生产能行吗？"[①]邓小平反复强调，贫穷落后不是社会主义，如果社会主义让人民群众吃不饱饭，那么这样的社会主义不要也罢。准确把握社会主义本质，为邓小平指引国民经济的发展方向提供了思想准备和重要条件。

（三）改革开放为动力，构建中国特色社会主义道路的最佳路径

邓小平通过对社会主义发展和四个现代化建设的准确把握，深刻认识到，过去关起门来谋发展的方式是极其错误的，中国的发展离不开世界，世界的发展同样离不开中国。积极运用国内国外两个市场，坚持走出去、引进来的发展政策，不断深化改革开放，才能让中国的经济真正走上高速发展的道路。

改革要求破除不适应生产力发展的上层建筑桎梏，用科学方法和经济规律管经济。社会主义社会实现模式，是否应该重视生产力的发展，在当时是极富争议的话题。"四人帮"不谈生产力，迷信上层建筑。邓小平针锋相对地严厉批判了这种错误观点，他指出生产力才是最根本最活跃的因素，重视生产力才是马克思主义的观点。他辛辣地批判"四人帮"的错误思想不属于马克思主义："谁讲发展生产就说谁是修正主义，那马克思写《资本论》是干什么的？"[②]"如果不是生产力发展到物质极大丰富，怎么实现按需分配，怎么能进入共产主义？"[③]为了满足生产力发展的需要，邓小平要求坚

①中共中央文献研究室编《邓小平思想年编（1975—1997）》，中央文献出版社，2011，第106页。

②中共中央文献研究室编《邓小平思想年编（1975—1997）》，中央文献出版社，2011，第97页。

③中共中央文献研究室编《邓小平思想年编（1975—1997）》，中央文献出版社，2011，第85页。

决打破一切阻碍生产力发展的上层建筑桎梏，全党全国统一认识，以国民经济发展为中心，妨碍发展的人员和部门，不管老资格新资格，一律调开。他特别要求要将经济规律和先进管理方式运用到发展中来，中国需要培养一大批自己的经济专家和管理人才。邓小平认为，无论是资本主义经济建设还是社会主义经济建设，都存在着客观规律，所以搞党的工作不懂经济不行，要用经济的方法管经济，责任到人，做到有职有权有责。邓小平对于社会主义发展模式的拨乱反正，为中国特色社会主义道路的开辟创造了先决条件。

改革要求必须调整经济发展的规划和模式，投资注重盈利，发展讲究质量。在确立以国民经济发展为中心后，应该采用什么样的发展模式，如何规划中国的发展道路，这些问题亟待解决。许多人还坚持“以钢为纲”的传统思维，把国民经济的发展简单地量化为钢产量的提高。经济领域内存在着国民经济比例严重失调的情况，一些领导干部过分注重发展重工业，事事求指标，比产量。却对轻工业，特别是服务业的发展不屑一顾。工业生产上，许多工业部门始终坚持传统的低效率手工制造和粗放经营模式，不了解国际动态与需求，不引进国外的先进设备和技术。邓小平针对外贸发展中的各项问题，提出了系统的中国发展模式和规划。邓小平首先批判了“以钢为纲”的传统思维，认为钢产量的多少并不再是国民经济发展的唯一衡量标准。钢少一些不要紧，不要搞6000万吨，关键是把人民生活搞上去。邓小平认为中国工业领域的发展模式是粗放的，效率低下。他倡导企业要积极引进外国的资金和先进技术，用我们的产品、矿产哪怕稀有金属偿付不要紧，关键是学到西方的先进技术。邓小平提出了经济发展模式调整规划，强调投资要特别注重盈利，他认为，引进项目的重点应放在见效快、赚钱多的项目上，在这些项目上积累资金，才能反过来促进重工业进步。邓小平认为，在发展的过程中要牢牢把住产品的质量关，绝对不应该仅仅着眼于产量提升。中国生产的产品要符合国际标准，经得起市场考验。他深刻指出："质量不好，是最大的浪费。宁肯少生产，甚至可以停产整顿，质量不好，产量增长有什么用？"[①]邓小平对于经济发展模式的把控，为整个国民经济的发展指引了方向。

开放与改革一脉相承，两者相辅相成，不可分割。没有改革的开放，是徒劳无用的，最终会被世界大市场所淘汰。没有开放的改革，是闭塞低效的，缺乏国际标准导致无从改起。中国要实现开放，第一，必须正确处理自力更生同争取外援之间的关系。邓小平指出，自力更生是我党对发展的基本要求，是一切发展的基础，在任何情况下都不能丢掉自力更生、艰苦奋斗的优良传统，否则我们将没有能力独立应对国际上的各种挑战。但也要认识到，自力更生和力争外援之间是统一不可分割的。邓小平认为，毛泽东提出自力更生，也提出了力争外援，"四人帮"把后半部分丢掉，光谈自力更生，是形而上学的产物。只要是沾染一点西方气息的，就被斥为"洋奴哲学"，向外国学习先进技术，就被说成"崇洋媚外"，这最终造成了我们闭门造车的现状。要改变这种现状，就要把外援引进来。第二，邓小平认为，要在迈开步子的前提下管控引进的内容。中国要力争引进国际上的先进管理经验，引进西方发达国家的充足资金、现代化的科学技术，用来加速我们的发展。绝不是要引进西方一些腐朽的作风、思想，绝不是要丑恶颓废的东西以及资本主义经济政治制度。我们引进的设备和技术，必须是先进的，引进的步子要迈开，正如1978年9月18日邓小平在鞍山视察时强调的那样："一句话，就是要革命，不要改良，不要修修补补。"[②]第三，邓小平强调引进需处理恰当，量力而行。他在与外宾谈话

①中共中央文献研究室编《邓小平思想年编（1975—1997）》，中央文献出版社，2011，第255页。

②中共中央文献研究室编《邓小平思想年编（1975—1997）》，中央文献出版社，2011，第384页。

时，多次谈到了中国的偿付能力，他对具体的生产部门指出，我们在引进技术的时候，并不是越大越好，要考虑到我们自身和国家的偿付能力，量力而行，要引进最适合我们自身发展的先进技术。

中国要实现开放，必须要坚持国家公有制主体地位不动摇，打破合资坚冰。改革开放引进大量外资，这是否会改变中国的公有制主体地位，是国内关注的焦点问题。对此，邓小平强调，在改革开放的过程中，社会主义公有制仍是社会主义国家的标志。只有充分保证公有制的主体地位，才能保障国家社会主义制度不动摇。社会主义公有制以人民为国家基础，也只有坚持社会主义公有制，才能引导人民积极投入到国民经济的发展中来，才能让发展的成果为人民所共享。在谈到外国资本是否会削弱中国的社会主义公有制时，邓小平认为不会，他指出："我们实行的是社会主义公有制，不管是同外国公司搞补偿贸易也好，外国厂商在中国设厂也好，中国增加的收入都归全民所有，所以不会发生改变政治制度的问题。"在保证公有制主体地位的情况下，邓小平开创了合资经济的破冰之旅。他提出，我们的路子走得对，更要走得宽。邓小平认为，只要是在不影响社会主义公有制主体的情况下，合资经济便于我们掌握国外的先进技术，也弥补了我们资金不足，偿还能力不够的现状，合资企业可以搞。他于1978年11月14日在接见中国驻新加坡机构主要负责人时指出："日本向我们建议搞合资银行，这是可以搞的。他们把钱存在我们的银行里，我们利用他们的资金和技术。"[①]1979年4月，为了实现改革开放，邓小平在习仲勋、杨尚昆等人的建议下，首创了以出口加工区为基础形成的经济特区。他指出："还是叫特区好……中央没有钱，可以给些政策，你们自己去搞，

①中共中央文献研究室编《邓小平思想年编（1975—1997）》，中央文献出版社，2011，第190页。

杀出一条血路来。”[①]邓小平将经济特区比作改革开放的窗口，他指出：“指导思想要明确，就是不是收，而是放”，“特区是个窗口，是技术的窗口，管理的窗口，知识的窗口，也是对外政策的窗口”。[②]中国的经济特区不但要肩负起引进先进技术、培养人才的责任，而且要将中国推向世界，扩大中国的国际影响力。在邓小平的悉心指导下，中国掀起改革开放的滔天巨浪，这成为中国特色社会主义道路发展的又一里程碑。

（四）坚持四项基本原则，为中国特色社会主义道路提供政治保障

在国家的工作重心逐步回归到国民经济发展之后，人们开始尝试着走出国门，也渐渐接触到西方民主思想。此时问题随之出现，在中国特色社会主义道路中前进，如何始终高举马列主义、毛泽东思想等精神旗帜不动摇，如何在西方资本主义民主的冲击下建设中国特色社会主义民主，如何确保无产阶级专政和坚持中国的社会主义道路，成为摆在中国共产党人面前的严峻课题。邓小平对此作出了精辟的回应与阐释。

首先，只有社会主义才能救中国，也只有社会主义才能发展中国。邓小平指出，只有社会主义才能救中国，是中国人民亲身经历得出的不变真理。同样，也只有社会主义才能够发展中国。西方国家之所以比中国进步，并非是社会主义制度的弊端，而是我们通过不当的上层建筑和政策，抑制了社会主义制度中本来蕴含的巨大生产力。西方比我们进步，也非一朝一夕，是通过数百年的发展和科技进步逐步实现的。所以，认为西方资本主义制度比我们优越的观点极其错误。虽然中国的发展走了弯路、历经挫折，但我们通过对社会主义制度的坚信，凭借自己的力量让国家重拾稳定。社会主义制度比起资本主义制度更加先进、有活力，并且已经指导我

①中共中央文献研究室编《邓小平思想年编（1975—1997）》，中央文献出版社，2011，第236页。

②《邓小平文选》（第三卷），人民出版社，1993，第51—52页。

们取得了新中国成立后一系列的成绩。邓小平认为，社会主义的发展前景是光明的，社会主义国家“毫无疑问将来会比任何资本主义国家发展得都快，并且比较稳定而持久”[①]。邓小平对社会主义道路的强调，更正了一些人全盘接受西方舶来品的错误思想，指引了正确的发展方向。

其次，人民民主专政是中国特色社会主义的民主形式。邓小平指出，人民民主是历史上最广泛的民主，是真正的工农、知识分子和全体劳动者所共享的民主。同时，在人民民主形式下的无产阶级专政，是人民民主的实现方式和保障。共产主义的标志是消灭包括国家在内的一切国家机器，但在当今社会下，霸权主义、帝国主义未消亡，阶级斗争未消亡，所以“不可能设想国家专政职能的消亡，不可能设想常备军、公安机关、法庭、监狱等等的消亡”[②]。以民主为基础的专政存在，正是以保障民主为目的民主形式的一部分，他们的存在不仅不会妨碍中国的民主化，相反会有效保障中国的民主化进程。邓小平特别强调民主、法治的相生相存。中国特色社会主义民主需要相应的法律形式加以确定，社会主义民主道路需要健全社会主义法治。

第三，确保四个现代化建设的政治方向必须坚持中国共产党的领导。中国共产党的领导并非从天而降，而是中国人民在60年的革命建设过程中，在历史的大浪淘沙中选择的坚强领导核心。在中国，“除了中国共产党，根本不存在另外一个像列宁所说的联系广大劳动群众的党”[③]。人民群众在中国共产党的领导下，自己创造自己的历史，建立了新中国，并

---

①中共中央文献研究室编《邓小平思想年编（1975—1997）》，中央文献出版社，2011，第230页。

②中共中央文献研究室编《邓小平思想年编（1975—1997）》，中央文献出版社，2011，第230页。

③中共中央文献研究室编《邓小平思想年编（1975—1997）》，中央文献出版社，2011，第231页。

且取得了新中国成立以来一系列伟大成就。没有中国共产党的领导，社会主义的各项发展都无从谈及，更不要说实现四个现代化的宏伟目标。“四人帮”倡导无政府主义，踢开党委闹革命，用群众的自发性代替党的领导，最终酿成惨痛教训，也从侧面说明了坚持党的领导的重要性。历史上任何一个国家的政党都不可能不犯错误，但中国共产党每一次都依靠党自身解决了错误，如果脱离了党的领导，“那就只能把四个现代化吹个精光”①。此外，要想保证党的领导，就必须加强党的作风建设，改善党的领导。邓小平倡导运用细密的方法、稳妥的步骤改革党和国家的领导制度，使全国人民始终紧密团结在党中央的周围。

最后，马列主义、毛泽东思想将永远是中国特色社会主义事业的旗帜。邓小平号召党内外必须要正确理解马列主义、毛泽东思想，避免将其庸俗化、教条化。他认为，我们需要坚持的精神旗帜，指的是“马列主义、毛泽东思想的基本原理或由这些基本原理构成的科学体系”。它不是条条框框，不是他们逐字逐条的话语，也不能“一句顶一万句”。邓小平指出，无论是马克思、列宁还是毛泽东本身，都不免有这样那样的失误，他们的一些言论也不是完全正确，不是适用于一切情况的不变真理，不是宗教般的佛偈箴言。邓小平严格地将马列主义、毛泽东思想与他们个人的思想分开，指出他们的一些错误认识和言论，不属于马列主义、毛泽东思想的范畴。我们所需要坚持的马列主义、毛泽东思想，是科学的、正确的思想理论体系，他们是经过战火和丰碑证明的，经过错误和弯路考验的，经过中国共产党集体智慧沉淀的正确理论结晶。他们过去是中国革命的旗帜，“今后将永远是中国特色社会主义事业和反霸权主义事业的

①中共中央文献研究室编《邓小平思想年编（1975—1997）》，中央文献出版社，2011，第231页。

旗帜”[①]。邓小平通过马列主义、毛泽东思想的论述，高举了党的精神旗帜，坚定了中国特色社会主义道路发展的指导思想。

（五）首创社会主义市场经济制度，构建中国特色社会主义道路的独有特征

为了促进经济发展，缩短与西方资本主义国家之间的现实差距，实现社会主义现代化建设的宏伟目标，邓小平首创社会主义市场经济理论，建设经济特区。多年来，一个国家到底是运用计划经济，还是市场经济，是人们界定它是社会主义国家还是资本主义国家的基本标准。而这种传统的界定方式，成为中国改革开放的又一阻碍。对此，邓小平创造性地指出，社会主义和资本主义之间的区别，并非是计划经济和市场经济之间的区别，而是看国家主体是公有制还是私有制。资本主义也有计划，经济危机期间的罗斯福主义不就是计划吗？同样，社会主义也有市场，计划和市场都是手段。邓小平的社会主义市场经济理论，为改革开放打下了坚实理论基础。

与社会主义基本制度相结合的市场经济是中国特色社会主义建设进程中的重大理论和实践创新。首先，与社会主义基本制度相结合的市场经济在理论上发展了市场经济理论和科学社会主义理论。科学社会主义自诞生起就贴上了计划经济的标签，于是形成了社会主义等于计划经济的观念，但那是创始人在其经历的资本主义生产力巨大发展和资本主义不可克服的矛盾体现为周期性经济危机的实践基础上作出的科学预测。但是各国进入社会主义的情况不尽相同，尤其是中国这样落后的东方大国跨越了资本主义社会形态从半殖民地半封建社会经过短暂的新民主主义社会进入了社会主义社会，这就要求我们要根据自己的实际情况建设社会主义。中国

①中共中央文献研究室编《邓小平思想年编（1975—1997）》，中央文献出版社，2011，第231页。

在确立了社会主义制度后就实行了计划经济，在计划经济发挥了应有的作用后，与生产力水平不相适应的弊端逐渐显露出来，这说明中国还不具备完全实行计划生产的条件，必然面临如何从国情出发促进生产力发展的问题。经过实践的检验，市场经济成为当下最符合中国生产力状况和现实的经济体制，因此社会主义市场经济在理论上又突破了社会主义实行计划经济体制的观念。邓小平把市场经济同社会主义基本制度相结合，特别是同公有制相结合，突破了市场经济一定带有制度属性的观念。其次，与社会主义基本制度相结合的市场经济在实践上建立和完善了社会主义市场经济体制，极大提高了生产力水平，创造了举世瞩目的建设成就。中国在1987年确立了社会主义初级阶段基本路线，继而在1992年确立了社会主义市场经济的经济改革日标，紧紧围绕如何建立和完善社会主义市场经济体制，充分发挥市场效能，相应的配套改革不断深入，市场规则逐步完善，市场化水平逐步提高，市场准入逐步放开，逐渐融入了世界经济发展的潮流。在三十几年的市场经济建设期间，中国经济一直保持着不低于7%的发展速度；“经济结构不断优化，1978—2014年，第一产业占比从28.2%下降到9.2%，第二产业占比从47.9%回落到42.6%，第三产业则从23.9%提升到48.2%；内需不断增长，1978—2013年期间，社会消费年均增长率达9.22%；劳动生产率不断提高，1978—2013年，劳动生产率年均增长率为8.3%。”[①]2011年中国国民生产总值上升到世界第二位，成为世界第二大经济体，人均国民生产总值已达7000美元，国家实力增强，人民生活持续改善，中国的社会主义市场经济、中国特色社会主义道路成为世界关注的焦点。与社会主义基本制度相结合的社会主义市场经济就是在国家有效的宏观调控下，市场对资源配置起决定性作用的经济。这是中国特色社会主

①张宇：《中国经济站在新的历史起点上》，《人民日报》2015年3月2日。

义道路的最显著的标志。第三，与社会主义基本制度相结合的市场经济能够发挥社会主义制度的优越性，避免两极分化。以资本主义为制度基础的市场经济自由竞争法则决定了两极分化是必然趋势，资本主义国家的发展历史已经证明了这一点，只是在二战后资本主义国家采取社会保障或社会福利的方式缓解两极分化的压力，但是财富仍集中在一小撮人手里，两极分化仍然是不争的存在。反之，与社会主义基本制度相结合的市场经济避免两极分化也是必然的。社会主义本质在生产关系方面就是要“消灭剥削，消除两极分化，达到共同富裕”，与社会主义基本制度相结合的市场经济必然体现社会主义本质的这一要求。正如邓小平所告诫的那样：“如果我们的政策导致两极分化，我们就失败了；如果产生了什么新的资产阶级，那我们就真是走了邪路了！”[①]社会主义制度的内在价值也要求防止两极分化。社会主义作为迄今为止人类社会理想的现实形态，必然包含着人们对平等、公平公正的价值诉求，而防止两极分化就是平等、公平公正价值的体现。社会主义市场经济的发展本身更是要求防止两极分化。资本主义国家创造了连续25年最高平均速度在9%左右的发展，而中国保持30多年平均速度9.8%的发展。虽然制约中国经济快速发展的主客观因素很多，但能否避免两极分化对此意义重大。综上所述，社会主义市场经济体制是以邓小平为核心的党的第二代中央领导集体的创造性硕果，是中国特色社会主义道路的独有特征。

（六）以人民利益为基点，中国特色社会主义道路的发展成果应由人民共享

人民群众是国民经济发展和中国特色社会主义道路的实践主体，人民生活水平的提高，也是发展的目的和评价标准。邓小平始终要求中国的

①中共中央文献研究室编《邓小平思想年编（1975—1997）》，中央文献出版社，2011，第534页。

发展要落脚到人民生活水平的提高上，“不能硬着头皮硬干，不能打肿脸充胖子……总之，把人民生活搞好一点”[①]。小康社会构想是人民群众利益的实现形式。邓小平始终关注人民群众的切身利益，他提出了小康社会的构想。邓小平首先指出，过去我们的社会主义不够格，社会主义并不是“四人帮”说的精神层面的东西。我们经历了长时期的发展，工人的工资仅有40余元，农村还有相当大的一部分群众处在贫困之中，这算什么社会主义？邓小平要求实事求是地看待中国现状，要承认我们的人民生活水平还很低，中国要达到西方发达国家的生活水平，还有很长的路要走。不要总讲什么赶英超美，要先建立一个能达得到的小康社会，宁愿把国民经济的速度放慢，也要把人民生活搞好。1979年，邓小平在会见日本首相大平正芳之后，多次提及小康社会构想。他谈道，我们的目标只要达到一个小康社会，日子就可以过。邓小平设想，十年翻一番，两个十年翻两番，达到人均国民生产总值1000美元，这就是小康社会。邓小平认为，我们改革开放的政策提出以后，国民经济的比例有了调整，但整体还有缺陷：过分注重大的项目，基本建设战线拉得长。这样不利于人民生活水平的提高。邓小平强调重工业、军事建设等一切要先为民生让路，仗要准备打，但不要把钱过多地投到军事上去，要尽可能地让人民群众生活先好一点。

以人民利益为根本落脚点，要求政策在共同富裕的目标上包容发展的不平衡性。任何国家的发展，都不可能实现同步富裕。正如邓小平所说：“九亿人口收入平均发展是不可能的，总是有的地区先富裕起来，一个地区总有一部分人先富裕起来。”[②]中国的经济革命同时也是思想革命，中

①中共中央文献研究室编《邓小平思想年编（1975—1997）》，中央文献出版社，2011，第335页。

②中共中央文献研究室编《邓小平思想年编（1975—1997）》，中央文献出版社，2011，第249页。

国要谋发展，就必须打破传统“一大二公，平均攀比”的思维模式，包容发展的不平衡性，允许一部分人先富起来，一部分地区先发展起来。这样才有利于打破平均主义大锅饭思想，为全国营造“你追我赶，争当先进，奋发向上”的社会发展风气。先富带后富，共奔富裕路，实现共同富裕。邓小平认为：“一部分人生活先好起来，就必然产生极大的示范力量……这样，就会使整个国民经济不断地波浪式向前发展。”[①]邓小平始终强调共同富裕是我们的发展目标，他特别指出，在允许一部分人先发展起来后，国家要加强宏观调控，要让先富的地区和群众带领全国走上发展富裕的道路，在这个过程中，要特别注意避免出现两极分化。

以人民利益为根本落脚点，促使国家逐步放宽农业政策，实现了家庭联产承包责任制的普及。邓小平认为，过去的农业政策超越了我们经济的发展阶段，它不适合中国生产力的发展水平，也必然会对农业产生破坏性影响。他特别指出，农民自己通过努力劳动增加收入，应该鼓励而不是禁止，绝不能将其说成是资本主义的东西。为了解放农村生产力，邓小平提倡试行家庭联产承包责任制，这在当时是难以想象的创举，因为家庭联产承包责任制出现，其实质等于政府承认了个体经济的合法性。一些人认为实行家庭联产承包责任制就否定了集体经济，就否定了国家的社会主义公有制。应对这种声音，邓小平提出承认个体经济是必要的，它是公有制为主体下的个体经济，是国民经济的活跃因素，并不会影响整个国民经济的公有制性质。并且，提倡个体经济并非凭空创造，毛主席就提倡过集体经济、个体经济共同发展，只是没有坚持实行。面对发展，要使农民的生活水平提高，调动其生产积极性，就放宽农业政策，让农民可以通过自己的辛勤劳动，过上好日子。邓小平主导了中国的农村改革，随着家庭联产承

①中共中央文献研究室编《邓小平思想年编（1975—1997）》，中央文献出版社，2011，第205页。

包责任制由试行到推广，中国农业气象焕然一新。一个国家的政府没有特别地加大农业投入，仅仅改变政策，就使农业产量和农民收入成倍增加，这是世界经济史上的奇迹。正如邓小平所说，“尊重科学，同样是一块土地，收入就会增加三倍甚至四倍”①。邓小平的农业改革，极大地促进了农村生产力发展，给农民带来了实实在在看得见的福利。

以邓小平为核心的党的第二代中央领导集体，总结新中国成立以来正反两方面的教训，借鉴和吸取国际先进经验，立足于改革开放的新的伟大实践，为中国特色社会主义道路奠定了实事求是的思想路线，拟定了“走自己的道路，建设有中国特色社会主义”的战略思想，确立了以“一个中心，两个基本点”为核心的政治前提，提出了“三步走”的科学规划，制定了独立自主、善用外援的基本方针，论述了建设和发展的根本动力与途径。终于创造性地开辟了中国特色社会主义道路，发掘出了中国上下求索的强国之路。中国共产党将在这一基础上，承前启后，努力应对时代新课题，继续将中国特色社会主义道路推向前进。

二、中国特色社会主义道路的科学规划

党的十四大开始，中国特色社会主义道路进入了全面推进的历史阶段。在以江泽民为核心的党的第三代中央领导集体的带领下，中国共产党坚持和发展了邓小平理论，逐步将社会主义市场经济体制作为经济体制改革总目标，起草了《关于建立社会主义市场经济体制若干问题的决定》，搭建起经济体制改革的总体框架，通过股份制改革与公有制为主体、多种

①中共中央文献研究室编《邓小平思想年编（1975—1997）》，中央文献出版社，2011，第395页。

所有制共同发展，进一步解决了公与私、社与资之间的关系问题，提出了邓小平理论的科学命题和社会主义初级阶段的基本纲领。我国的各方面体制改革不断向更广泛、更深刻的领域推进，大大加快了我国由计划经济体制向社会主义市场经济体制转变的进程。改革的深入，极大地推动了我国经济的发展和社会的进步，我国宏观经济出现了多年未有的持续、快速、健康发展的好形势，发展成绩斐然。十七大之后，党为了国民经济发展需要，科学回答实现什么样的发展、怎样发展的时代课题，深入贯彻实施了科学发展观，进一步将中国特色社会主义道路推向前进。

中共十四大正式将中国经济体制改革的目标设立为社会主义市场经济体制。社会主义市场经济理论的提出，是十一届三中全会以来推行经济体制改革过程中理论和实践发展的必然结果，是新的解放和发展生产力的必然需求，也是改革开放和现代化建设的历史性突破。随着社会主义市场经济体制的确立，中国经济发展迎来了春天，但也产生了新的问题。民营企业家们准确把握了形势，开始突进式发展，股份制改革的推进引发了社会上对社会主义公有制的新讨论。应对时局，解决问题，党的十五大第一次系统阐述了公有制实现形式多样化的理论，回答了有关社会主义市场经济的一系列重大问题。这些具有突破性的新理论、新思想、新观点把社会主义市场经济理论又向前推进了一步。这一时期，改革取得的成绩集中体现在：一是国有企业改革在试点基础上取得重大进展。1997年9月，党的十五大从理论上解决了国有制企业姓“公”姓“私”问题，国有企业改革迅速迈开新的步伐。到2002年底，国有企业改制面达85%左右，实现了产权多元化。国有企业数量减少了，但是国有资本却不断增加。从1992年到2001年，国有企业户数由10.23万户减少到4.68万户，利润却从743亿元增加到2388.56亿元。二是非公有制经济也结束了徘徊局面，进入了全面发展阶段。党的十五大明确提出“公有制为主体、多种所有制经济共同发展，是我国社会主义初级阶段的一项基本经济制度”[1]。随后，国家相继出台了一系列政策措施，鼓励、支持和引导个体、私营、外资发展。1999年，国家正式颁布了《中华人民共和国个人独资企业法》，为我国非公有制经济发展带来了空前的发展机遇。到2001年底，全国登记的个体工商户为2423万户，私营企业2086万户。个体私营经济占国民生产总值的比重已达20.46%，在工业增加值中的比重已超过1/3。三是农村经济体制改革在稳定农村基本政策的基础上深入推进，农业基础地位不断得到加强。十四大后，农村改革进入了全面向社会主义市场经济体制转轨的时期。从1992年到1996年，乡镇企业年均增长速度达到42.8%，占国内生产总值的比重上升为26%，成为我国农村经济的主体力量和国民经济的重要支柱。四是对外开放进入新阶段。随着上海浦东的开放，掀起了新一轮对外开放大潮，在全国范围内基本形成了“经济特区—沿海开放城市—沿海经济开发区—沿江和内陆开放城市—沿边开放城市”的全方位、多层次、宽领域的对外开放格局。2001年12月11日，中国终于成功加入世界贸易组织。以此为标志，中国的对外开放进入了一个新阶段。

中国特色社会主义民主政治建设和精神文明建设的成果也极为丰硕。政治体制改革在各个方面逐步深入。主要体现在三个方面：一是人民代表大会制度的作用得到进一步加强和改进：全国人大及其常委会制定了关于加强对法律实施情况检查监督的若干规定，对国务院及其各部门以及最高人民法院、最高人民检察院工作报告的听取和审议已经形成制度，1995年修改了《选举法》和《地方组织法》，使选举制度更加完善。二是中国共产党领导的多党合作与政治协商制度的建设有了新发展：1995年3月，全国政协八届三次会议通过的《政协全国常委会关于政治协商、民主监督、

①中共中央文献研究室编《十五大以来重要文献选编》（上），人民出版社，2000，第20页。

参政议政的规定》，进一步明确人民政协履行主要职能的内容、形式、方法和步骤，完善和规范了政协的工作。三是政府机构改革大刀阔斧地进行：1993年4月，国务院作出有关机构改革的决定，决定国务院的直属机构由19个调整为13个，办事机构由9个调整为5个，国务院不再设置部委归口管理的国家局。国务院直属事业单位也同时作了调整。1995年基本完成省级机构改革方案的实施工作，大部分地、市、县也完成了机构改革的任务。四是法治建设步伐明显加快：十四大以后，在政治体制改革方面制定和修改了《法官法》《选举法》等一批重要的法律，逐步建立和完善了社会主义的法律体系。五是精神文明建设开创了新局面：改革开放伊始，党中央就坚持两个文明一起抓的战略方针，在加强物质文明建设的同时，开展了精神文明建设的各方面的工作，并取得了一定成效。但是，对两个文明一起抓的方针，在执行过程中出现过不一贯的情况。为此，1992年10月，江泽民在党的十四大报告中把“坚持两手抓，两手都要硬，把社会主义精神文明建设提高到新水平”[①]作为党在20世纪90年代一项战略任务提出来。报告明确指出：“物质文明和精神文明都搞好，才是有中国特色的社会主义。”[②]并提出了“精神文明重在建设”的思想，要求各级党委要认真总结改革开放以来的新经验，加强和改进对精神文明建设的领导。

十五大的重大贡献在于，提出了邓小平理论科学命题和社会主义初级阶段基本纲领。随着中国特色社会主义实践的深入发展，党对中国特色社会主义道路的认识也逐步深化，1992年，党的十四大对十一届三中全会以来14年改革开放的经验进行了认真总结，从九个方面比较系统地概括

①中共中央文献研究室编《十四大以来重要文献选编》（上），人民出版社，1996，第30页。

②中共中央文献研究室编《十四大以来重要文献选编》（上），人民出版社，1996，第30—31页。

出中国特色社会主义理论，即“邓小平同志建设有中国特色社会主义理论”[①]。十四大以后，随着改革开放的深入发展，全党普遍认识到邓小平建设有中国特色社会主义理论的正确性，是我们党领导全国人民实现社会主义现代化的光辉旗帜。1997年9月，党的十五大作出了邓小平理论是马克思主义在中国发展的新阶段这样一个重要判断，并把邓小平理论作为党的指导思想载入党章。邓小平理论是中国特色社会主义理论体系的开山之作，它的形成为后人继续探索和发展中国特色社会主义道路奠定了基石。十五大还第一次明确提出了社会主义初级阶段的基本纲领，即中国特色社会主义经济、中国特色社会主义政治、中国特色社会主义文化。十五大关于基本纲领的概括和阐述是党的基本路线在经济、政治、文化方面的具体展开与深化，是对初级阶段理论的新贡献，是邓小平理论的重要内容。这标志着邓小平理论在实践中进一步走向成熟。在迈向新世纪的征途中，全党全国人民在邓小平理论的光辉旗帜下，众志成城、坚定不移地推进改革开放和现代化建设的进程，从容应对东南亚金融危机、1998特大洪水灾害等国内外严峻挑战，使经济社会发展取得一系列重大胜利。

党的十六大至十八大，是中国特色社会主义道路科学发展和全面推进的历史阶段。党的十六大之后，以胡锦涛为总书记的中央领导集体，在继承前人探索的基础上，应对发展中的各项问题，结合发达国家的先进经验，创造性地回答了实现什么样的发展、怎样发展的时代命题。求真务实，开拓创新，深入拓展了中国特色社会主义道路。

“三个代表”重要思想的提出开始深入探讨中国特色社会主义道路建设中的党建问题。中国实行改革开放以后，开始逐步融入世界经济体，社会主义市场经济使中国的社会经济成分、利益分配多样化，党在全新的环

①中共中央文献研究室编《十四大以来重要文献选编》（上），人民出版社，1996，第119页。

境中，能否始终保持党的肌体健康，完成党所肩负的历史任务，成为国内外关注的焦点。所以，面对国内形势和党的历史方位都发生深刻变化的客观情况，有必要加强党的建设。2000年2月，江泽民在广东考察工作时，第一次提出“三个代表”重要思想。同年5月，他在江苏、浙江、上海党建工作座谈会上进一步指出：“始终做到‘三个代表’，是我们党的立党之本、执政之基、力量之源。”[①]2002年5月31日，江泽民在中央党校省部级干部进修班毕业典礼上，再次强调了“三个代表”的重要性，指出“‘三个代表’同马克思主义、毛泽东思想、邓小平理论一脉相承，反映了当代世界和中国的发展变化对党和国家工作的新要求”[②]。这次讲话表明我们党对“三个代表”重要思想的认识达到了新的高度。2002年11月，党的十六大召开，大会明确回答了举什么旗、走什么路、实现什么样的目标等重大问题。这次大会将中国特色社会主义道路、社会主义建设的目标同“三个代表”重要思想联系起来，说明党已经开始深入探索中国特色社会主义道路中的党建问题。十六大的另一个重要贡献在于提出了全面建设小康社会的目标，中国特色社会主义事业进入新阶段。

随着中国经济的腾飞，各种经济、社会问题开始在发展中逐渐显现。经济发展形成了“快”与“好”之间的矛盾；工业的发展造成了环境和社会的困境；经济结构的不合理造成了生产和环境的巨大浪费；居民收入分配差距、城乡区域发展差距逐渐扩大。这些都是摆在党面前的重大问题。为了深入贯彻“三个代表”重要思想，落实全面建设小康社会目标，实现怎样的发展、如何发展的问题成为了党必须解决的现实问题。

发展的含义有广义与狭义之分。广义的发展是指事物由小到大，由

①《江泽民文选》（第三卷），人民出版社，2006，第15页。

②中共中央文献研究室编《十五大以来重要文献选编》（下），人民出版社，2003，第2412页。

简到繁，由低级到高级，由旧事物到新事物的运动变化过程；而狭义是指不发达的地区和国家通过经济、社会变革走向发达状态。党所探讨的发展观正是狭义的发展。社会的发展是一个复杂系统的工程，社会本身就是一个由经济、政治、文化、社会、生态等因素构成的大系统，这些子系统的关系是相互联系、相互制约、相互作用的。所以，社会的发展可以看作是协调的过程，只有根据社会实际情况，正确地协调各子系统之间的关系，才能被称作是科学发展。中国尚处于社会主义初级阶段，科学发展观必须建立在“以经济建设为中心”这个基本点上。但当我们的经济发展进入快车道后，我们的发展注重的是总量、速度的提高，增长的方式主要是增加资源的投入和消耗，并没有解决经济发展中对本身发展矛盾、对其他各子系统之间的协调问题，因此坚持科学发展就必须要重新审视发展中的各项问题，对发展的速度和效率、稳定和突进、人与自然、城市与农村、国内与国外等方面作出平衡，必须走全面、协调、可持续的发展道路。2003年10月，十六届三中全会首次提出了科学发展观，将其概括为：“坚持以人为本，树立全面、协调、可持续的发展观，促进经济社会和人的全面发展。”①2004年3月，胡锦涛在中央人口资源环境工作座谈会上对科学发展观进行了详细阐述，论述了其深刻内涵与基本要求，并指出了全面、协调、可持续的重要意义。2007年10月，党的十七大召开，大会集思广益、凝聚共识，高度评价了科学发展观的历史地位，通过对中国特色社会主义道路核心内容的高度凝练与理论升华，明确界定了其科学内涵；大会提出要深入贯彻科学发展观，强调科学发展观重要指导方针和重大战略思想地位，同时将其与邓小平理论、“三个代表”重要思想并列纳入中国特色社会主义理论体系。科学发展观的提出，表明党对发展问题的认识达到了新

---

①中共中央文献研究室编《十六大以来重要文献选编》（上），中央文献出版社，2005，第465页。

高度，科学发展观成为中国特色社会主义道路实践中的又一科学理论指导。2017年10月18日党的十九大召开，党的十九大是在全面建成小康社会决胜阶段、中国特色社会主义发展关键时期召开的一次十分重要的大会。承担着谋划决胜全面建成小康社会、深入推进社会主义现代化建设的重大任务，事关党和国家事业继往开来，事关中国特色社会主义前途命运，事关最广大人民根本利益。大会在不断总结新的实践的基础之上，围绕着新时代坚持和发展什么样的中国特色社会主义、怎样坚持和发展中国特色社会主义这个重大时代课题，把马克思主义的关于社会主义建设的一整套理论、马克思主义的基本原理与中国特色社会主义实践相结合的创新理论正式提出来，形成了习近平新时代中国特色社会主义思想。

三、中国特色社会主义道路的崭新高度

十八大以来，以习近平为核心的党中央始终坚持求真务实、与时俱进，在新的历史条件下对中国特色社会主义道路进行探索，对中国特色社会主义道路作出了科学的评价和具体的规划，确立了“两个一百年”的奋斗目标、“中国梦”的总任务、“四个全面”为主要内容的重大发展举措，并在此基础上形成了习近平新时代中国特色社会主义思想，将中国特色社会主义道路推向崭新的高度。

以习近平为核心的党中央，从中国发展现状和中国基本发展规划出发，深刻总结中国特色社会主义发展规律，提出了“两个一百年”奋斗目标。“两个一百年”的奋斗目标是党对人民富裕与社会主义现代化任务的具体行动方案，具有重要意义。首先，“两个一百年”奋斗目标预测了小康社会和社会主义现代化完成的具体时间表，这对于中国特色社会主义道

路的指导力量是前所未有的。过去，我们对于小康社会目标特别是社会主义现代化建设任务的目标是努力建设，这是一个非常宽泛的概念，社会主义现代化的实现时间在社会主义建设的过程中几经改变。目前党能够通过科学理性的分析，预测出小康社会、社会主义现代化建设完成的具体时间，制定出“两个一百年”的奋斗目标，“两个一百年”奋斗目标从人民富裕和社会主义现代化建设两个层面给出了具体时间，为中国特色社会主义道路上最为重要的两个指数确立了参考标准和完成时间。其次，“两个一百年”奋斗目标是党最高目标在人民生活和经济发展上的投射，它能够凝聚起最广泛的人民群众的社会主义建设热情。中国共产党的最终目标是通过生产力发展，变革阻碍生产力发展的生产关系，最终使中国进入到共产主义。共产主义的首要条件便是物质极大丰富，具有极高的生产力水平，人民生活富裕，社会现代化达到前所未有的高度。没有这些基础，共产主义便无从谈起。中国社会是一个多阶层社会，但无论是何阶层，实现国家现代化、人民富裕幸福是其共同的价值取向。“两个一百年”奋斗目标的提出，最广泛地凝聚了人民群众的价值取向与实际需要，所以具有最广泛的号召力。第三，“两个一百年”奋斗目标是民族伟大复兴中国梦的标志，也为民族伟大复兴给出了具体、科学的内涵。“两个一百年”奋斗目标与中国梦总任务的先后提出，从经济发展和民族复兴两个层面立体呈现了中国特色社会主义的发展目标。要实现民族伟大复兴中国梦，就必须先实现小康社会，必须先实现社会主义现代化。同时，中华民族的伟大复兴，在新的时代具备了新的意义。中国自古以来就是一个国力强盛的国家并以大国自居，但是作为封建大国，人民群众始终处于剥削阶级的压迫之下。现在意义上的民族复兴，它不单单指国力强盛，更是国家在实现现代化的同时，人民群众能够拥有富裕幸福的生活，这就从根本上做到了以人为本。所以，“两个一百年”奋斗目标是十八大以来党对中国特色社会主义建设作出的全新具体规划，具有重要意义。

习近平提出追求中华民族伟大复兴中国梦，拟定了中国特色社会主义道路的总任务。2012年11月29日，习近平在参观《复兴之路》展览时，第一次提出了“中国梦”的概念，认为其是“中华民族近代以来最伟大的梦想”①。此后，“中国梦”成为我党新的理论创新成果。“中国梦”能够成为我党新的理论创新成果，并被人们所广泛接受和认可，其重要原因在于习近平总书记将中国未来发展走向即中国特色社会主义道路的发展方向和目标问题，用质朴、通俗易懂的语言进行高度总结和概括，用梦想这个形象生动的概念将中国人的个人奋斗目标与社会国家发展目标相联系，创造出“中国梦”这个集清新平和的语言与理论价值于一身的主流政治话语。同时，道路问题是极其重要的政治问题，道路以政治制度为基础，体现政党意志，是国家政治生活中最基础的问题。发展中国特色社会主义，必须将道路问题与民族伟大复兴“中国梦”联系起来。习近平强调，“道路问题是关系党的事业兴衰成败第一位的问题，道路就是党的生命”②。所以，中国特色社会主义道路与“中国梦”紧密相连，“中国梦”成为了中国特色社会主义道路的总任务和终点。中国特色社会主义总任务是与总依据、总布局一起提出的。所谓总依据，是指中国最基本的现实国情，即中国尚处于社会主义初级阶段。社会主义初级阶段是一个很难轻言跨越的漫长社会阶段，中国一切实际问题的基本根源就在于我们尚处在这个社会阶段，中国的一切实际问题也必须从这个社会阶段出发寻求解决的办法，任何跨越阶段、超越基本国情的政策都是不可取、不科学的。所谓总布局，是指以习近平为核心的党中央，在深刻认识中国发展现状和问题的情

①习近平：《习近平谈治国理政》，外文出版社，2014，第36页。

②中共中央文献研究室编《十八大以来重要文献选编》（上），中央文献出版社，2014，第117页。

况下，总结发展经验，应对发展中的生态问题，将“四位一体”发展规划全面升级为“五位一体”总布局，即经济、政治、文化、社会、生态“五位一体”共同发展。总任务则在这个基础上，结合社会发展的富裕目标与社会主义现代化目标，第一次明确提出中国特色社会主义道路的最终目标就是中华民族的伟大复兴。这个目标的提出，以经济发展与人民生活水平提高为基础，是党的最高目标在民族和国家上的具象化和投射，将个人价值追求与国家、民族的价值追求结合起来。习近平指出：“只要我们紧密团结，万众一心，为实现共同梦想而奋斗，实现梦想的力量就无比强大，我们每个人为实现自己梦想的努力就拥有广阔的空间。”[①]“中国梦”的提出深化发展了中国特色社会主义的目标，是中国特色社会主义的重大理论创新。

以习近平为核心的党中央，应对新的历史起点的全新挑战，提出了“四个全面”战略布局。全面建成小康社会，是夺取中国特色社会主义新胜利的关键性战略目标。“两个一百年”、一个“中国梦”，是夺取中国特色社会主义新胜利的战略目标体系；而在这一目标体系中，全面建成小康社会，是最基础最关键的目标。全面深化改革，是夺取中国特色社会主义新胜利的关键性战略动力。当前，我国各项改革事业已经进入深水区和攻坚期，必须坚持全面深化改革，通过各个领域的改革相互促进、协同推进、形成合力，冲破思想观念的桎梏，破除体制机制的弊端，突破利益固化的藩篱，为中国特色社会主义顺利开拓前进保驾护航。全面依法治国，是夺取中国特色社会主义新胜利的关键性战略举措。法律是治国之重器，良法是善治之前提。依法治国是坚持和发展中国特色社会主义的本质要求，是实现国家治理体系和治理能力现代化的必然要求，是谋求国家

①习近平：《习近平谈治国理政》，外文出版社，2014，第40页。

长治久安的重要保障。全面深化改革和全面依法治国犹如鸟之两翼、车之双轮，推动全面建成小康社会战略目标顺利实现。全面从严治党，是夺取中国特色社会主义新胜利的关键性战略保障。推进中国特色社会主义新发展，夺取中国特色社会主义新胜利，把全面从严治党更加紧迫地提到全党面前。全面建成小康社会，关键在于我们党紧紧依靠全国各族人民，凝聚起中国力量；全面深化改革，关键在于我们党始终走在时代前列，坚定不移地走改革开放之路；全面依法治国，关键在于我们党正确处理党与法的关系，把依法治国方略真正落到实处。总之，能否全面从严治党，直接关系到中国特色社会主义能否在新的起点上胜利开拓前进。这四个方面相互作用影响，相辅相成，涵盖了中国特色社会主义道路的经济发展、社会进步、党的建设等各方面，言简意赅，精辟深刻，既有战略目标又有战略举措，既统揽全局又突出重点。“四个全面”战略布局是对我们党治国理政实践经验的科学总结和丰富发展，集中体现了时代和实践发展对党和国家工作的新要求，是我国新的历史时期走中国特色社会主义道路的新纲领和工程图，是实现“中国梦”的重要引领。中国特色社会主义道路将遵循“四个全面”的科学布局，继续引导人民不断推进社会主义现代化发展伟大实践。

在改革开放初期，党提出要坚持物质文明和精神文明“两手抓”。20世纪90年代后，党又提出要重视政治文明建设。进入21世纪以来，党及时提出要加强社会建设和生态文明建设。这样，社会主义建设的总体格局就包含了经济、政治、文化、社会、生态等各个方面，形成了一种以经济建设为中心的“五位一体”的总体布局，进一步强化了社会主义建设的系统性和整体性。与此同时，为了有效破解各种深层次社会矛盾，十六大后党中央明确提出了科学发展观，积极建构社会主义和谐社会。在经济社会建设中坚持总揽全局、统筹兼顾的原则，高度重视各个领域的统筹协调发展，尤其是把统筹城乡发展，促进城乡一体化，有效化解“三农”难题作为新时期全党工作的重中之重。党的十八大以来，党中央又及时作出“四个全面”的战略布局，以此扎实推进和有效落实“五位一体”的总体布局。这些都使得中国特色社会主义道路的科学发展、和谐发展的特征得以充分显现。

通过上述对中国特色社会主义道路基本特征历史演进的考察，可以得出如下结论。首先，中国特色社会主义道路及其基本特征的形成和发展，充分反映出理论与实践互动、互补的历史辩证法。由于中国共产党在社会主义建设实践中高度重视马克思主义的中国化、时代化和大众化，从而形成了科学理论与社会实践的有机互动并由此产生出巨大历史创新效应。其次，中国共产党的领导是中国特色社会主义道路及其基本特征成功开辟和不断发展的根本保障。中国特色社会主义道路及其基本特征的形成和发展史，实际上就是中国共产党领导中国人民不懈探索和努力奋斗的历史。实践证明：离开了中国共产党的正确领导，就没有中国特色社会主义道路。中国的现代化事业如果脱离了中国特色社会主义道路，就必然会走向歧途。只有毫不动摇地坚持党的领导，中国特色社会主义道路才能越走越宽广，中华民族才能最终实现伟大复兴。第三，中国特色社会主义道路及其基本特征的形成和发展进程，彰显了社会主义道路的本质和优越性。社会主义基本特征实际上就是中国特色社会主义道路本质的时代表征，同时也是其优势的客观依据和前提条件。中国特色社会主义道路及其基本特征的发展过程，充分反映了中国特色社会主义事业的成长史，彰显了其内在的本质和优势。

由以上中国特色社会主义道路特征的形成过程给我们如下启示：

第一，中国共产党是中国特色社会主义道路成功开辟的政治保障。历史再次强有力地证明，只有中国共产党能够救中国，也只有中国共产党才能发展中国。由于有中国共产党的坚强领导，既把中国从社会主义教条中解放出来，融入市场经济要素，使社会主义与市场经济紧密结合起来，又坚持了中国社会主义方向，保证了中国改革开放和市场经济的社会主义性质，发展了社会主义经济。因此可见，那种离开党的领导、离开社会主义道路来抽象孤立地谈论中国现代化事业的观点是完全错误的。只有毫不动摇地坚持党的领导，中国特色社会主义道路才能越走越宽广，中国的现代化事业才会有光明前景，中华民族才能克服各种艰难险阻最终实现伟大复兴。

第二，中国特色社会主义道路的成功开辟及其基本特征的形成，再次彰显了中国社会主义的优越性。社会主义制度具有资本主义不可比拟的巨大优越性，主要表现为社会主义制度具有自我完善、发展和创新的能力，能够既适应先进生产力的发展要求，又能代表全体劳动者的根本利益，不断克服前进中的障碍，带领人民走向共同富裕之路。

第三，中国特色社会主义道路及其基本特征的形成和发展，再次证明了马克思主义在社会主义现代化建设中的科学指导地位，这是中国共产党对马克思主义理论宝库的巨大贡献。改革开放以来，中国共产党始终以马克思主义辩证的发展眼光来探索中国社会主义建设规律，用科学的理论自觉引领社会发展进步，在理论创新和实践创新中开启了社会主义事业新境界。这充分体现了中国共产党人对人类历史发展规律的深刻理解和对马克思主义唯物辩证法的高超运用。

第四章
中国特色社会主义道路的科学内涵

1978年12月党的十一届三中全会实现了党的历史伟大转折。从此，中国社会主义建设进入了改革开放的新时期，揭开了开辟中国特色社会主义道路的序幕。1982年9月，党的十二大首次提出“走自己的路，建设有中国特色的社会主义”这一崭新的科学命题。十二大以后改革开放全面展开，中国特色社会主义道路迈出实质性步伐。在党的十三大、十四大、十五大、十六大相继提出党在社会主义初级阶段的基本理论、基本路线、基本纲领、基本经验的基础上，党的十七大首次对中国特色社会主义道路的基本内涵作了科学完整的表述，明确指出“中国特色社会主义道路，就是在中国共产党领导下，立足基本国情，以经济建设为中心，坚持四项基本原则，坚持改革开放，解放和发展社会生产力，巩固和完善社会主义制度，建设社会主义市场经济、社会主义民主政治、社会主义先进文化、社会主义和谐社会，建设富强民主文明和谐的社会主义现代化国家”①。概括起来就是坚持“一个中心、两个基本点”的有机统一、“四位一体”的总体布局和建设目标。党的十八大更

①《中国共产党第十七次全国代表大会文件汇编》，人民出版社，2007，第11页。

是将“四位一体”进一步拓展为“五位一体”，丰富和拓展了中国特色社会主义道路的科学内涵。

一、中国共产党的领导是坚持和发展中国特色社会主义道路的根本保证

中国特色社会主义道路是中国共产党领导人民长期探索、奋力开拓的。中国共产党不仅是中国特色社会主义道路的开辟者，也是推进这条道路向前发展的领导者，是我们推进事业发展、战胜前进道路上各种艰难险阻，实现富强民主文明和谐美丽的社会主义现代化目标的根本保证。只有坚持党的领导，才能保证改革开放和现代化建设事业的正确方向和为之创造一个安定团结的政治局面和社会环境，离开共产党的领导，中国就会走上非社会主义的邪路。同时，在长期革命斗争中形成的独具特色的优良传统和作风，从根本上使党具有无可比拟的政治优势，能最大限度地调动全国各族人民的积极性和创造力，为中国特色社会主义道路的发展提供不竭的力量源泉。从革命到建设时期，中国共产党作为无产阶级政党，始终坚持与时俱进的治党治国理念。进入全面建设小康社会新时期后，我们党始终坚持以改革创新精神加强自身建设，把党的执政能力和先进性建设作为主线，把发展作为党执政兴国的第一要务，坚持科学发展，为中国特色社会主义道路开拓更为广阔的发展前景。坚持党的坚强领导是中国人民历史和现实的必然选择。

二、坚持初级阶段基本路线是中国特色社会主义道路的核心内容

以经济建设为中心是兴国之要，是我们党、我们国家兴旺发达和长治久安的根本要求。按照历史唯物主义观点，生产力决定生产关系，经济基础决定上层建筑。任何一种社会制度的巩固和发展，归根到底，取决于社会生产力的发展，取决于它能否创造比过去社会更高的劳动生产率，能否具有比过去社会更高水平的物质基础。社会主义的优越性归根到底要体现在它的生产力比资本主义发展得更快一些、更高一些，并且在发展生产力的基础上不断改善人民的物质文化生活。对处于并将长期处于社会主义初级阶段的中国来说，尤其要把集中力量发展社会生产力摆在首要地位。我国人口多，人均资源占有量少，同发达国家相比，还处于相对落后状态，经济、政治、文化和社会生活各方面存在着种种矛盾，由于国际国内因素的影响，阶级矛盾还将在一定范围内长期存在，但在整个社会主义初级阶段，社会的主要矛盾始终是人民日益增长的物质文化需要同落后的社会生产之间的矛盾。这就决定了社会主义的根本任务是发展生产力，决定了我们必须把经济建设作为全党全国工作的中心，各项工作都要服从和服务于这个中心。虽然经济发展不是发展的全部，但却是最核心、最基本的内容。只有牢牢抓住这个主要矛盾和工作中心，才能清醒地观察和把握社会矛盾的全局，为其他各种社会矛盾的解决提供根本的物质基础，才能不断满足人民日益增长的物质文化生活需要，才能推动社会的全面进步，才能从根本上巩固和发展社会主义制度。发展是硬道理，中国解决所有问题的关键在于依靠自己的发展。国家的昌盛，人民的富裕，说到底是经济实力问题。国际竞争，说到底也是经济实力的竞争。只有经济发展了，经济实力和综合国力增强了，人民的生活才能不断得到改善，国家才能长治

久安，促进社会全面进步和人的全面发展才有坚实的物质基础，我们才能在国际格局中占据更加有利的地位。邓小平在改革开放之初就指出："讲社会主义，首先就要使生产力发展，这是主要的。只有这样，才能表明社会主义的优越性。社会主义经济政策对不对，归根到底要看生产力是否发展，人民收入是否增加。这是压倒一切的标准。"[①]改革开放以来，我们正是由于牢牢扭住经济建设这个中心，坚持聚精会神搞建设、一心一意谋发展，不断解放和发展社会生产力，才使我国的综合国力、人民生活水平显著提高，国际地位空前提高，国际影响力越来越呈现出举足轻重的作用。

当然，在强调坚持以经济建设为中心的同时，必须正确处理好经济工作与其他工作的辩证关系，要坚持"两手抓，两手都要硬"的方针，必须把坚持经济建设为中心与全面协调可持续发展有机统一，什么时候都不能离开经济建设这个中心搞政治文明建设、精神文明建设和社会文明建设；什么时候也不能以牺牲政治文明、精神文明和社会文明以及生态文明为代价来换取经济的一时发展。这也是以经济建设为中心的题中应有之义。这就要求我们在工作实践过程中，既要坚持经济建设"一个中心"不动摇，又要防止片面强调经济建设，而忽视政治、文化、社会以及生态文明建设。我们必须在坚持经济建设这个中心的基础上，统筹各方面发展，促进全面进步，真正做到把经济建设为中心与以人为本、全面协调可持续发展有机统一起来，真正做到发展为了人民，发展依靠人民，发展成果由人民共享。

四项基本原则是立国之本，是我们党和国家生存发展的政治基石。坚持四项基本原则，是指必须坚持社会主义道路，必须坚持人民民主专

---

①《邓小平文选》（第二卷），人民出版社，1994，第314页。

政，必须坚持共产党的领导，必须坚持马列主义、毛泽东思想。四项基本原则是科学社会主义的基本原则，也是建设社会主义中国的立国之本，是我国根本区别于历史上的封建主义中国和资本主义国家的主要标志，是当代中国发展进步的根本政治前提和制度基础。坚持四项基本原则，就是要保证改革开放和现代化事业的社会主义性质和正确方向。我国的改革开放和现代化建设事业是在特别复杂的政治和社会环境中进行的。因此，在我们改革开放和现代化建设的过程中，始终面临着一个坚持正确的政治方向的问题。如果离开了四项基本原则，或者四项基本原则坚持得不好，那就会在政治方向、政治保障上出问题，我们的现代化事业就不能成功。东欧剧变、苏联解体的教训也说明，放弃了社会主义道路，放弃了无产阶级专政，放弃了共产党的领导地位，放弃了马列主义这些对社会主义制度生死攸关的东西，社会主义制度就会被葬送，就会发生亡党亡国的历史悲剧。

四项基本原则，必须要随着时代进步和改革、建设发展不断赋予新的内涵。我们对四项基本原则的认识不能停留在对马克思主义的一些不科学的甚至扭曲的认识上，也不能停留在改革开放前那些超越社会主义初级阶段的不正确的政策上。坚持四项基本原则，不能简单地把它看成一种政治标签或凝固不变的教条生搬硬套。我们坚持的社会主义道路是把马克思主义基本原理与中国实际和时代特征相结合的中国特色社会主义道路，不是传统模式的社会主义道路；我们坚持的人民民主专政是党的领导，人民当家作主与依法治国有机统一的社会主义民主政治道路，而不是高度集权的政治体制；我们坚持的党的领导是指党在建设中国特色社会主义事业中，发挥总揽全局、协调各方的作用，是与加强与改善党的领导相统一的，而不是党政不分，以党代政的领导模式；我们坚持的马列主义毛泽东思想是指既要坚持马克思主义的指导地位不动摇，又要在实践中不断丰富和发展马克思主义，而不是教条式地对待马列主义毛泽东思想。在当代中国，坚持马列主义毛泽东思想就是坚持用马克思主义中国化第二次历史飞跃的理论成果中国特色社会主义理论体系指导改革开放和中国社会主义现代化事业。

改革开放是强国之路。改革开放是党在新的时代条件下带领人民进行的新的伟大革命，是解放和发展生产力，促进党和国家发展进步的活力源泉，是巩固和完善社会主义制度，发展中国特色社会主义的强大动力。就改革来说，我国实行的是系统配套的大改革，它在经济、政治、文化、科技、军事、外交等领域的全面展开和深入推进，为当代中国社会总体文明发展不断地扫除障碍、注入活力，开辟越来越广阔的前景。改革并不是要改变社会主义制度，而是在坚持基本制度下改革某些具体体制和机制，是改革那些阻碍、不适应或不完全适应生产力的经济基础和上层建筑部分。就开放来说，我国实行的是宽领域、多层次、全方位的大开放，是推动中国以顺应时代大势的姿态主动融入世界文明发展进程，积极吸取人类创造的一切优秀文明成果为我所用，既是中华民族自立于世界民族之林的重要条件，也是把中国特色社会主义事业推向前进的基本前提。新时期以来我国改革开放的历史，就是锐意推进体制机制的改革创新，使社会主义制度真正进入自我完善和发展轨道的历史。这场历史上从未有过的大改革大开放，使我国成功实现了从高度集中的计划经济体制到充满活力的社会主义市场经济体制、从封闭半封闭到全方位开放的伟大历史转折。四十年来，正是在改革开放这一新的伟大革命推动下，极大地解放和发展了社会生产力，充分调动了亿万人民的积极性，谱写了中华民族自强不息、顽强奋进的新篇章，使中国发生了历史性巨变。事实雄辩地证明，改革开放是发展中国特色社会主义、实现中华民族伟大复兴的必由之路；只有社会主义才能救中国，只有改革开放才能发展中国、发展科学社会主义。在新世纪新阶段，我国社会生产力发展还面临诸多体制性障碍。社会主义市场经济体制已初步建立，但还不成熟、不完善，旧的体制机制中的一些积弊尚未完全消除，改革和发展过程中也不断产生新问题新矛盾，经济、政治、文化、社会的发展仍然依赖于体制的改革与创新，仍然依赖于继续创造出适应社会生产力发展要求的良好的政策和体制环境条件。因此，在新的更加艰巨繁重的任务、新的更加错综复杂的环境面前，我们必须坚定信念：坚决走充满生机活力的新路，决不走封闭僵化的老路，也决不走改旗易帜、放弃共产党领导、放弃社会主义的邪路。唯有坚持改革开放的必由之路，始终做到不动摇、不懈怠、不折腾，我们才能引领中国特色社会主义伟大事业的航船乘风破浪，驶向更加光辉的未来。

以经济建设为中心、坚持四项基本原则、坚持改革开放，三者相互贯通、相互依存、内在统一于建设中国特色社会主义的伟大实践。以经济建设为中心是奠定坚持四项基本原则和坚持改革开放的物质基础。离开经济建设这个中心，人民生活就不可能不断得到改善，社会主义社会的一切发展和进步就会失去物质基础。四项基本原则是我国经济社会发展和改革开放的根本政治保障。我国的经济建设和改革开放，是为了不断巩固社会主义制度和发展社会主义的物质基础，不断改善最广大人民群众的生活，最终实现共同富裕。这就决定了经济建设和改革开放不能偏离社会主义方向和道路，不能没有中国化马克思主义的指导，不能脱离中国共产党的领导，不能削弱人民民主专政的国家制度。离开四项基本原则，经济建设和改革开放就会迷失方向。改革开放是我们党和国家发展进步的活力源泉，通过改革开放赋予四项基本原则新的时代内涵和经济建设的强大动力。“一个中心，两个基本点”，是相互贯通、相互依存、不可分割的统一整体，须臾不可偏离，丝毫不可偏废，必须全面坚持、一以贯之。

三、“五位一体”的总体布局是中国特色社会主义道路的基本内容和具体展开

中国特色社会主义总体布局的形成经历了一个“两大文明”—“三位一体”—“四位一体”—“五位一体”的发展过程。1979年，叶剑英在庆祝中华人民共和国成立30周年的重要讲话中明确提出：“我们要在建设高度物质文明的同时，提高全民族的教育科学文化水平和健康水平，树立崇高的革命理想和革命道德风尚，发展高尚的丰富多彩的文化生活，建设高度的社会主义精神文明。”[①]这里虽然没有提出总体布局的概念，但他提出的两个文明建设问题，实际上就是要从总体上把握社会主义现代化建设的布局问题。1982年党的十二大明确提出了“三步走”的现代化建设战略部署，并且提出了包括经济富强、政治民主、精神文明在内的三位一体的现代化建设总体格局。1986年9月党的十二届六中全会通过的《中共中央关于社会主义精神文明建设指导方针的决议》，第一次明确提出了“总体布局”这一概念。《决议》指出：“我国社会主义现代化建设的总体布局是：以经济建设为中心，坚定不移地进行经济体制改革，坚定不移地进行政治体制改革，坚定不移地加强精神文明建设，并且使这几个方面互相配合，互相促进。”[②]从而使中国特色社会主义总体布局的基本框架初步构成。此后，党的十三大、十四大都坚持了这一基本思想。1997年党的十五大围绕社会主义现代化建设的总目标，在党的基本理论、基本路线的基础上，制定了建设中国特色社会主义经济、政治、文化的基本纲领，从而使

①中共中央文献研究室编《三中全会以来重要文献选编》（上），人民出版社，1982，第234页。

②中共中央文献研究室编《十二大以来的重要文献选编》（下），人民出版社，1988，第1173—1174页。

"三位一体"的现代化建设格局更加明晰。进入新世纪新阶段，面对错综复杂的国内形势和不断变化的国际格局，我们党顺应历史发展和时代变化的要求，正式提出了构建社会主义和谐社会的命题，使社会主义现代化建设的总体布局，由物质建设、政治建设、文化建设的"三位一体"深化拓展为包括和谐社会建设在内的"四位一体"，丰富了社会主义现代化建设的战略思想。2005年，胡锦涛在省部级主要领导干部专题研讨班的重要讲话中第一次明确地提出："随着我国经济社会的不断发展，中国特色社会主义事业的总体布局，更加明确地由社会主义经济建设、政治建设、文化建设三位一体发展为社会主义经济建设、政治建设、文化建设、社会建设四位一体。"[①]第一次提出"社会建设"的概念，由此拓展深化了现代化建设的战略格局，也表明我们党对社会主义建设规律的认识越来越深刻。2007年，胡锦涛在党的十七大报告中提出了实现全面建设小康社会奋斗目标的新要求，特别是提到要建设"生态文明"，并首次把这个概念写入了党的代表大会的政治报告。这是执政兴国理念的新发展。党的十八大将总体布局由"四位一体"进一步拓展为"五位一体"。至此，中国特色社会主义道路的总体布局更加全面完整。

中国特色社会主义经济建设，就是要以社会主义市场经济建设为重点，建立和完善社会主义市场经济体制，实现社会主义基本制度与市场经济体制有机结合，做到既有利于发挥社会主义制度的优越性，又有利于发挥市场经济的长处，解放生产力和发展生产力；坚持和完善公有制为主体，多种所有制经济共同发展的基本经济制度，毫不动摇地巩固和发展公有制经济，毫不动摇地鼓励、支持、引导非公有制经济发展，形成各种所有制经济平等竞争、相互促进的新格局；坚持和完善按劳分配为主体、

①中共中央文献研究室编《十六大以来重要文献选编》（中），人民出版社，2006，第696页。

多种分配方式并存的分配制度；要深化对社会主义市场经济规律的认识，从制度上更好发挥市场在资源配置中的基础性作用，形成有利于科学发展又能适时应对国际经济变化的宏观调控体系；要加快转变经济发展方式，走中国特色新型工业化道路，促进经济增长由主要依靠投资、出口拉动向依靠消费、投资、出口协调拉动转变，由主要依靠第二产业带动向依靠第一、第二、第三产业协同带动转变，由主要依靠增加物质资源消耗向主要依靠科技进步、劳动者素质提高、管理创新转变；要注重经济发展速度、结构、质量和效益相统一，经济发展和人口、资源、环境相协调；要实行“五个统筹”，即统筹城乡发展、统筹区域发展、统筹经济社会发展、统筹人与自然和谐发展、统筹国内发展和对外开放。

中国特色社会主义政治建设，就是要以社会主义民主政治建设为重点，积极稳妥推进政治体制改革，使我国社会主义民主政治展现出更加旺盛的生命力。要坚持中国特色社会主义政治发展道路，坚持党的领导、人民当家作主、依法治国有机统一，坚持和完善人民代表大会制度、中国共产党领导的多党合作和政治协商制度、民族区域自治制度以及基层群众自治制度，不断推进社会主义政治制度自我完善和发展。深化政治体制改革，必须坚持正确政治方向，以保证人民当家作主为根本，以增强党和国家活力、调动人民积极性为目标，扩大社会主义民主，建设社会主义法治国家，发展社会主义政治文明。要坚持党总揽全局、协调各方的领导核心作用，提高党科学执政、民主执政、依法执政水平，保证党领导人民有效治理国家；坚持国家一切权力属于人民，从各个层次、各个领域扩大公民有序政治参与，最广泛地动员和组织人民依法管理国家事务和社会事务、管理经济和文化事业；坚持依法治国基本方略，树立社会主义法治理念，实现国家各项工作法治化，保障公民合法权益；坚持社会主义政治制度的特点和优势，推进社会主义民主政治制度化、规范化、程序化，为党和国家长治久安提供政治和法律制度保障。政治体制改革必须从国情出发，有步骤、有秩序地推进。学习、借鉴别国的经验是必要的，但不能照抄照搬别国模式，决不能走三权分立和多党制的西方政治道路。

中国特色社会主义文化建设，就是坚持以马克思主义为指导，以社会主义先进文化建设为重点，不断发展面向现代化、面向世界、面向未来的，民族的科学的大众的社会主义文化。要激发全民族文化创造活力，提高国家文化软实力，使人民基本文化权益得到更好保障，使社会文化生活更加丰富多彩，使人民精神风貌更加昂扬向上。一要大力推进社会主义核心价值体系建设，增强社会主义意识形态的吸引力和凝聚力。要巩固马克思主义指导地位，坚持不懈地用马克思主义中国化最新成果武装全党、教育人民，用中国特色社会主义共同理想凝聚力量，用以爱国主义为核心的民族精神和以改革创新为核心的时代精神鼓舞斗志，用社会主义荣辱观引领风尚，巩固全党全国各族人民团结奋斗的共同思想基础。二要建设和谐文化，培育文明风尚。要积极发展新闻出版、广播影视、文学艺术事业，坚持正确导向，弘扬社会正气。要重视城乡、区域文化协调发展，着力丰富农村、偏远地区、进城务工人员的精神文化生活。要加强网络文化建设和管理，营造良好网络环境。三要弘扬中华文化，建设中华民族共有精神家园。要全面认识祖国传统文化，取其精华，去其糟粕，使之与当代社会相适应、与当代社会文明相协调，保持民族性，体现时代性。四是推进文化创新，增强文化发展活力。一手抓公益性文化事业，一手抓经营性文化产业，促进文化大发展大繁荣。

中国特色社会主义社会建设，就是要以改善民生为重点，以构建和谐社会为目标，着力保障和改善民生，推进社会体制改革，扩大公共服务，完善社会管理，促进社会公平正义，努力使全体人民学有所教，劳有所得，病有所医，老有所养，住有所居，推动建设和谐社会。一要优先发展教育，建设人力资源强国。要优化教育结构，促进义务教育均衡发展，加快普及高中阶段教育，大力发展职业教育，提高高等教育质量。坚持教育公益性质，加大财政对教育投入，扶持贫困地区、民族地区教育，保障经济困难家庭、进城务工人员子女平等接受义务教育。二要扩大就业，促进以创业带动就业。完善市场就业机制，扩大就业规模，改善就业结构。建立统一规范的人力资源市场，形成城乡劳动者平等就业的制度。三要深化收入分配制度改革，增加城乡居民收入。坚持和完善按劳分配为主体、多种分配方式并存的分配制度，健全劳动、资本、技术、管理等生产要素按贡献参与分配的制度，初次分配和再分配都要处理好效率和公平的关系，再分配更加注重公平。保护合法收入，调节过高收入，取缔非法收入，着力提高低收入者收入。四要建立健全覆盖城乡居民的社会保障体制，保障人民基本生活。全面推进城镇职工基本医疗保险、城镇居民基本医疗保险、新型农村合作医疗制度建设。五要完善社会管理，维护社会安定团结。最大限度激发社会创造活力，最大限度增加和谐因素，最大限度减少不和谐因素。妥善处理人民内部矛盾，完善信访制度，健全党和政府主导的维护群众权益机制。

中国特色社会主义生态文明建设，就是以尊重和维护生态环境为出发点，强调人与自然、人与人以及经济与社会的协调发展；以可持续发展为依托，以生产发展、生活富裕、生态良好为基本原则；以人的全面发展为最终目标。基本形成节约能源资源和保护生态环境的产业结构、增长方式、消费模式。循环经济形成较大规模，可再生能源比重显著上升。主要污染物排放得到有效控制，生态环境质量明显改善。生态文明观念在全社会牢固树立。为此，要大力发展生态经济，强化生态文明建设的产业支撑体系；要加强生态环境保护和建设，构建生态文明建设的环境安全体系；要促进人与自然和谐，倡导生态文明的生活方式；要广泛宣传发动、建立生态文明的道德文化体系；要健全长效机制，完善生态文明建设的保障措施。要科学规划，分类指导，因地制宜、有计划有步骤有重点地推进；要动员全社会力量广泛参与，使生态文明建设成为全社会的共同行动。

“五位一体”中的经济建设、政治建设、文化建设、社会建设和生态文明建设是紧密联系、相互促进、密不可分的一个整体。其中，经济建设是核心，政治建设是保证，文化建设是支撑，社会建设是本质要求，生态建设是基础。推进我国社会主义现代化建设，就要坚持以经济建设为中心，促进生产力与生产关系、经济基础与上层建筑相互协调，全面推进政治建设、文化建设、社会建设以及生态文明建设共同发展。

四、建设富强民主文明和谐美丽的社会主义现代化国家是中国特色社会主义道路的宏伟蓝图

“富强民主文明和谐美丽”的发展目标，是自新中国成立以来我们党对我国社会主义现代化建设规律的认识不断深化的结果，是随着我国改革开放和现代化建设的逐步展开而明确清晰和丰富起来的。早在20世纪50年代，毛泽东就提出，要调动一切积极因素把我国建设成强大的社会主义国家；1964年，周恩来在三届人大一次会议上所作的政府工作报告中，进一步明确提出把我国建设成为具有现代农业、现代工业、现代国防和现代科学技术的社会主义强国。

2006年召开的十六届六中全会，将“把我国建设成为富强民主文明的社会主义现代化国家”这个国人耳熟能详的表述修改为“把我国建设成为富强民主文明和谐的社会主义现代化国家”。这也就预示着我国社会主义现代化建设的总体布局更加明确地由社会主义经济建设、政治建设、文

化建设的“三位一体”发展为社会主义经济建设、政治建设、文化建设与和谐社会建设的“四位一体”。改革开放初期，邓小平在毛泽东、周恩来探索的基础上，从我国的基本国情出发，设计了“三步走”战略。20世纪末，江泽民在党的十五大对第三步战略目标提出了新的“三步走”的发展规划，即第一个十年实现国民生产总值比2000年翻一番，使人民的小康生活更加富裕，形成比较完善的社会主义市场经济体制；再经过十年的努力，到建党一百年时，使国民经济更加发展，各项制度更加完善；到21世纪中叶，新中国成立一百年时，基本实现现代化，建成富强民主文明的社会主义现代化国家。党的十六大又将前两步目标合并为一个目标，即全面建设小康社会的奋斗目标。2006年召开的党的十六届六中全会，明确把中国特色社会主义发展的目标完善为“把我国建设成为富强民主文明和谐的社会主义现代化国家”①。2017年，党的十九大报告提出，社会主义现代化奋斗目标从“富强民主文明和谐”进一步拓展为“富强民主文明和谐美丽”，使社会主义现代化建设目标更加全面，更加丰富，更加具体，更加激励人心。建设“富强民主文明和谐美丽的社会主义现代化国家”，是从中国特色社会主义事业总体布局和全面建设小康社会全局出发提出的重大战略任务，反映了中国特色社会主义“五位一体”总体目标的本质要求，展示了中国特色社会主义道路的美好前景，体现了全党全国各族人民的共同愿望。

通过上述解析，可以看出中国特色社会主义道路是一个内涵丰富、内在逻辑严密的有机统一整体。其中，党的领导、立足国情、“一个中心，两个基本点”是前提和基础；“五位一体”总体布局是基本内容，是中国特色社会主义道路的具体展开；建设富强民主文明和谐美丽的社会主义现代化国家是发展目标和宏伟蓝图，是中国特色社会主义道路的努力方向。

---

①中共中央文献研究室编《十六大以来重要文献选编》（下），人民出版社，2008，第671页。

第五章
中国特色社会主义道路的基本特征

中国特色社会主义道路是中国共产党领导中国人民在改革开放的实践中，总结中国长期社会主义建设历史经验，开辟的一条由一个经济文化比较落后的农业大国实现社会主义现代化的路径和航向，是中国特色社会主义的实践载体，是科学社会主义基本原则在当代中国的体制模式，是社会主义社会形态在当代中国的具体体现。作为全面而系统探索中国特色社会主义的实践发展道路，中国特色社会主义道路既包括体现社会主义性质和方向总的根本发展道路，又包括依据我国新时期新阶段基本国情而制定的具体发展道路两个层面，具有丰富而深刻的科学内涵、严密而系统的内在逻辑关系和显著而鲜明的基本特征。依据中国特色社会主义道路基本特征的内涵实质这一指导思想和原则，中国特色社会主义道路的基本特征主要由六个方面构成，即坚持四项基本原则的改革开放，与社会主义基本制度相结合的市场经济，党的领导、人民当家作主与依法治国相统一的社会主义民主政治，马克思主义一元化指导思想引领多样化社会思潮的先进文化，以改善民生为重点的社会建设，推动人与自然和谐发展的生态文明。

一、坚持四项基本原则的改革开放是中国特色社会主义道路最鲜明的特征

“改革开放是决定当代中国命运的关键一招，也是决定实现‘两个一百年’奋斗目标、实现中华民族伟大复兴的关键一招。”[①]在社会主义社会，以公有制为主体的生产关系和与之相适应的上层建筑，从总体上基本适应了社会化大生产中先进生产力的发展要求。但是，处于社会主义不同历史发展阶段上的相对稳定的生产关系和上层建筑，对于不断发展变化的生产力，也会形成某些不相适应的环节和方面。特别在新中国成立初期，由于受苏联社会主义模式影响，忽视中国特殊国情，单纯追求生产关系上“一大二公三纯”，逐步形成了僵化的经济体制，严重束缚和阻碍了生产力的发展，抑制了社会主义制度优越性的充分发挥。因此必须通过改革，才能清除阻碍生产力发展的重重障碍，建立起社会主义的新体制和新机制。改革从解放和发展生产力这个意义上说，同过去的革命一样，是一场革命性的变革，是“中国的第二次革命”。开放与改革密不可分。当今世界是开放的世界，任何一个国家要想发展就必须适应对外开放的新趋势。社会主义制度也是开放的制度，它必须吸收和借鉴人类社会所创造的一切文明成果，包括发达资本主义国家在内的一切反映现代化、社会化生产规律的经营管理方式和组织形式。从这个意义上说，开放也就是改革，是对传统自我封闭体制的改革，也是为了解放和发展社会生产力。十一届三中全会以来，正是由于我们党始终坚持改革开放不动摇，才逐步摆脱了“苏联模式”的影响，初步形成了比较完整的具有鲜明中国特色的社会主义制度体系，引导中国人民走上一条中国特色的社会主义道路。

①习近平：《习近平谈治国理政》，外文出版社，2014，第71页。

我国改革开放的关键性特征之一，便是始终同坚持四项基本原则紧密地联系在一起，这是有利于巩固和发展社会主义的，是社会主义制度的自我完善和发展。中国的社会主义改革不同于苏联和东欧一些国家的“改革”。苏联和东欧一些国家的“改革”，由于放弃了科学社会主义基本原则，放弃了共产党领导和社会主义制度，把改革变成了“改向”，最终导致社会主义制度瓦解、共产党执政地位丧失，甚至国家解体。我们党在领导中国改革开放的进程中，始终一以贯之地坚持四项基本原则，立场坚定、旗帜鲜明地反对资产阶级自由化，在一些关系国计民生的重大问题上，注意区分是非界限。比如科学社会主义同民主社会主义的界限，社会主义民主同西方议会民主的界限等等。改革开放以来的伟大实践充分证明：中国特色社会主义之所以呈现出勃勃生机，不仅在于它是实行改革开放的社会主义，也在于它是坚持四项基本原则的改革开放，二者辩证统一于中国社会主义现代化的建设历程中。而这正是我国的发展道路超越传统社会主义道路和苏联改革模式的关键所在。

“改革开放最主要的成果是开创和发展了中国特色社会主义，为社会主义现代化建设提供了强大动力和有力保障。”①与此同时，在改革开放的历史进程中，随着改革的不断向前推进，一系列深层次矛盾和问题不断积累叠加，改革越往后，暴露出来的矛盾越多，解决的难度越大。思想观念的障碍、利益固化的藩篱、利益主体的多样，使得改革的复杂性、艰巨性前所未有。新问题与老问题相互交织、错综复杂，这项改革措施与那项改革措施相互关联、彼此制约。正如习近平指出的：“实践发展永无止境，解放思想永无止境，改革开放也永无止境，停顿和倒退没有出路，改

①中共中央文献研究室编《十八大以来重要文献选编》（上），中央文献出版社，2014，第511页。

革开放只有进行时，没有完成时。”[①]在新的重要关头，要破解发展中面临的难题，化解来自各方面的风险挑战，推动经济社会持续健康发展，除了全面深化改革，别无他途。

全面深化改革，必须处理好以下几个重大关系和问题：

第一，必须要处理好解放思想和实事求是的关系。解放思想以实事求是为前提，实事求是以解放思想为目的，二者既相互区别又密切联系。要在解放思想和实事求是中全面深化改革，一是要解放思想，解放思想是全面深化改革的思想先导和精神动力。当前，在全面深化改革方面解放思想，要重点打破政府与市场、政府职能、国有资产管理体制、城镇化、土地制度等方面的习惯势力和主观偏见束缚，根据客观实际情况，解决这些问题，引领改革不断走向深入；二是要实事求是，实事求是是全面深化改革的根基与立足点。要坚持群众路线，深入实际、深入基层、深入群众进行调查研究，求得全面深化改革的实际情况、成功做法和客观规律，并立足实际，制定正确的政策、方案和措施，一个个地破解改革难题，在全面深化改革的道路上奋力前行；三是要把解放思想与实事求是统一于全面深化改革的全过程。这就是在解放思想的过程中，做到在全面深化改革问题上的实事求是，同时以改革实践的新经验以及对规律的新认识，不断实现思想的新解放。

第二，必须要处理好摸着石头过河与加强顶层设计的关系。摸着石头过河是我国在长期改革开放实践中总结出来的“富有中国特色、符合中国国情的改革方法”。“摸着石头过河就是摸规律，从实践中获得真知。”顶层设计就是在一定的理论、理念指导下，以事实为依据，提出改革的系统方案。实践是认识的来源和基础，没有实践就谈不上认识，也就提不出

①习近平：《习近平谈治国理政》，外文出版社，2014，第71页。

科学的系统方案；认识是实践的前提，没有认识的指导，实践就会陷入盲目性。在这个意义上，摸着石头过河是顶层设计的基础，顶层设计是摸着石头过河的指导。二者体现着认识与实践的辩证法，表现为上下结合、共同推进的过程。

第三，必须要处理好整体推进与重点突破的关系。整体推进是指系统推进、全面推进，体现的是马克思主义的两点论；重点突破，是突出重点、各个击破，体现的是马克思主义的重点论。二者的区别不是绝对的而是相对的。全面深化改革，必须要以经济体制改革为重点突破口，发挥经济体制改革牵引作用。中国的改革从来就是整体的推进，而不是某一方面的单兵突进。不谋全局者，不足谋一域。尤其改革进入新的历史阶段后，更需要多方面配合、多措施并举，零敲碎打不行，碎片化修补也不行，只有整体和局部相配套、渐进和突破相促进，才能发挥改革最大效能。

第四，必须要处理好改革发展与社会稳定的关系。改革、发展与稳定的关系，是全面深化改革过程中面临的最重要的关系。稳定是大局，是硬任务，是改革和发展的前提条件；改革是社会发展和稳定的动力，是决定当代中国命运的关键抉择；发展是目的，我们所做的一切工作都是为了追求经济和社会更好更快地发展；发展是硬道理，是解决我国所有问题的关键，是改革的直接目的，是稳定的基础。坚持在改革发展稳定中全面深化改革，要扣住深化改革这个主题，解放思想，实事求是，与时俱进，统筹兼顾，搞好顶层设计，整体推进，重点突破，稳步推进；要坚持发展这个第一要务，在调整经济结构的基础上，正确处理经济增长速度与效益之间的关系，和谐发展，稳定发展，科学发展；要加强和创新社会治理，保持社会稳定，正确处理深化改革与人民群众承受能力的关系，解决好人民群众关心的衣食住行教医保等问题，综合用好教育、法治等手段，化解各种新旧矛盾，保持社会稳定，为改革和发展创造良好的社会条件。

第五，必须要处理好胆子要大和步子要稳的关系。胆子要大是对改革的勇气和战略上的要求，步子要稳是对改革的具体实践和战术上的要求，二者密不可分。改革是前所未有的伟大事业，会遇到许多意想不到的困难和问题，这就要求我们既要在战略上藐视改革问题，敢试、敢闯，又要在战术上重视改革困难和问题，遵循量变质变规律，渐进地、稳步地推进改革。要大胆地面对各种困难和问题，通过调查问题、分析问题、认识问题，把握解决问题的各个方面和条件，戳穿问题这个纸老虎；要稳步地解决问题，一点点解决，一步步解决，总结经验，由慢到快，避免急性病，积少成多，求得改革的全面突破；要把胆子要大和步子要稳结合起来，具体问题具体分析，对相对简单的问题、胆小怕事的人，要多强调胆子要大，而对牵一发而动全身的问题、容易犯急性病的人则要更多地强调步子要稳，坚持从实际出发处理好胆子要大和步子要稳的关系，稳步地全面深化改革。40多年来，正是因为我们坚定不移地推进改革开放，中国经济社会发生了广泛而深刻的变化。国民经济保持持续、健康发展，综合国力明显增强，社会政治长期稳定，中国的社会主义道路在国际风云变幻中经受住了严峻考验，显示了强大的生命力和巨大的优越性，一个近14亿人口的发展中国家走上了民族复兴之路。

二、与社会主义制度相结合的市场经济是中国特色社会主义道路的经济特征

党的十一届三中全会作出改革开放重大决策以来，我国经济快速发展，人民生活水平大幅度提高，国家实力不断增强，并在全球经济中日益

发挥着举足轻重的作用。40多年来之所以能够取得如此辉煌成就，一个重要原因就是我们党带领着全国人民初步建立起社会主义市场经济体制。社会主义市场经济体制是中国特色社会主义道路的基本特征之一。

市场经济是一种经济组织方式，在这种方式下，生产什么样的商品，采用什么方法生产以及生产出来以后谁将得到它们等问题，都依靠供求力量来定。真正意义上的市场经济出现在资本主义发展较早的西欧国家，经历了工场手工业时期的商品经济—自由竞争时期的商品经济—垄断时期的商品经济这样三个发展阶段而逐渐成熟起来，形成了市场经济国家的国内统一市场和世界市场。从诞生时起，追逐利润就是激发生产经营者积极性的根本动力，在价值规律、供求关系、自由竞争等机制的共同作用下，市场经济国家创造了巨大财富，促进了生产力的空前发展。19世纪中叶，资本主义经济进入机器大工业时代，资本主义生产方式在西欧先进国家和美国占了统治地位，但随之生产社会化和资本主义所有制之间的矛盾日益尖锐，并由此引发周期性经济危机。马克思恩格斯正是在系统研究人类社会发展规律基础上，揭露了资本主义私有制存在的种种弊端，并认为随着资本主义私有制被消灭、新的社会主义公有制的建立，商品货币关系将会退出历史舞台，社会生产的竞争和无政府状态将被有计划的自觉的组织所代替。马克思恩格斯都没有讲过市场经济和计划经济，最先使用“商品经济”“市场经济”和“计划经济”等概念的是列宁。1906年，列宁曾经讲过“只要还存在市场经济，只要还保持着货币权力和资本力量，世界上任何法律也无力消灭不平等和剥削。只有实行巨大的社会化的计划经济制度，同时把所有的土地、工厂、工具的所有权转交给工人阶级，才可能消灭一切剥削”[①]。在这里列宁第一次把市场经济、资本主义私有制和剥削

①《列宁全集》（第十卷），人民出版社，1958，第407页。

联系在一起。苏俄十月革命后，苏联为了践行马克思、列宁的指导思想，实现共产主义的宏伟目标，逐步建立起高度集权管理的计划经济体制。社会主义国家都曾先后效仿苏联的经济体制，我国也不例外。新中国成立初期，这种经济体制是与当时我国社会主义工业化初期的经济条件和经济发展要求相适应的，并在特定的经济政治条件下，对我国社会主义发展曾经起到了重要历史作用。然而，随着建立工业体系和国民经济体系任务的完成，经济规模的日益扩大和经济联系的日益广泛，消费水平的逐步提高导致需求变化加快，需求结构日趋复杂；技术进步使资源替代和产品替代的可能性增大；经济部门和行业的扩张，以及分工和专业化向纵深发展，使生产与需求之间的联系越来越错综复杂。用集中统一的计划来指导日益复杂的经济活动变得越来越难以奏效，传统计划经济体制的缺陷日益凸现，使社会主义经济失去了生机与活力，严重束缚了生产力的发展。

改革开放以来，中国共产党创造性地把市场经济的运行机制与社会主义基本制度有机结合起来，从而建立起社会主义市场经济体制。早在1979年邓小平就指出，“市场经济只存在于资本主义，这肯定是不对的”。1992年春，邓小平进一步指出：“计划经济不等于社会主义，资本主义也有计划；市场经济不等于资本主义，社会主义也有市场。”[①]社会主义市场经济，就是把市场经济与社会主义制度相结合，它包含着两个方面的规定性：一是市场经济的一般共性，二是社会主义制度本身的特性。从经济上来说，是以公有制和按劳分配为主体；从政治上来说，是以共产党为领导的人民民主专政的政治制度；从文化上来说，是以马克思主义为指导思想，以实现共同富裕为最终目标。这与资本主义市场经济是有根本区别的。我国的市场经济体制，离不开社会主义的方向，离不开国家的宏观调

①《邓小平文选》（第三卷），人民出版社，1993，第373页。

控。我们的创造性和特色也就体现在这里。

社会主义市场经济体制的建立是对传统经济理论的重大突破，是对原来的计划经济运行方式的根本性变革。首先，与社会主义基本制度相结合的市场经济是对市场经济理论的创新与发展，在理论上发展了市场经济理论和科学社会主义理论。在市场经济理论的发展中，有以亚当·斯密为代表的古典市场经济，以马歇尔为代表的新古典学派的市场经济，以凯恩斯为代表的当代市场经济及以科斯为代表的新制度学派等理论，这些理论都认为私有制是市场经济产生发展的基础，这是一个固有概念。事实上，私有制之于市场经济确实是满足了市场对拥有自主经营权的主体的需求，私有制基础上的市场主体具备自主经营权是毋庸置疑的。但是，是不是有了私有制就一定会有市场经济，或者说市场经济是不是一定要与私有制捆绑在一起？如果公有制的基本制度框架下能够为市场提供拥有自主经营权的主体，那么市场经济同私有制就不是不可分割的。以公有制为基础的市场经济是市场经济发展历史中的新生事物，在市场经济理论中增加了社会主义市场经济理论，这是中国为人类文明作出的又一贡献。

其次，与社会主义制度相结合的市场经济是对科学社会主义理论的突破与延伸。科学社会主义从诞生起就贴上了计划经济的标签，于是形成了社会主义等于计划经济的观念，但那是创始人在其经历的资本主义生产力巨大发展和资本主义不可克服的矛盾体现为周期性经济危机的实践基础上作出的科学预测。但是各国进入社会主义的情况不尽相同，尤其是中国这样落后的东方大国跨越了资本主义社会形态，从半殖民地半封建社会经过短暂的新民主主义社会进入了社会主义社会，她要根据自己的实际情况建设社会主义。中国在确立了社会主义制度后就实行了计划经济，在计划经济发挥了应有的作用后，与生产力水平不相适应的弊端逐渐显露出来，这说明中国还不具备完全实行计划生产的条件，必然面临如何从国情出发大力发展生产力的问题，经过实践的检验，市场经济成为当下最符合中国生产力状况和现实国情的经济体制，因此社会主义市场经济在理论上又突破了社会主义一定实行计划经济体制的观念。

第三，与社会主义基本制度相结合的市场经济在实践上建立和完善了社会主义市场经济体制。中国在1987年确立了初级阶段基本路线，继而1992年确立了社会主义市场经济的经济改革目标，随之相应的配套改革不断深入，市场规则逐步完善，市场化水平逐步提高，市场准入逐步放开，逐渐融入了世界经济发展的潮流。在40年的市场经济建设期间，中国经济一直保持着不低于7%的发展速度；经济结构不断优化，1978—2014年，第一产业占比从28.2%下降到9.2%，第二产业占比从47.9%回落到42.6%，第三产业则从23.9%提升到48.2%；内需不断增长，1978—2014年期间，社会消费年均增长率达9.22%；劳动生产率不断提高。1978—2014年，劳动生产率年均增长率为8.3%。2011年中国国民生产总值上升到世界第二位，成为世界第二大经济体，人均国民生产总值已达7000美元，国家实力增强，人民生活持续改善，中国的社会主义市场经济体制取得了前所未有的成功。

改革开放以来，在社会主义市场经济体制建立和完善的过程中，正是因为正确处理了国家与市场的关系，实现了社会主义制度强有力的宏观调控优势与市场配置资源效率优势的有机结合，才创造了中国经济持续、快速、健康发展的奇迹。党的十八届三中全会提出“使市场在资源配置中起决定性作用和更好发挥政府作用”[①]的重要论断，更加突出强调了市场的作用，为社会主义市场经济的进一步发展指明了方向。

---

①《改革开放以来历届三中全会文件汇编》，人民出版社，2013，第178页。

三、党的领导、人民当家作主和依法治国有机统一的民主政治是中国特色社会主义道路的政治特征

一个国家选择什么样的政治发展道路，不仅关系一个国家民主政治建设的方向，而且关系其经济发展、社会和谐和国家的盛衰兴亡。90多年来，中国共产党人经过不懈的努力与尝试，成功开辟和坚持了一条遵循政治发展一般规律、符合中国历史与国情、确保社会稳定与和谐的具有强大生命力的中国特色政治发展道路。共产党领导、人民当家作主和依法治国的有机统一，是中国特色社会主义民主政治制度的实质内容和基本特征。

中国特色社会主义政治发展道路，是中国共产党领导中国人民把马列主义基本原理同中国具体国情相结合，经过长期探索实践逐步开辟和形成的。这一政治发展道路，是中国人民100多年来探索民族振兴的必然结果，是中国改革开放40年历史巨变的必然结果，是中国人民掌握自己的前途和命运，共同团结奋斗的必然结果。改革开放以来，特别是十六大以来，中国共产党对社会主义民主政治进行了总体部署、统筹安排、协调推动，始终坚持不断完善人民代表大会制度、中国共产党领导的多党合作和政治协商制度、民族区域自治制度以及基层群众自治制度，使人民民主的内容不断扩大、形式不断丰富、理论不断深化、社会主义法治不断健全，党和国家的活力、人民群众的积极性创造性充分发挥，促进了生产力的持续发展和社会的全面进步，既保持了国家政局稳定和社会和谐安定，其自身也展现出旺盛的生命力。实践已经充分证明，只有走中国特色社会主义政治发展道路，才能保证人民当家作主，万众一心创造自己的美好生活；才能保证国家独立、社会和谐、民族振兴，使社会主义中国屹立于世界民族之林；才能保证公民的合法权益，实现好、维护好、发展好最广大人民的根本利益。

中国特色社会主义民主政治的实质是坚持党的领导、人民当家作主、依法治国的有机统一。党的十八大报告指出："必须坚持党的领导、人民当家作主、依法治国的有机统一，以保证人民当家作主为根本，以增强党和国家活力、调动人民积极性为目标，扩大社会主义民主，加快建设社会主义法治国家，发展社会主义政治文明"[①]。中国共产党的领导是人民当家作主和依法治国的根本前提，是中国特色社会主义政治文明具有决定性意义的特点。在政党政治时代，政党是主导性的政治力量。党的先进性和中国近现代历史发展的客观必然性，决定了中国共产党是中国特色社会主义民主政治建设的领导核心，是主导性的政治力量。我国是一个拥有13亿多人口的发展中大国，人民利益的广泛性和实现人民利益的复杂性、艰巨性，必然要求有一个能代表最广大人民群众根本利益的坚强的政治核心，来领导人民掌握好国家权力，正确处理各种社会矛盾，凝聚全体人民的力量和意志，顺利建设好自己的国家。只有中国共产党，才能根据各利益主体与政治发展目标之间的关系，作出科学合理的决策，保证民主法治建设的有序进行和预期目标的实现。也只有坚持党的领导，才能坚持我国民主发展的社会主义方向，人民当家作主和依法治国才能有可靠的保证。

因此，发展社会主义民主政治，建设社会主义政治文明，核心在于坚持党的领导。我国推进政治建设和政治体制改革，必须要有利于坚持和改善党的领导，增强党和国家的活力，而决不能削弱党的领导。

人民当家作主是社会主义民主政治的本质和核心要求，是中国特色社会主义政治文明建设的出发点和归宿。人民民主是社会主义的生命，社会主义民主政治的本质是人民当家作主，中国共产党执政就是领导和支持人民当家作主。健全民主和法治，全面落实依法治国基本方略，切实尊重和

①《十八大报告辅导读本》，人民出版社，2012，第25—26页。

保障人民的政治、经济和文化权益，是社会主义民主政治的根本要求，也是我们党执政的根本目的和可靠基础。发扬人民民主，又是加强和改善党的领导的有效途径。党的领导方式和执政方式集中反映在党与国家以及人民群众关系的具体形式上。党只有领导人民创造各种有效的当家作主的民主形式，坚持依法治国，才能充分实现人民当家作主的权利，才能巩固和发展党的执政地位。

依法治国是党领导人民治理国家的基本方略，是建设社会主义政治文明的基本途径。依法治国是与人民民主、党的领导紧密联系，相辅相成，相互促进的。依法治国不仅从制度上、法律上保证人民当家作主，而且也从制度上、法律上保证党的执政地位。我国的宪法和法律是党的主张和人民意志相统一的体现。人民在党的领导下，依照宪法和法律治理国家，管理社会事务和经济文化事业，保障自己当家作主的各项民主权利，这是依法治国的实质。依法治国的过程，实际上就是在党的领导下，维护人民主人翁地位的过程，保证人民实现当家作主的过程。党领导人民通过国家权力机关制定宪法和各项法律，又在宪法和法律范围内活动，严格依法办事，保证法律的实施，从而使党的领导、人民当家作主和依法治国有机统一起来。

中国特色社会主义政治制度的主体，是由人民代表大会制度这一根本政治制度、中国共产党领导的多党合作和政治协商制度、民族区域自治制度以及基层群众自治制度等构成的基本政治制度集合而成的完整体系。它在集中力量办大事、有效应对前进道路上的各种风险挑战、解放和发展社会生产力、推动经济社会全面发展等方面，发挥了基础性作用，具有不可替代的政治优势。首先，人民代表大会制度是我国根本的政治制度，是坚持人民当家作主的重要制度载体，也是我们党对国家事务实施领导的一大特色和优势。要推进人民代表大会制度与时俱进，实现其自我完善与发展，一是善于使党的主张通过法定程序成为国家意志，支持人大及其常务委员会充分发挥国家权力机关作用；二是依法行使立法、监督、决定、任免等职权，加强立法工作组织协调，要加强对“一府两院”的监督，健全“一府两院”由人大产生、对人大负责、受人大监督的工作机制；三是提高基层人大代表特别是一线工人、农民、知识分子代表的比例；四是在人大设立代表机构，完善代表联系群众制度。

其次，协商民主是我国社会主义民主政治的特有形式和独特优势，是党的群众路线在政治领域的重要体现。党的十八届三中全会强调，在党的领导下，以经济社会发展重大问题和涉及群众切身利益的实际问题为内容，在全社会开展广泛协商，坚持协商于决策之前和决策实施之中。一是发挥人民政协作为协商民主重要渠道的作用，围绕团结和民主两大主题，推进政治协商、民主监督、参政议政的制度建设，更好地协调关系、汇聚力量、建言献策、服务大局；二是通过国家政权机关、政协组织、党派团体等渠道，就经济社会发展重大问题和涉及群众切身利益的实际问题广泛协商、广纳群言、广集民智、增进共识、增强合力；三是把政治协商纳入决策程序；四是深入进行专题协商、对口协商、界别协商、提案办理协商。

第三，基层民主是人民群众直接行使民主权利、依法进行自我管理、自我服务和自我发展的主要形式。基层作为公民政治生活的基础层次，是公民行使民主权利的基本单位。完善基层民主，一是要健全基层群众自治机制，保障人民享有更多更切实的民主权利；二是全心全意依靠工人阶级，健全以职工代表大会为基本形式的企事业单位民主管理制度，保障职工参与管理和监督的民主权利；三是要发挥基层各类组织协同作用，实现政府管理和基层民主有机结合。

第四，法治是国家治理体系和治理能力的重要依托，是现代化政治文明进步的重要标志。发展社会主义民主，必须加强法治，使民主制度化、法律化，使这种制度和法律不因领导人的改变而改变，不因领导人的看法和注意力的改变而改变。党的十八大提出，法治是治国理政的基本方式。党的十八届四中全会又作出了《中共中央关于全面推进依法治国若干重大问题的决定》，法治中国建设已经成为中国特色社会主义政治发展的主旋律。实现全面推进法治中国建设，一是维护宪法法律权威，加快宪法实施。宪法是保证党和国家兴旺发达、长治久安的根本法，具有最高权威。要进一步健全宪法实施监督机制和程序，把全面贯彻实施宪法提到一个新水平。二是深化司法管理体制改革，提高司法公信力。司法管理体制是我国政治制度的重要组成部分，深化司法管理体制改革，建设公正高效权威的社会主义司法制度，是建设法治中国、强化法治的权威性和监督力的现实举措。三是深入推进依法行政，加快建设法治政府。法律的生命力在于实施，法律的权威也在于实施。各级政府必须坚持在党的领导下在法治轨道上开展工作，加快建设职能科学、权责法定、执法严明、公开公正、廉洁高效、守法诚信的法治政府。

党的领导、人民当家作主与依法治国相统一的社会主义民主政治是中国政治发展的历史逻辑和现实国情的必然选择，是中国共产党领导中国人民长期奋斗、实践探索的结果，又根植于中华民族赖以生存和发展的广阔沃土上。它既坚持了马克思主义关于民主理论的基本原则，又汲取了现代西方政治文明的优秀成果，是对传统社会主义高度集权的权力运行机制的摒弃，是同西方资本主义民主模式根本区别的、符合我国国情的社会主义民主政治制度。

四、以马克思主义科学理论自觉引领多样化的社会思潮是中国特色社会主义道路的文化特征

中国特色社会主义先进文化既发源于中华民族五千多年的伟大文明，又根植于中国特色社会主义的建设实践，具有历史的延续性和鲜明的时代特性。以马克思主义为指导思想引领多样化社会思潮是中国特色社会主义道路在文化上的基本特征。

在当代中国，坚持社会主义先进文化前进方向，核心内容是努力践行社会主义核心价值体系。马克思主义认为，一个社会的意识形态，是由这个社会的经济基础和政治制度所决定的，同时又对经济基础和政治制度有深刻的影响。任何国家，不管其经济结构和社会思想多么复杂多样，总会有占主导地位的意识形态，并对整个社会的思想文化发挥着强大的引领和整合作用。我国是社会主义国家，公有制的主体地位、人民民主专政的政权性质和共产党的执政地位，决定了我们在意识形态领域只能以马克思主义作为党和国家的指导思想。

马克思主义指导思想是社会主义核心价值体系的灵魂。坚持马克思主义指导地位的“一元化”与繁荣社会文化的“多样性”并不矛盾，从根本上说是一致的，两者是辩证统一的。坚持马克思主义“一元化”的指导地位就是指在马克思主义立场、观点、方法指导下，充分尊重社会文化的多样性特点和合理性差异，善于包容多样社会思潮中与社会主义核心价值体系的基本精神和主要方向并不相悖的因素，将各种有差异、多样的社会思潮包容、整合到马克思主义统领的社会意识之中，使之朝着社会主义方向发展。因此，只有坚持马克思主义“一元化”才能保证我国文化的社会主义性质，保证我国文化始终沿着进步的方向前进，保证文化的多样化，满足人民群众多方面的文化需求；同时，马克思主义是全面开放的体系，

只有汲取其他文化的有益的成果，才能永远保持科学的与时俱进的理论品质。用社会主义核心价值体系引领多样性的社会思潮，是我们党把马克思主义意识形态理论与中国现实国情相结合作出的必然选择。它充分体现了马克思主义意识形态优势和传统文化在当代中国的实践特色、民族特色与时代特色的统一。

党的十六大特别是十八大以来，党中央深刻把握当前世界大势和国家改革发展大局，对事关思想文化和意识形态工作长远发展的一系列重大理论问题和现实问题进行了阐述和部署，提出了一系列新思想、新观点、新要求，进而为践行和培育社会主义核心价值观，推动文化产业健康发展，促进中国特色社会主义文化大繁荣大发展迈出了坚实的步伐。

首先，加强社会主义核心价值体系建设。一个国家、一个民族仅有经济崛起是不够的，必须伴之核心价值体系的崛起。核心价值体系是旗帜，引领前进方向；核心价值体系是磁石，凝聚社会共识。历史与现实都已昭示：核心价值体系关系到国家的成败兴衰，关系社会的进退治乱，是文化建设的核心与基础。以“三个倡导”为内容的社会主义核心价值观是对社会主义核心价值体系的高度凝练，是最代表中国发展利益和广大人民根本愿望的价值追求，是中华民族共有的精神家园，是文化软实力的灵魂。它代表了中国发展利益和广大人民根本愿望的价值追求，体现了中华五千年历史文化传承，是时代发展的需要，是社会主义本质的集中体现。培育与践行社会主义核心价值观，将其内化于心，外化于行。只有发挥社会主义核心价值观的价值引领作用，才能推动形成崇德向上的强大力量。

其次，提高公民道德素质。道德素质是民族精神的重要内容，是文化强国的外在体现形式与根本落脚点。全面提高公民道德素质是社会主义道德建设的根本任务。一是要运用立法、执法、法治宣传等手段，促进依法治国与以德治国相结合。通过公正执法，惩治不道德行为，增强公民道德意识。通过各种形式开展法治宣传活动，增强公民的法律意识；二是大力推进公民道德建设工程。通过制定和完善职业道德、岗位职责、市民公约、乡规民约、学生守则等行为规范，把基本道德规范的内容和要求进一步具体化，使各行各业和社会各界在日常生活和工作学习中都有所遵循；三是深入开展道德领域突出问题专项教育和治理。要坚持重在建设、正面引导、大力褒扬良好道德情操和道德行为，把道德要求体现到法律法规和政策的制定实施中，在社会管理实践中要坚持抓住关键、重点突破，对失德失信行为“零容忍”，要系统梳理工作中群众反映的突出问题，找准道德建设存在的薄弱环节，当前要特别关注与人民生活息息相关的问题，高度重视体现政府公信力和形象的问题，多措并举，集中整治，一个环节一个环节地推进，一个问题一个问题地解决，力争取得突破性进展。

第三，丰富人民精神文化生活。国家的富强，民族的振兴，不仅需要强大的物质基础，也需要强大的精神力量。一是以人民为创作中心，形成文化发展良性循环。始终把人民作为文化创作的中心导向，从人民中汲取养分，坚持深入一线激发创造灵感与激情，为人民提供更贴近生活，更丰富、更充实的精神食粮；二是提升农村文化氛围，打造文化服务新平台。加大对农村文化设施的投入力度，全面推动文化惠民工程。以重点项目建设为依托，加快推进全国公共文化服务共享共建，构建文化交流新平台，让人民充分享有基本公共文化服务。三是加大文化传统体系的建设力度，积极推进优秀文化的传播发展。从几千年源远流长的传统文化中汲取精华为今所用，是顺应时代发展的必然要求。只有积极宣传优秀传统文化，使之深入到人民中间，才能塑中华之魂，强中华之基，使中华民族的优秀文化世代薪火相传。四是发展健康向上的网络文化，唱响中华网上主旋律。要善于掌握以互联网为代表的新兴媒体，使之成为弘扬文化主旋律的阵地，努力搭建文化交流新平台，进一步拓展人们的精神文化空间。

马克思主义“一元化”指导思想引领多样化社会思潮的社会主义先进文化是中国特色社会主义道路的内在要求和本质所在，是中国共产党把马克思主义意识形态理论与中国国情相结合的文化建设实践，是在社会主义经济成分、利益关系、分配方式日趋多样化的新形势下的必然选择。只有坚持马克思主义“一元化”才能保证我国文化的社会主义性质，保证文化始终沿着正确的方向前进，保证文化发展的多样性，满足人民的多层次、多方面的文化需求。

五、以改善民生、创新社会治理为重点的和谐社会是中国特色社会主义道路的社会特征

社会建设贯穿于人类社会发展的全过程，而对社会建设理论进行系统阐述和深入探索，则是始于中国共产党。从十六届四中全会提出构建社会主义和谐社会的思想到十八大报告关于“要在改善民生和创新管理中加强社会建设”①的进一步全面论述，这是中国共产党十六大以来在社会建设理论上的与时俱进和重大创新。

社会主义制度是人类历史上迄今为止最合理最进步的社会制度，是对资本主义制度的扬弃，它既是资本主义的对立物，又是资本主义文明的继承者。资本主义制度的确立和发展是人类历史上的巨大进步，但是，资本主义取得的空前巨大成就是同空前巨大的社会代价相伴随的。从原始积累的“羊吃人”、贩卖非洲黑奴、贩卖鸦片到一次次的血腥殖民统治与无休止的资源掠夺，资本来到世间，从头到脚每个毛孔都滴着血和肮脏的东

① 《十八大报告辅导读本》，人民出版社，2012，第34页。

西。在社会主义社会，因为以公有制为基础的基本经济制度、人民当家作主的政治制度的建立和不断完善，所以从根本上消除了导致阶级对立和社会不公正的根源，这就决定了社会主义社会的基本矛盾是非对抗的，决定了广大人民的利益在根本上是一致的，也决定了社会和谐是社会主义社会的本质属性和基本形态。因此，社会关系更加和谐理应成为社会主义制度区别于其他社会制度的一个重要标志。但是，任何社会都不可能没有矛盾，社会和谐也不会自然而然地实现。特别是在我国有13亿多人口、经济社会还不发达、还将长期处于社会主义初级阶段的历史和现实条件下，随着深化改革和经济迅速增长的前进道路上暴露出一些深层次的新矛盾新问题，和谐社会就更不可能自然而然地实现，而需要长期的艰苦努力。事实上，中国特色社会主义道路的历史进程与促进社会和谐的过程是完全一致的。40年来，随着对社会主义本质和社会主义建设规律认识的不断加深，我们党把构建社会主义和谐社会作为一项重大的战略任务和战略目标，摆在十分突出的位置，深化了对中国特色“五位一体”总体布局的认识，使五个方面更加相互配合、相互促进，进一步充实和发展中国特色社会主义理论体系，是我们党对中国特色社会主义建设规律认识的理论创新。

保障和改善民生是建设和谐社会的重中之重。社会和谐与民生解决的程度密切相关。民生一头连着民利和民心，一头连着内需和发展，既是发展的根本目的，又是发展的有效途径。做好民生工作，不仅可以直接改善老百姓生活条件和环境，而且能够扩大消费，增加投资，拉动经济发展。还能够提高人民健康、文化、科技等素质，这有利于发挥人力资源优势，激发社会创造活力，协调民众之间的关系。因此，民生是和谐社会的重点。必须更加重视这项工作，切实把保障和改善民生放在和谐社会重点任务的位置。现阶段，推进和谐社会建设应重点关注以下几个方面：首先，努力办好人民满意的教育。一是要实现教育公平。坚持教育的公益性和普惠性，力争不让一个学生因家庭困难而失学；切实解决进城务工人员子女平等接受义务教育问题；保障残疾人受教育权利。二是要实施素质教育。促进教育理念创新，激发孩子的创造力、想象力、探索力，让每个孩子都能成为有用之才。三是优化教育结构。要遵循经济社会发展规律，不断升级教育资源配置，力争在短时期内形成各类教育协调发展的优化格局。四是坚持加强教师队伍建设。教育大计，教师为本。有好的教师，才有好的教育。造就一支师德高尚、业务精湛的高素质、专业化教师队伍，是我国教育发展中的一项重要而紧迫的任务。

其次，推动实现高质量的就业。我国劳动力供大于求的矛盾长期存在，就业结构性矛盾突出，新成长劳动力就业、农村劳动力转移就业、经济结构调整出现的事业人员再就业等问题叠加，就业形势严峻将成为一个长期存在的社会焦点问题。想要迅速缓解这一问题，一是要千方百计促进就业数量。在全面落实现行就业政策的基础上，政府积极介入肩负起协调与引导功能，搭起就业者与企业之间的桥梁，使就业市场繁荣稳定。完善市场就业机制，激发市场的自身潜能，使市场的人力资源需求形成一个良性循环。改善就业结构，拓宽就业渠道，实现就业人员的有效分流。二是深化就业体制改革。去除就业领域的制度性障碍，加强就业政策与金融贸易、旅游服务、文化教育政策的协调一致性，落实对劳动创业者的帮扶制度，降低创业门槛，为新兴小微企业营造良好的创业环境。三是构建和谐劳动关系。劳动关系是现代社会最基本、最重要的社会关系之一，劳动关系和谐是社会和谐的重要基础。构建和谐劳动关系就是要规范企业行为，要认真落实国家为解决农民工平等就业、子女上学等问题所制定的政策，维护劳动者合法权益。

第三，加大分配制度改革，增加居民收入。深化收入分配制度改革，解决收入差距过大和分配不公问题，规范收入分配秩序，是当前我国推进社会公平与构建和谐社会的核心问题。一是通过完善以最低工资为主的工资宏观调控体系，进一步发挥工资指导线、劳动力市场工资指导价位和行业人口成本信息的调节作用，使最低工资水平占社会平均工资的比重逐步提高。二是通过完善工资集体协商制度，以职工工资、工作时间以及劳动定额、计件单价等劳动标准为重点的行业性、区域性工资集体协商制度逐步推开，有中国特色的职工民主参与企业工资分配决策机制逐步建立。三是通过加快发展多层次资本市场，多渠道增加居民财产性收入。上市公司分红制度逐步落实，投资者特别是中小投资者合法权益保护机制得到加强。市场改革稳步推进，存贷款利率浮动范围适度扩大，存款保险制度初步确立，存款人权益保障措施更加完善。国有资产管理体制改革深化，有条件的企业员工持股计划已经开始实施。四是调整税收优惠政策。新税收优惠政策重点针对个体经营，意在扶持个人自主创业。政策对象由下岗失业人员和城镇少数特困群体扩大到纳入就业失业登记管理体系的全部人员，下岗失业人员、高校毕业生、农民工、就业困难人员以及零就业家庭、享受城市居民最低生活保障家庭劳动年龄内的登记失业人员等就业重点群体都可以涵盖在内，体现了政策的普惠性。五是加大社会保障力度，财政支出结构持续优化，财政资金用于促进就业、社会保障、教育、公共医疗卫生、保障性住房等民生领域的投入力度不断扩大，对农民、城镇困难群体、贫困地区贫困人口的直接补助水平逐年递增。社会救助和社会福利体系不断加快。城乡居民最低生活保障标准动态调整机制进一步健全，低保标准和补助水平逐步提高，覆盖范围不断扩大。城乡困难群体的转向救助力度不断加大，临时救助机制逐步健全，以扶老、助残、救孤、济困为重点，社会福利保障逐步拓宽。

以民生建设、创新社会管理为重点的社会主义和谐社会建设是对马克思主义社会建设理论的继承和发展，是中国特色社会主义的本质属性和重要特征，反映了全党全国人民的共同愿望，是中国特色社会主义的一个长期奋斗目标，又是一种从低级到高级持续推进的具体的历史过程。

六、推动人与自然和谐发展的生态文明是中国特色社会主义道路的生态特征

我国倡导的生态文明是生产方式与生活方式变革的崭新道路，是人类文明形态和文明发展理念、道路和模式的重大进步，也是中国人对世界和地球的重大贡献。推动人和自然和谐发展的社会主义生态文明是中国特色社会主义道路的基本特征。

中国特色社会主义生态文明建设，就是以尊重和维护生态环境为出发点，以可持续发展为依托，以生产发展、生态良好、生活富裕为基本原则；以人的全面发展为最终目标，强调人的自觉与自律。人与自然和谐是中国特色社会主义生态文明的本质特征。党的十八大报告创造性地提出，“面对资源约束趋紧、环境污染严重、生态系统退化的严峻形势，必须树立尊重自然、顺应自然、保护自然的生态文明理念”①。这是我们党执政理念的升华，体现出我们党对发展规律认识的深化，也是推进生态文明建设的根本要求。毫无疑问，只要坚决贯彻落实尊重自然、顺应自然、保护自然的要求，就必须推动在全社会形成更加自觉地珍爱自然的良好风尚，必将推动实现天蓝、地绿、水净的建设美丽中国目标。

在实施可持续发展战略的过程中，我国的生态文明建设已取得了巨大成就。尤其是十八大以来，习近平总书记站在实现中华民族伟大复兴的中

---

①《十八大报告辅导读本》，人民出版社，2012，第39页。

国梦、实现中华民族永续发展的战略高度，从我国的实际出发，积极探索建设生态文明的有效途径和方法。

首先，优化国土开发格局。优化国土开发格局，是人们通过对客观规律的认识，对不合理的空间格局进行修正和调整、促进空间格局不断改善的过程。要加快构建科学的格局体系，促进陆地国土空间协调开发。一是加强国土空间规划体系建设。应从更高层面出台空间开发规划，全面统筹各类生产、生活、生态空间，对资源开发、生态保护、国土治理等方面进行综合部署。二是建立、健全国土开发保护制度。要根据国土规划和相关规划，划定“生存线”“发展线”“生态线”和“保障线”，加强国土空间开发的监管；对涉及国家粮食、能源等战略性资源，实行开发利用总量控制、配额管理制度，确保安全供应和永续利用。三是实施土地差别化管理。要综合利用制度政策工具，加强土地政策与其他政策的相互配合，促进开发格局优化。要发挥土地利用计划的调控和引导功能，重点保障“三农”、民生工程等建设项目用地。四是促进陆地与海洋协调开发。树立大国理念和全局观念，充分发挥海洋国土的重要作用，构建协同互动的陆海开发格局。

第二，全面促进资源节约。我国以相对不足的资源禀赋支撑了改革开放以来国民经济的快速发展，成就斐然。但也要看到，随着工业化、城镇化的快速推进，经济总量不断扩大，人口不断增加，资源相对不足、环境承载力弱已成为我国经济发展的“短板”。为今之计，只有从思想领域着手，树立节约资源理念，同时迅速转变资源利用方式，才能把资源消耗与污染排放限制在可控范围内，逐步解决经济增速与资源紧缺、环境恶化之间的矛盾。一是从思想领域着手，树立节约资源理念。加大节约资源的宣传力度，使节约资源的理念在全社会达成共识，进而形成节约资源的共同行动。二是从生产和消费领域着手，实现对能源消耗总量的控制。必须要严格控制消费总量，降低能源消耗，支持新能源、循环再生资源的开发与利用，确保国家能源安全。三是从制度领域着手，加大对资源的保护力度。制定严格的耕地保护制度，加强对耕地用途的管制，推动国土综合整治。制定水资源管理制度，控制用水总量，加大对水源地的保护，推动水资源的循环利用。加强对矿产资源的保护与合理开发，从技术层面提高勘察水平，提高废弃物的资源化水平，鼓励矿物质资源的回收利用。四是从经济领域着手，大力发展循环经济。从本质上讲，循环经济是一种生态经济。要严格按照资源化、减量化、再利用原则，从源头抓起，在减少进入生产流通的物质数量同时，实现大多数物品的循环再利用。推动技术研发进程，实现资源循环利用系统对全社会的覆盖。

第三，加强生态文明制度建设。推进生态文明建设是一项异常繁复的系统工程和长期的战略任务，需要一个长期的、稳定的法律制度来引导和保障。只有建立生态文明法治体系，才能为生态文明建设提供可靠保障。一是要扭转执政观念，完善生态文明考核评价制度。必须改变唯GDP的传统观念，持续完善社会发展评价体系，同时把资源消耗等生态指标囊括进体系之内，并使之成为推进生态文明建设状况的重要导向和约束。二是建立生态资源有偿使用和补偿制度。要加强顶层设计，建立体现生态价值和代际补偿资源的有偿使用制度和上台补偿制度。实现生态补偿标准规范化，并逐步形成一个指标体系。实现生态补偿动态化，使生态补偿具有可持续性。实现生态补偿多元化，应充分发挥经济、法律等手段，积极探索多元化生态补偿方式。三是善于利用市场机制。要用市场化办法促进资源节约和生态环境保护，积极开展节能量、碳排放权、排污权、水权交易试点。

推动人与自然和谐发展的社会主义生态文明建设是对马克思主义生态观的继承和发展，是关系人民福祉、关乎民族未来的大计，是中国特色社会主义道路历史发展进程中的最新认识和具体实践。

第六章
中国特色社会主义道路的时代价值

40年前，中国共产党人以巨大的政治勇气和智慧，选择、开辟了中国特色社会主义道路，并在改革开放的伟大探索中取得了巨大成就。实践表明，这段历史是迄今为止马克思主义中国化进程中最耀眼的一段光辉历程。它不但证明马克思主义理论没有过时，同时也雄辩地证明，与时俱进的马克思主义定能创造出人类社会发展的光明未来。

一、中国特色社会主义道路是中华民族伟大复兴的必由之路

中国特色社会主义道路是马克思主义关于人类社会发展五种形态的一般规律和东方社会理论的特殊规律在中国的集中反映，是科学社会主义与中国实际和时代特征相结合的产物，是当代马克思主义中国化的实践结晶，是中国近代以来全部历史的逻辑发展和必然结果，是在世界多样化民族发展道路中开辟出来的一条独具中国特色的新道路，开创了在一个经济文化比较落后的农业大国实现现代化的崭新模式，是最适合中国国情和时代要求的体制模式，能最大限度地解放和发展生产力，成为推动中国实现

发展进步、民族伟大复兴的必由之路。中国特色社会主义道路以“一个中心，两个基本点”为核心，以“五位一体”的全面建设为总体要求和基本内容，以“建设富强民主文明和谐美丽的社会主义现代化国家”为发展目标，以科学发展观为基本战略方针，以改革开放为根本动力。随着这条道路的全面展开和深入推进，全方位地激活了当代中国社会总体发展的战略格局，为当代中国社会持续发展不断地扫除障碍，充分发挥出社会主义制度的优越性，具有广阔的发展前景和重要的时代价值。

（一）最符合国情，能最大限度地解放和发展生产力，迅速实现现代化

中国特色社会主义道路最符合中国国情，能最大限度地解放和发展生产力。历史唯物主义认为，生产力是推动一切社会发展的最终决定力量，是衡量一个社会进步与否的根本标准。早在1945年党的七大报告中，毛泽东就论及生产力标准问题，他明确指出：“中国一切政党的政策及其实践在中国人民中所表现的作用的好坏、大小，归根到底，看它对于中国人民的生产力的发展是否有帮助及其帮助之大小，看它是束缚生产力的，还是解放生产力的。”党的十一届三中全会以后，中国共产党总结历史经验教训，反复阐述发展生产力的极端重要性。邓小平1992年初在南方谈话时指出：“社会主义的本质，是解放生产力，发展生产力，消灭剥削，消除两极分化，最终达到共同富裕。”“贫穷不是社会主义，发展太慢也不是社会主义。”胡锦涛在庆祝中国共产党成立90周年大会上也强调指出：“我们党是以中国先进生产力的代表登上历史舞台的。党的一切奋斗，归根到底都是为了解放和发展社会生产力，不断改善人民生活。”

中国革命和建设的实践经验告诉我们，中国国情是实现马列主义与中国革命建设实践相结合的中心环节，是制定党的路线方针政策的客观依据。认识中国国情，最重要的是认识中国社会的性质和发展阶段。我国在社会主义制度基本确立以后，由于受到传统社会主义观念和苏联模式的束缚，坚持单一的社会主义公有制，社会生产力并没有得到充分的发展。直到中国特色社会主义道路开辟以后，才在生产力水平低经济发展不平衡的条件下逐步建立起符合这一基本国情的基本经济制度和体制机制。在所有制形式上只能是以社会主义公有制为主体、多种经济形式并存，在分配方式上只能是以按劳分配为基本原则，其他分配方式并存，在经济体制上只能是社会主义市场经济体制。党的十三大正式提出了社会主义初级阶段理论，指明我国社会所处的历史方位，明确规定它是社会主义初级阶段。“我国社会主义初级阶段，是逐步摆脱贫穷、摆脱落后的阶段；是由农业人口占多数的手工劳动为基础的农业国，逐步变为非农产业人口占多数的现代化的工业国的阶段；是由自然经济半自然经济占很大比重，变为商品经济高度发达的阶段；是通过改革和探索，建立和发展充满活力的社会主义经济、政治、文化体制的阶段；是全民奋起，艰苦创业，实现中华民族伟大复兴的阶段。”[①]这就具体地指出了社会主义初级阶段的主要矛盾和基本任务。主要矛盾是人民日益增长的物质文化需求与落后的社会生产之间的矛盾，由此决定中国特色社会主义建设的基本任务是进一步解放和发展生产力。在中国特色社会主义建设实践中，中国共产党人始终把解放和发展生产力作为自己重要的历史使命和中心任务，并取得了举世瞩目的辉煌成就，经济社会取得了翻天覆地的巨大进步。实践证明，中国特色社会主义道路最符合中国国情，只有中国特色社会主义道路才能最大限度地解放和发展生产力，实现社会主义现代化。

中国特色社会主义道路以经济建设为中心，以改革开放为动力，不断破除不利于生产力发展的体制机制。中国共产党人立足社会主义初级阶

①中共中央文献研究室编《十三大以来重要文献选编》（上），人民出版社，1991，第12—13页。

段的基本国情，制定并始终坚持了“以经济建设为中心，坚持四项基本原则，坚持改革开放”的基本路线，这就从根本上保证了不断解放和发展生产力的正确方向。“改革开放是党在新的时代条件下带领人民进行的新的伟大革命，目的就是要解放和发展社会生产力，实现国家现代化，让中国人民富裕起来，振兴伟大的中华民族；就是要推动我国社会主义制度自我完善和发展，赋予社会主义新的生机活力，建设和发展中国特色社会主义；就是要在引领当代中国发展进步中加强和改进党的建设，保持和发展党的先进性，确保党始终走在时代前列。”①坚持改革开放是决定中国命运的一招，是社会主义本质的内在要求，是社会主义中国的强国之路。改革开放包括对内改革和对外开放两个方面内容。在对内改革方面，经历了从农村到城市，从经济领域到其他各个领域的发展历程，成功地实现了从高度集中的计划经济体制到充满活力的社会主义市场机制的转变。在对外开放方面经历了从沿海到沿江、沿边，从东部到中西部的发展历程，成功地实现了从封闭半封闭到全方位开放的伟大历史转折。改革开放是我们党在新的历史条件下带领人民进行的新的伟大革命实践，没有改革开放，就没有马克思主义在中国的新发展，也就没有中国特色社会主义道路。改革开放40年来，我国经济持续快速发展，自主创新能力不断增强，高科技领域一些关键技术取得突破，综合国力显著提高，经济总量跃居世界前列，人民生活从温饱不足发展到总体小康，等等，这些都是中国特色社会主义道路解放和发展生产力的辉煌成就和具体展现。

从全世界社会主义国家的发展进程来看中国的改革开放，我们会得出这样三条基本结论：一是建设社会主义不进行改革开放根本不行，对内不改革旧的体制机制，就没有发展的活力；对外不进行开放搞活，就缺少

---

①《十七大报告辅导读本》，人民出版社，2007，第7页。

发展的动力。二是搞改革开放不坚持社会主义方向也不行，东欧剧变、苏联解体，就是由于在改革开放中"放弃了社会主义道路，放弃了无产阶级专政，放弃了共产党的领导地位，放弃了马克思列宁主义，结果使得已经相当严重的经济、政治、社会、民族矛盾进一步激化，最终酿成了制度剧变、国家解体的历史悲剧"①。三是搞改革开放思想不解放也不行，对内改革的过程就是一个破旧立新的过程，在这个过程中既会有守旧势力阻碍改革的进行，也会有借改革之名行资产阶级自由化之实的倾向，这就客观地要求改革者在坚持党的基本路线不动摇的前提下，胆子要大一些，看准了的就大胆地试，大胆地闯；对外开放的过程就是一个逐步融入世界，参与经济全球化，实现自身快速发展的过程。国门开放之后，先进和落后的东西都会涌进来，这就需要客观辩证地对待对外开放，既要广泛汲取包括发达资本主义国家在内的一切人类先进文明成果，又要坚决抵制一切腐朽的思想和生活方式。正如胡锦涛在总结改革开放以来的基本经验时所说："必须坚持四项基本原则同坚持改革开放结合起来，牢牢扭住经济建设这个中心，始终保持改革开放的正确方向。"②正是因为中国的改革开放坚持了正确方向，不断扫除那些阻碍生产力发展的一切经济基础和上层建筑的环节，才最大限度地解放和发展了生产力，为中国特色社会主义道路增添了无穷的动力，开拓了广阔的发展前景。事实雄辩地证明，"改革开放是决定当代中国命运的关键抉择，是发展中国特色社会主义、实现中华民族伟大复兴的必由之路；只有社会主义才能救中国，只有改革开放才能发展中国、发展社会主义、发展马克思主义"③。

---

①《江泽民文选》（第三卷），人民出版社，2006，第230页。

②胡锦涛：《在纪念党的十一届三中全会召开30周年大会上的讲话》，人民出版社，2008，第15页。

③《十七大报告辅导读本》，人民出版社，2007，第10页。

（二）以人为本，科学发展，实现共同富裕

中国特色社会主义道路坚持“五位一体”，统筹兼顾，坚持以人为本，从而实现经济社会的全面协调可持续发展。中国特色社会主义建设是一个全方位的动态的历史进程。它的总体布局曾由经济、政治、文化建设“三位一体”拓展为经济、政治、文化、社会建设“四位一体”，与此相适应，我国社会主义现代化的目标也从富强、民主、文明“三位一体”拓展为富强、民主、文明、和谐，再到富强、民主、文明、和谐、生态建设“五位一体”，这反映了党对中国特色社会主义事业发展规律认识的深化。这里面最为突出的变化是党对加快推进以改善民生为重点的社会建设的高度重视，党根据国际国内形势发生的新变化，全面分析我国发展面临的机遇和挑战，提出了“社会和谐是中国特色社会主义的本质属性，是国家富强、民族振兴、人民幸福的重要保证”的科学论述。这个重大判断，不但深化了对社会主义本质的认识，有利于全面地坚持科学社会主义的基本原理，而且更加有利于全面地体现党的奋斗目标和全国各族人民的共同理想，从而更好地建设中国特色社会主义，最大限度地实现广大人民的根本利益。“五位一体”的总体布局，体现了中国特色社会主义的全面发展与全面进步。经济建设始终处于中心地位，提供物质基础；发展社会主义民主政治是我们党始终不渝的奋斗目标，提供政治保障；文化建设是提高国家综合国力的重要因素，提供精神动力和智力支持；社会和谐是中国特色社会主义的本质属性，提供有利的社会环境和条件；生态文明建设是中国特色社会主义事业的重要内容，提供生存、生活、生产的良好的自然环境。①五项建设各自在中国特色社会主义事业总体布局中发挥独特的不可替代的作用，同时五者之间又是相互依存、相互促进的辩证关系，形成

①陆源辉：《从“三位一体”到“四位一体”协调发展——十六大以来对中国特色社会主义事业发展规律认识的深化》，《湖南社会科学》2008年第4期。

“五位一体”协调发展的整体格局，充分体现了中国特色社会主义道路全面发展、协调发展、持续发展的目标追求。

“一个国家坚持什么样的发展观，对这个国家的发展会产生重大影响，不同的发展观往往会导致不同的发展结果。”[①]发展的最终目的是为了解放和发展生产力，通过发展来促进社会进步，使参与发展的主体得到全面而自由的发展。中国在改革开放之初，受国家经济发展水平的影响，也曾走过粗放型的发展道路，留下了一些制约发展的瓶颈问题。随着中国特色社会主义建设的不断深入，在立足社会主义初级阶段基本国情，准确认识国际国内发展环境，准确认识我国发展的阶段性特征，深刻把握我国发展面临的新课题新矛盾的基础上，中国共产党提出了科学发展观，并作为长期坚持的战略方针。党的十九大报告把科学发展观作为同“马克思列宁主义、毛泽东思想、邓小平理论和‘三个代表’重要思想、习近平新时代中国特色社会主义思想既一脉相承又与时俱进的科学理论”，提到中国特色社会主义理论体系的重要组成部分的高度来加以深入阐述。

中国特色社会主义道路以广大人民的利益为出发点和落脚点，大力发展改善民生的社会事业，通过先富带后富逐步实现共同富裕。邓小平特别注意强调共同富裕，指出：“社会主义的目的就是要全国人民共同富裕，不是两极分化。如果我们的政策导致两极分化，我们就失败了；如果产生了什么新的资产阶级，那我们就真是走了邪路了。”[②]社会主义解放和发展生产力的目的是为了满足人民日益增长的物质文化生活需要，最终实现共同富裕。当然共同富裕不等于同步富裕，而是允许一部分人先富起来，先富带动后富，最终实现共同富裕。中国特色社会主义

①胡锦涛：《推进合作共赢，实现持续发展》，《人民日报》2004年11月21日。

②《邓小平文选》（第三卷），人民出版社，1993，第110—111页。

道路坚持公有制为主体、多种所有制经济共同发展的基本经济制度和以按劳分配为主体、多种分配方式并存的分配制度，能够保证生产资料和劳动成果的主体部分归劳动者共同占有和支配，这是防止两极分化、实现共同富裕的制度保障。现在我们还处在社会主义初级阶段，由于受生产力低水平、人口众多、各地自然资源的分布和社会发展的条件不平衡的制约，还存在分配不公和社会成员收入差距悬殊，以及地区差距增大等问题。对此党和政府高度重视，并采取有力措施逐步解决。随着经济又好又快的发展，党和政府通过鼓励一部分地区、一部分人先富起来，以先富带动后富，通过宏观调控、互相帮扶等各种措施带领人民走向共同富裕。

在当代中国，坚持中国特色社会主义道路，实际上就是坚持走中国人民共同富裕的道路，这是社会主义区别于资本主义质的规定，是社会主义的真谛之所在。它具体体现为三个方面：一是中国共产党领导下的人民民主专政，坚持党的领导、人民当家作主、依法治国有机统一，发展民主政治，这就能够保证让权为民所用、情为民所系、利为民所谋。二是以人为本的科学发展，在科学发展观的指引下，继续深化改革扩大开放，加快转变经济发展方式，建设资源节约型、环境友好型社会。注重以人为本，推进社会建设，加强社会管理，保障和改善民生，正确处理新问题新矛盾，提高人民幸福感，这就能够让人民过上殷实富足的美好生活。三是以社会主义核心价值体系为文化发展之魂，用社会主义核心价值体系引领多样化社会思潮，坚持中国特色社会主义文化发展道路，深化文化体制改革，推动社会主义文化大发展大繁荣，这就能够更好保障人民基本文化权益，使人民享有健康丰富的精神文化生活。当前，党和国家把共同富裕的问题置于“把提高效率同促进社会公平结合起来”“讲求效率才能增添活力，注重公平才能促进和谐，坚持效率和公平有机结合才能更好体现社会主义的本质”[①]的高度来认识，确保广大人民共享改革发展成果，形成全体人民各尽其能、各得其所而又和谐相处的局面。在处理效率与公平的关系方面，我们曾经坚持注重效率兼顾公平的原则，这在改革的起始阶段是正确的，但是随着改革的深入，由于当前处在“经济体制深刻变革、社会结构深刻变动、利益格局深刻调整、思想观念深刻变化”[②]的改革发展的关键阶段，中央适时地把提高效率同更加注重社会公平结合起来，目的就在于避免贫富差距拉大，出现两极分化，最大限度地维护社会的和谐与稳定，这是具有战略意义的分配制度上的宏观调控。

中国的共同富裕政策为国际社会作出了突出贡献，从1978年到2008年，30年内中国的绝对贫困人口由2.5亿减少到1479万，减贫人数占全球减贫人数的比重超过了70%，第一个提前实现了联合国千年发展目标中贫困人口比例减半的目标。中国在实现共同富裕的过程中走了一条与资本主义国家完全不同的道路，中国通过政策调节，鼓励每一个人通过劳动致富，调动每一个人为实现幸福生活而努力工作，而不是像西方发达国家那样，简单地通过高税收和高福利为一群无业可就的或有业不就的人来单纯地提供高福利，使他们成为社会的寄生虫。有学者经过研究，具体地指出福利国家正在面临的危机：“第一，福利国家是以扩充国家职能，加大国家干预为基础的，而对这一点有很多人从维护个体自由的角度提出批评，他们认为国家的过度干预妨碍了社会成员的自由权利；第二，福利国家在实践中造成了福利依赖和福利投机，削弱了社会活力，甚至败坏了社会道德；第三，福利国家在财政上面临严峻约束，越来越难以支撑已有的福利

①胡锦涛：《在纪念党的十一届三中全会召开30周年大会上的讲话》，人民出版社，2008，第25—26页。

②胡锦涛：《在纪念党的十一届三中全会召开30周年大会上的讲话》，人民出版社，2008，第26页。

体系；第四，福利国家庞大的社会福利支出削弱了经济活力，妨碍了经济效率和经济增长，最终又削弱了福利国家的经济基础，可能导致福利国家整体福利的下降。”[①]而在我们国家则是最大限度地调动每一个人的积极性，形成促进和谐人人有责、和谐社会人人共享的良好局面。这就是社会主义制度的巨大优越性，在中国先富可以帮助后富来实现共同富裕，可以通过政策杠杆做到人尽其才、物尽其用，使发展的成果惠及广大人民。当然，中国也不反对基本的社会保障，而且积极地探索通过建立中国特色的社会保障体系做到鳏寡孤独废疾者皆有所养，但是其实质已经与资本主义的做法截然不同。2005年3月，联合国副秘书长、联合国开发署副署长泽菲林·迪亚布雷在中国发展高层次论坛上发表演讲指出，中国经济的迅速发展使千百万人摆脱了贫困，在扶贫和社会进步方面取得了空前的成就。中国还注重人的发展，提出了建设社会主义和谐社会，全世界许多国家认为中国是消除贫困和落后的典范。[②]

（三）中国特色社会主义道路取得的辉煌成就及亟待解决的问题

党的十一届三中全会以来，我们党以改革开放为强大动力，排除来自各方面的干扰，战胜了来自政治、经济、社会领域和自然界的各种困难和挑战，不断解放和发展社会生产力，促进中国实现了历史性的跨越，各项事业取得了举世瞩目的伟大成就，胜利实现了中国共产党领导下的第二次历史性巨变。经济上实现了从高度集中的计划经济体制到充满活力的社会主义市场经济体制、从封闭半封闭到全方位开放的伟大历史性跨越；我们国家社会经济各项事业获得了自近代以来从未有过的长期快速稳定发展，经济保持了年均9.8%的快速增长，远高于世界经济年均3.3%的增速；人民

①程天权主编《中国之路（1978—2008）》，中国人民大学出版社，2008，第155页。

②徐崇温：《中国特色社会主义道路的世界意义》，《中国特色社会主义研究》2009年第4期，第4—11页。

生活水平从贫穷达到基本小康，城镇居民人均可支配收入由1978年的343元增长到2010年的18858元，农村居民人均纯收入由1978年133.6元到2010年的5919元；中国国内生产总值由1978年的3645亿元增加到2010年的39.8万亿元，综合国力居世界前列，国际地位举足轻重，成为有世界影响力的大国；生态建设与自然环境保护态势良好，全面建设小康社会取得重大进展。总之，中国特色社会主义道路让国家更加富强、人民更加幸福、社会更加和谐，让一个落后的农业国阔步走向社会主义工业国，稳步走向现代化，大步走向民族伟大复兴。改革开放40年的辉煌成就已然证明并且必将继续更加有力地证明中国特色社会主义道路是中国实现发展进步、民族伟大复兴的必由之路。

当然，在中国特色社会主义事业迅猛发展的同时，也不可避免地出现了一些阶段性特征和需要进一步解决的艰难复杂的问题，需要党和政府高度重视并妥善解决。

第一，关于中国特色社会主义市场经济体制建设面临的问题。市场经济是商品经济发展的必然产物，是经济发展不可逾越的阶段。资本主义国家已经有成熟的发达的市场经济，而对社会主义国家则是陌生的，史无前例的。经过10多年的努力，我国已经实现了由计划经济体制向社会主义市场经济体制的过渡，但这仅是初步的，距成熟和发达的市场经济来讲，尚待完善，还需要继续进行开创性的探索。我们应深化认识并深刻把握市场经济的特点、运行规律及发展趋势，在实践中坚持社会主义制度和市场经济相结合，不断提高驾驭社会主义市场经济的能力，使之更加健全、有序地发展。

第二，关于搞活社会主义经济面临的问题。公有制和非公有制之间既矛盾又统一，两者关系处理得好，则优势互补，相互促进；否则，或偏离方向，或把经济搞死。党的十六大指出：“必须毫不动摇地巩固和发展公有制经济”，“必须毫不动摇地鼓励、支持和引导非公有制经济发展”[1]。因此，一方面必须在所有制结构上坚持以公有制为主体，积极鼓励和引导非公有制经济发展，把坚持公有制为主体和积极引导非公有制经济发展有机结合起来。另一方面，公有制内部也进行改革，探索公有制的多种有效实现形式，出台相关政策措施，使公有制经济得到迅速发展。

第三，关于防止贫富悬殊，避免两极分化面临的问题。据2010年12月2日国际知名的波士顿咨询公司发布的《中国财富管理市场：机遇无限挑战犹存》报告，称2009年中国百万美元资产家庭的数量达到67万户，位列全球第三，仅次于美国和日本。而根据农村人均纯收入为1196元的贫困线（2008年确定），国家统计局在2009年年末测算的农村贫困人口为3597万人。这些充分说明我国的贫富差距。党和国家高度重视，为防止贫富悬殊，避免两极分化，通过合理调整国民收入分配格局，切实采取“先富带后富”等有力措施正逐步解决地区之间、城乡之间和部分社会成员之间收入差距过大问题。

第四，关于城乡统筹和二元结构面临的问题。实现全面建设小康社会的奋斗目标，重点、难点在农村。邓小平指出：“中国有百分之八十的人口住在农村，中国稳定不稳定首先要看这百分之八十稳定不稳定。城市搞得再漂亮，没有农村这一稳定的基础是不行的。”[2]解决城乡统筹和二元结构问题是关系实现共同富裕和全面建设小康社会的重大问题。以胡锦涛为总书记的中央领导，以敏锐的战略眼光看到城乡差距拉大的严重性，找到了二元结构的根源，把解决好“三农”问题作为全党工作的重中之重，落实科学发展观，坚持城市发展与农村发展相结合，实行以城带乡、以工

①江泽民：《全面建设小康社会，开创中国特色社会主义事业新局面——在中国共产党第十六次全国代表大会上的报告》，人民出版社，2002，第25页。

②《邓小平文选》（第三卷），人民出版社，1993，第65页。

促农、城乡互动、协调发展，取得了阶段性成果。但从根本上解决问题任务还很艰巨，“三农”问题仍然是影响我国经济和社会发展的首要问题，其核心是农民收入问题。城乡二元结构的产生有其历史的、经济的、社会的和国家政策等诸多原因，真正解决这个重大问题，是个系统工程，需要一个长期过程，有待于进一步探索，加大工作力度，以求从根本上得到解决。

第五，关于保障人民当家作主面临的问题。党的十一届三中全会以来，我国社会主义民主与法治建设取得了显著成绩，党的十五大确立了依法治国，建立社会主义法制国家的基本方略，并将这一治国方略载入宪法。但在全面建设小康社会、完善社会主义市场经济的过程中，仍然存在着一些党组织自上而下直接管理、直接指挥，党政机构重叠、办事效率低下，以及人民行使选举权、知情权、参与权、监督权得不到充分保障等问题。因此，党在执政过程中应进一步改进和完善领导方式和执政方式，实施依法治国方略，坚持党的领导与依法治国相结合，坚持执政为民本质，妥善处理好党和人大、党和政府的关系，进一步做到党的领导、依法治国和人民当家作主相统一。

第六，关于发展中国特色先进文化面临的问题。改革开放以来，党在文化领域贯彻执行“双百”方针，支持和鼓励以科学研究为基础的大胆探索和自由争论，创造了适于科学、文化、艺术和理论发展繁荣的良好环境，有力地推进了文化的多样化发展。但是，在经济全球化的国际背景下，西方资本主义思潮蜂拥而入，“马克思主义过时论”“社会主义前途渺茫论”有所抬头。在这样的形势下，必须矢志不渝地坚持马克思主义在意识形态领域的指导地位，坚持用社会主义核心价值体系和科学世界观作为指导思想，不断提高理论创新能力，对现实中存在的重大理论问题和实践问题作出马克思主义的正确回答，立足于建设中国特色社会主义的实践，积极推动文化的多样性发展，繁荣中国特色的社会主义先进文化。

第七，关于解决扩大开放面临的问题。邓小平指出：“建设一个国家，不要把自己置于封闭状态和孤立地位。要重视广泛的国际交往，同什么人都可以打交道，在打交道的过程中趋利避害。”[①]中国的发展离不开世界，关起门来搞建设是不能成功的。我们需要坚定不移地扩大开放，顺应经济全球化潮流，勇于面对国际竞争，积极参与国际合作；同时要清醒地认识到，我们面临着发达国家在经济、科技等方面占优势的压力，经济全球化对我们来讲是一把双刃剑；西方敌对势力加紧对我国实施“西化”“分化”的战略图谋不会改变，我国和西方敌对势力在渗透与反渗透、颠覆与反颠覆方面的斗争将是长期的复杂的，有时甚至会是十分尖锐的。所有这些都迫切要求执政党在“审时度势、因势利导、内外兼顾、趋利避害”原则指导下，坚持在国际事务中趋利避害、争取主动与保护国家利益相结合，在坚定不移地扩大开放，积极融入世界的同时，时刻警惕，坚决维护我国的利益和安全，巩固我们党的执政地位。

第八，关于党长期执政、执好政面临的问题。执政党的头号天敌是执政者自身的腐败。权力与腐败具有某种天然的联系，绝对的权力必然导致腐败。邓小平说：“权力过分集中于个人或少数人手里，多数办事的人无权决定，少数有权的人负担过重，必然造成官僚主义，必然要犯各种错误，必然要损害各级党和政府的民主生活、集体领导、民主集中制、个人分工负责制等等。”[②]党中央高度重视反腐败的制度机制建设，采取了一系列重大措施，加大了打击力度，取得了显著成效。但是由于缺乏对权力的有效制约和监督机制，我们党内腐败仍有向高层侵袭倾向。邓小平告诫全党：“对我们来说，要整好我们的党，实现我们的战略目标，不惩治腐

①《邓小平文选》（第三卷），人民出版社，1993，第260页。

②《邓小平文选》（第二卷），人民出版社，1994，第329页。

败，特别是党内的高层腐败现象，确实有失败的危险。”[①]因此，我们必须进一步加强执政能力建设，把巩固执政地位与有效遏制腐败结合起来，把反腐败斗争作为一项长期的经常的任务抓紧抓好，标本兼治，从严治党，加强自身建设，确保永不变色。

综而述之，始终不渝地坚持走中国特色社会主义道路，是历史的选择、人民的选择、时代的选择。两条中国特色道路从根本上改变了中国人民和中华民族的前途命运。当代中国进入了全面建设小康社会的关键时期和深化改革开放、加快转变经济发展方式的攻坚时期，我们无论是面对风云变幻的世界政治经济格局、全球金融危机，还是面对我国转型期凸显的新矛盾新问题；无论是面对世界社会主义遭受严重曲折，还是面对艰巨繁重的国内改革发展、稳定任务；无论是面对西方敌对势力的思想意识形态渗透，还是面对国内社会思想多元化的趋势，只要认清这个必然的历史逻辑，牢牢把握这个历史规律，坚定不移地走中国特色社会主义道路，就一定能够战胜各种艰难险阻和风险挑战，实现中华民族伟大复兴。

二、中国特色社会主义道路“给占世界总人口四分之三的第三世界走出了一条路”

“三个世界”划分问题是毛泽东在1974年会见赞比亚总统卡翁达时提出来的，毛泽东根据当时世界各国军事和经济发展状况，把世界上的国家划分为“三个世界”。根据毛泽东的论述，第三世界的主要特点是原子弹少，也不富裕，而且人口很多。1974年，邓小平在联大特别会议上阐发了

①《邓小平文选》（第三卷），人民出版社，1993，第313页。

“三个世界”的理论，得到了世界各国的高度认同。

作为第三世界的发展中国家，普遍遇到的两个最为重要的任务，一个是发展经济，一个是摆脱贫困。有的人可能会说，发展经济和摆脱贫困实际上是一个问题，这是不全面的。这里面所说的贫困既指一个国家的富裕状况，也指广大群众的富裕状况。现实当中的确有好多国家经济发展了，可是大多数人却没有摆脱贫困，主要原因是造成了严重的两极分化，穷的越来越穷，富的越来越富。所以中国在发展经济的同时，特别关注了共同富裕的问题，这也是第三世界在发展经济摆脱贫困方面所要学习和借鉴的。结合第三世界国家的共同特点，中国特色社会主义道路主要在三方面为第三世界国家提供了经验借鉴。

（一）中国为第三世界国家开创了对内改革和对外开放相结合的现代化道路

中国等第三世界国家现代化的基本类型是“后发外生型”，客观要求以解放思想为先导，实现体制机制的破旧立新和彻底转型，坚持对内改革和对外开放相结合，走赶超型的现代化道路。“后发外生型”是针对“早发内生型”而言的，是指那些国家自身缺乏现代化因素积累，面临外部刺激、挑战被迫作出回应的“赶超型现代化”，整个现代化过程不可能像“早发内生型”现代化国家那样自发从容地进行。“后发外生型”现代化国家在走向现代化的过程中不可避免地会出现一些问题。“这些问题可以归为四类，一是错位现象，二是失衡现象，三是畸变现象，四是两难现象。”“错位现象，依据其形成的原因，又可以分为如下三种：一是传统因素瓦解的滞后性和现代因素生成的超前性造成的错位现象。二是突然提出的新任务与正在形成的能力之间的错位。三是‘示范效应’与不正常的超前现象。”“失衡现象”是指由于地区发展不平衡而造成的二元结构、二元经济、二元社会。“畸变现象”是指在现代化过程中，会出现一些与现代性因素极为相像，但在实质上却与现代化的要求背道而驰的现象。"两难现象"在经济、政治和文化三个方面均有表现："在经济上表现为既要解决贫困又要增强国力的矛盾，在政治上表现为既要强化政府的能力，稳定政治秩序又要推进政治民主化的矛盾，在文化上表现为现代化进程既不可避免地导致对传统文化的破坏，在现代化动员中，领导者又必须利用传统文化具有的社会功能。"①这些问题是发展中国家在现代化进程中普遍遇到的共性问题，要应对这些问题，就要解放思想，从体制机制改革入手，为现代化创造必要的前提条件。邓小平指出："我们搞四个现代化，不开动脑筋，不解放思想不行。什么叫解放思想？我们讲解放思想，是指在马克思主义指导下打破习惯势力和主观偏见的束缚，研究新情况，解决新问题。"②习惯势力和主观偏见是中国走向现代化的主要障碍，作为它们的具体表现形式而出现的旧的体制机制，更是把这些落后的东西常态化，要想突破这些障碍，开辟新的局面，必须对旧的体制机制进行改革。在中国，首先是对经济体制进行了改革，在农村取消人民公社制，实行家庭联产承包制，在城市取消旧的企业管理机制，实行现代企业制度，经过改革，实现了由计划经济体制向社会主义市场经济体制的彻底转变；其次是对政治体制进行改革，大力推进民主法制建设，废除领导干部终身制，加强党内民主建设，实行依法治国；第三是对文化体制、社会体制等进行改革，建立与社会主义现代化建设相适应的文化和社会机制。当然在改革的过程中，经济、政治、文化、社会建设的体制机制改革是有顺序、有步骤地进行的，并不是同时摊开、齐头并进，这样就确保了一段时期内集中力量解决最为突出的问题，保证了改革的可持续推进。

中国等第三世界国家大多数是发展中国家，这些国家大多经历了殖

①孙立平：《后发外生型现代化研究论纲》，《社会科学研究》1990年第6期，第86—92页。

②《邓小平文选》（第二卷），人民出版社，1993，第279页。

民地半殖民地发展阶段，为了给现代化建设扫清障碍，首先要完成民族独立的历史任务，为了实现民族独立，要进行长达几十年甚至上百年的斗争，整个国家在动荡中积贫积弱。当这些国家启动现代化建设之时，它们普遍遇到的情况是发达资本主义国家已经完成了现代化建设，在经济社会建设方面都已经走向成熟并处于领先地位。发展中国家必须正视这个现实并作出积极的应对之策。首先，正确认识发达资本主义国家创造的现代文明成果，这些文明成果并不会因为是资本主义国家创造的就贴上资本主义的标签，为其所独占独有，而是为全人类所共享共有。这样，就解决了向资本主义学习的思想认识问题。特别是社会主义国家，在现代化建设过程中普遍存在着姓“社”姓“资”的理论问题，极端错误的认识更是“宁要社会主义的草，不要资本主义的苗”。错误的原因是没有把握正确的判断标准。邓小平在南方谈话中针对姓“资”还是姓“社”的问题指出：“改革开放迈不开步子，不敢闯，说来说去就是怕资本主义的东西多了，走了资本主义道路。要害是姓‘资’还是姓‘社’的问题。”“三个有利于”彻底超越了“资”“社”之辨，为社会主义国家迅速走向现代化扫清了思想上的障碍。其次，正确处理对内改革和对外开放的关系。所有国家的现代化都要首先眼光向内，把自己的事情办好。办好的途径就是大力推进对内改革，但是这只是推进现代化进程的一个方面。另一个重要方面就是要对外开放。之所以要对外开放，是由国际大势所决定的。当今世界，经济全球化趋势势可不当，任何国家都不可能在闭关锁国的状态下获得快速发展，只有积极主动地融入世界经济秩序中来，才能够利用先进国家的领先技术，站在发达资本主义国家几百年现代化建设先进成果的“肩膀”上，实现本国现代化的跨越式发展。第三，要探索形成适合本国国情的现代化道路。从理论上讲，每一个国家都应该有一条完全属于自己的现代化道路，因为每个国家的具体国情都是不同的，解决问题的方案自然应该有所不同。正如邓小平所指出的："改革开放必须从各国自己的条件出发。每个国家的基础不同，历史不同，所处的环境不同，左邻右舍不同，还有其他许多不同。别人的经验可以参考，但是不能照搬。"[①]这就是中国要开辟一条中国特色社会主义道路的主要原因。既不照搬西方资本主义国家的做法，也不照搬其他社会主义国家的做法，更不照走以前的老路，而是根据中国的实际情况，解放思想、实事求是、与时俱进，走出一条富有实效的特色道路。正是因为这样，不论是毛泽东还是邓小平，我们党的领导人在向其他国家的领导人介绍中国革命和建设的经验时，都要强调哪些经验可以借鉴，哪些经验不能借鉴，完全由各个国家自己去选择。并强调中国革命和建设的比较重要的原则是把马克思列宁主义的普遍真理同本国的革命实践、本国的实际情况相结合，只有这样，才能够制定正确的战略和策略，才能够取得革命和建设的成功。这就是各个国家在选择发展道路时需要重点考虑的前提性问题，这个问题解决了，就会既不盲目照搬，也不一概排外，而是对一切先进的文明成果持拿来主义的态度，先拿来，再消化和改造吸收，进而创造性地转化成为自己的东西，使其为我所用。

（二）中国为第三世界国家正确处理好改革、发展、稳定关系提供经验

中国等第三世界国家现代化建设过程中不断凸显新问题和新矛盾，阶段性特征突出，客观要求处理好改革、发展、稳定的关系。根据国际经验，人均国内生产总值从1000美元到3000美元，是一个国家发展的关键阶段。在这个阶段表现出来的经济社会发展的特征即为阶段性特征。我们国家在2003年人均国内生产总值突破了1000美元，目前正处在这样一个关键发展阶段上。我们处理这些问题的主要做法有三个方面：第一，抓住机遇，加快发展，通过发展来解决发展中遇到的问题；第二，应对挑战，规

---

①《邓小平文选》（第三卷），人民出版社，1993，第265页。

避风险，着力解决影响发展的突出矛盾和问题；第三，综合平衡，统筹兼顾，全力以赴实现小康社会建设的阶段性奋斗目标。这三方面做法的基本经验概括为一条就是综合考虑改革的力度、发展的速度和人民可承受的程度，成功地处理好改革、发展、稳定的关系。改革是动力，发展是目的，稳定是前提。把不断改善人民生活作为处理改革、发展、稳定关系的重要结合点，既坚持稳定压倒一切的方针，又通过改革促进社会不断发展。这里面最为核心和关键的问题是稳定。社会动荡是第三世界国家发展的最大风险。经济危机、政治变革、文化交锋、社会问题都有可能成为不稳定因素。在发展过程中必须密切关注，见微知著，防患未然，稳定压倒一切的方针是必须长期坚持的治国方略，以此来维护安定团结的大好局面。

（三）中国特色社会主义道路是和平发展道路，丰富了世界发展模式

纪录片《大国崛起》按照大国崛起时间的先后顺序，叙说了500年间葡萄牙、西班牙、荷兰、英国、法国、德国、日本、俄罗斯和美国等九个国家崛起时代的背景和重要因素。由此我们可以看到，近代以来，凡大国或强国崛起，总是要打破原有的世界格局并形成新的世界体系。到现在为止已先后出现过四个公认的世界体系：威斯特伐利亚体系、维也纳体系、凡尔赛-华盛顿体系和雅尔塔体系，每个体系都是通过一场大战或几场大战而形成的。据此，有学者指出："就当代世界之基本的国际政治格局而言，人们最为疑虑且暗中又颇为肯定的一点是：随着国民经济和总体国力的快速增长，中国的发展将直接或间接地导致帝国主义和霸权主义（首先是地区霸权主义）。这种观念看来是相当普遍的，因为它确实符合现代世界的理论逻辑和实践法则。"[①]基于这样的认识，很多人对中国未来发展的前景表示出了"杞人忧天"式的忧虑，实际上这种担心中国称霸的忧虑

①吴晓明：《论中国的和平主义发展道路及其世界历史意义》，《中国社会科学》2009年第5期，第46—59页。

大可不必。中国特色社会主义道路从启动之初就选择了和平发展方式。1984年2月，邓小平在会见外国朋友时指出："世界上有许多争端，总要找个解决问题的出路。我多年来一直在想，找个什么办法，不用战争手段而用和平方式，来解决这种问题。"[①]中国秉持和平主义的宗旨，本着永不称霸，决不当头的基本原则，集中精力办好自己的事，始终把解放和发展生产力，建设富强民主文明和谐美丽的现代化强国作为第一要务。在国际上以和平共处为基础处理好与世界各国的关系，为中国特色社会主义现代化建设争取到和平的国际环境。中国在改革开放之初需要和平的国际国内环境，中国在迅速发展壮大并成为国际强国的情况下成为维护世界和平的重要力量。这就是中国特色社会主义道路与资本主义道路的最大区别，让全世界都看到，奉行和平主义依然可以使大国崛起。有学者精辟地概括为："中国发展的和平主义道路将具有这样的一种世界意义：它把不以扩张主义为出发点也不以霸权主义为必然归宿的发展前景启示给人类向着未来的世界历史筹划。"[②]中国的和平发展道路是在与当代世界其他国家共同发展的过程中实现社会主义现代化的，在此过程中，不但没有损害其他国家和民族的利益，反而是更好地促进了世界的共同发展和进步。特别是面对2008年以来这场金融危机，中国保持了8.7%的经济发展速度，率先实现了经济的启稳回升，这就向全世界雄辩地表明了中国特色社会主义道路的正确性。香港《亚洲时报在线》有文章指出："一个正在崛起的中国将使整个世界而不仅中国自身受益"，"中国只能与全世界共同分享其进步，这与过去截然不同。欧洲以往向全球扩张，导致产生了几十个殖民地，并让欧洲以外成千上万的人民痛苦不堪。过去，日本和德国的兴起，

①《邓小平文选》（第三卷），人民出版社，1993，第49页。

②吴晓明：《论中国的和平主义发展道路及其世界历史意义》，《中国社会科学》2009年第5期。

引起了血腥战争，但发展中的中国却为全世界提供了机遇”。[①]

从理论上来讲，世界上每个国家都有属于自己的发展模式。有时在理论研究上往往把几个国情相似、地缘相近的国家发展模式统称为一类模式。在众多发展模式当中，有典型模式存在。根据学者研究，把亚洲“四小龙”模式、日本模式、德国模式、美国“盎格鲁-撒克逊”模式称为“20世纪资本主义发展中的典型模式”；把苏联模式、中国改革开放前模式、拉美模式、民主社会主义模式称为“20世纪社会主义和发展中国家发展中的模式”。[②]国际上对于中国发展道路或“中国模式”的关注自20世纪90年代初期东欧剧变之后即已经开始了，此后流行的“中国崩溃论”“中国威胁论”和目前正在流行的“中国模式威胁论”，虽然同属于无稽之谈，但是从一个侧面反映出国际社会对中国发展的高度关注。2004年5月11日，英国著名思想库“伦敦外交政策中心”发表乔舒亚·库玻·雷默的《北京共识》一文，明确提出了“中国模式”[③]的概念。他指出，虽然目前在中国关于“中国模式”的提法还没有在党和国家领导人的讲话中出现，对于它的研究多见诸学术界，但是“中国模式”毕竟是对中国道路发展阶段特征的理论概括，虽然它不可能穷尽中国道路的全部内容，但是从“中国模式”的内涵来看，它已经表达了学术界对中国改革开放40年发展道路在国际上的层次定位的科学把握，“中国模式”是有别于“20世纪资本主义发展中的典型模式”和“20世纪社会主义和发展中国家发展中的模式”的全新发展模式，这一发展模式取得了举世瞩目的经济增长，建设了初步小康的人民生活，全面确立了社会主义市场经济体制，卓

①徐崇温：《中国特色社会主义道路的世界意义》，《中国特色社会主义研究》2009年第4期。

②沈云锁，陈先奎主编《中国模式论》，人民出版社，2007，第1—6页。

③王庆五：《中国道路、中国模式与中国经验》，《江苏行政学院学报》2009年第3期。

有成效地开展了对外开放，全面提高了中国的国际地位，建设了社会主义民主政治，不断提高中国共产党的执政能力。这一发展模式丰富了世界上发展模式的种类，既对社会主义国家如何坚持和发展马克思主义、如何建设社会主义、如何加强党的建设提供了模式参考，也对第三世界发展中国家如何发展经济摆脱贫困实现现代化提供了经验借鉴，这是中国对当今世界的重大贡献。

三、中国特色社会主义道路的巨大成功为步入低谷的国际共产主义运动注入生机与活力

马克思恩格斯在《共产党宣言》中明确地写道："资产阶级的灭亡和无产阶级的胜利是同样不可避免的。"[①]这就是很多科学社会主义教科书中概括的"两个必然"原理的理论原型。在这些教科书中，把"两个必然"表述为"资本主义必然灭亡、社会主义必然胜利"或"社会主义必然代替资本主义"。这种表述导致的困惑就是当今时代资本主义不但没有迅速走向腐朽没落，反而通过不断调整和改进经济社会发展方式，解放和发展了社会生产力，促进了社会的进步。然而社会主义不仅没有迅速地向世界各国扩展力量，反而在20世纪80年代末90年代初，苏联解体，东欧剧变，社会主义国家的数量由原来的15个锐减为5个[②]。而且从现存的包括中国、越南、朝鲜、古巴、老挝等国的经济社会发展情况来看，都不如当代发达资本主义国家，从这些国家的现实情况至少目前还很难看到"两个必然"原理的必然性。世界范围内社会主义的发展步履维艰，社会主义运动

①《马克思恩格斯选集》（第一卷），人民出版社，1995，第284页。

②靳连芳：《以历史为坐标解读中国改革开放的重大意义》，《新视野》2009年第1期。

步入了低谷，促使社会主义国家纷纷寻找适合本国国情的发展道路。

（一）中国特色社会主义道路是紧密结合中国国情的社会主义建设新路

中国特色社会主义道路的伟大成功启示所有社会主义国家必须超越传统社会主义道路，紧密结合本国的具体国情，走出全新的社会主义建设新路。苏联是世界上第一个社会主义国家，斯大林按照经典社会主义的基本原则（如单一公有制、高度集中的计划经济体制等）构建了社会主义的基本模式。到1936年，苏联共产党宣布基本上建成社会主义。苏联模式成为世界上第一个实现了的社会主义模式。新中国成立后，毛泽东明确地提出了“另起炉灶”“一边倒”“打扫干净屋子再请客”的外交方针，明确地加入了世界社会主义阵营。中国共产党领导中国人民以苏联为样板建立起中国社会主义体制。正如毛泽东所指出的，“苏联共产党就是我们的最好的先生”；要“恭恭敬敬地学，老老实实地学”。[①]苏共二十大之后，中国共产党人开始重新考虑中国的社会主义体制问题，1956年毛泽东在《论十大关系》中明确地提出“以苏为鉴”。尽管毛泽东明确地看到了苏联社会主义建设的诸多弊端并力图有所超越，但是由于国内外、党内外种种复杂因素的交互作用，本来是想突破僵化、过时的苏联社会主义模式，结果是深陷其中不能自拔。从新中国成立到1978年十一届三中全会之前这30年，中国的社会一直是传统社会主义模式，由于单纯追求“一大二公”，建设“纯而又纯”的社会主义，结果使经济建设和社会生活都陷入了困境，不进行改革和创新已经很难体现出社会主义制度的优越性。正是在这样的历史背景下，邓小平提出重新思考什么是社会主义，怎样建设社会主义的问题，并明确指出要结合中国的实际，走自己的道路，这就是中国特色社会主义道路。

---

①《毛泽东选集》（第四卷），人民出版社，1991，第1481页。

那么中国特色社会主义究竟有哪些特殊性呢？它与传统社会主义又有什么区别呢？有学者指出："中国特色社会主义的特殊性，主要不在于它具有中国独有的民族特色，而在于它是一种特殊历史形态的社会主义，走了一条特殊发展道路。""中国特色社会主义和传统社会主义产生于相同的经济条件，而它的前身就是传统社会主义；但二者又有重大区别。""这种区别不是来自客观的经济条件，而是来自发展道路的选择。传统社会主义的发展道路，在很大程度上脱离了现实的经济条件，力图超越必经的发展阶段，因而必然是不可持续的。"①把中国特色社会主义与传统社会主义的区别归结为发展道路的不同，这是非常正确和深刻的。传统社会主义道路实行计划经济，完全排斥私有制、雇佣劳动、商品生产和市场调节；中国特色社会主义道路则实行社会主义市场经济，把多种所有制形式和多种生产方式并存、商品生产、市场经济看作是不可逾越的。这样相对于传统社会主义而言，中国特色社会主义就实现了两个转变：一是从以阶级斗争为纲转向以经济建设为中心，二是从计划经济体制转向市场经济体制。这就是两条道路之间质的差异。

正是因为中国自从1978年开始走了一条与传统社会主义道路完全不同的中国特色社会主义道路，才使得中国在东欧剧变的历史关头顶住了来自国际和国内的巨大压力，在风云变幻的国际社会稳住阵脚，高高擎起马克思主义和社会主义的旗帜，在国际共产主义运动遭受巨大挫折的情况下，走出一条坚持和发展马克思主义的新路。从这个视角观察，中国特色社会主义的成功不单单是中国的事情。正如邓小平所指出的："坚持社会主义，是中国一个很重要的问题。如果十亿人的中国走资本主义道路，对世界是个灾难，是把历史拉向后退。"②"只要中国社会主义不倒，社会主

①陈文通：《论中国特色社会主义的特殊性》，《科学社会主义》2009年第1期。

②《邓小平文选》（第三卷），人民出版社，1993，第158页。

义在世界将始终站得住。”[①]“只要中国不垮，世界上就有五分之一的人口在坚持社会主义。”[②]苏联解体后，西方国家一直期待中国成为第二个苏联，可是回应他们的却是中国特色社会主义的崛起。中国坚持和发展社会主义的做法不但令世界瞩目，即使在原苏东国家也得到了高度评价。俄罗斯科学院院士季塔连科说：“在社会主义处于深刻危机和战略撤退的情况下，中国共产党承担了按照时代的要求和新的历史机遇保留并发展社会主义的任务。邓小平提出的建设中国特色社会主义理论，避免了社会主义被撤出历史舞台的危险。”[③]

（二）中国特色社会主义道路为马克思主义和社会主义注入勃勃生机

社会主义建设过程中必须在坚持马克思主义和社会主义的基础上，实现继承与创新相结合，使马克思主义与本国实际相结合，用不断发展和创新为马克思主义和社会主义注入勃勃生机。马克思主义是世界社会主义运动的理论基础，正是因为马克思恩格斯创立了科学社会主义理论，才使得社会主义由空想变为科学。她的生命力在于在实践中不断发展和完善。“所谓‘社会主义社会’不是一种一成不变的东西，而应当和任何其他社会制度一样，把它看成是经常变化和改革的社会。”[④]这一点不仅为科学社会主义百余年来的实践历程所证明，而且在马克思恩格斯在世的时候就已经作出了明确的深入阐发。

马克思主义和社会主义的生机和活力的基础在于实现继承与创新的内在统一。学而不思则罔，思而不学则殆。马克思主义亦然。只谈继承不谈创新，容易跌入教条主义的泥淖；只谈创新不谈继承，容易走进修正主

①《邓小平文选》（第三卷），人民出版社，1993，第346页。

②《邓小平文选》（第三卷），人民出版社，1993，第321页。

③徐崇温：《中国特色社会主义道路的世界意义》，《中国特色社会主义研究》2009年第4期，第4—11页。

④《马克思恩格斯全集》（第三十七卷），人民出版社，1971，第443页。

义的误区。正确的做法就是创造性地实现继承与创新的结合，而且继承和创新都要内在地统一于实践的需要，以实践中遇到的实际问题为核心推动马克思主义理论创新。实践没有止境，创新也没有止境。毛泽东指出："马克思活着的时候，不能将后来出现的所有的问题都看到，也就不能在那时把所有的这些问题都加以解决。"①邓小平也说："绝不能要求马克思为解决他去世之后上百年、几百年所产生的问题提供现成答案。列宁同样也不能承担为他去世以后五十年、一百年所产生的问题提供现成答案的任务。真正的马克思列宁主义者必须根据现在的情况，认识、继承和发展马克思列宁主义。"②江泽民指出："马克思列宁主义、毛泽东思想一定不能丢，丢了就丧失根本。同时一定要以我国改革开放和现代化建设的实际问题、以我们正在做的事情为中心，着眼于马克思主义理论的运用，着眼于对实际问题的理论思考，着眼于新的实践和新的发展。离开本国实际和时代发展来谈马克思主义，没有意义。静止地孤立地研究马克思主义，把马克思主义同它在现实生活中的生动发展割裂开来、对立起来，没有出路。"③这些论述科学地阐述了继承与创新的关系：继承是前提，创新是目的。不继承就谈不上马克思主义，不创新就无法解决实际问题。只有实现二者的结合，才能既不迷失方向又不停滞不前，不断开创马克思主义的新境界。

马克思主义和社会主义的生机与活力具体体现在用马克思主义具体地指导本国革命和建设的伟大实践。马克思主义被各国人民所接受，并不是因为马克思、恩格斯本人是什么圣人先哲，而是因为它满足了各国人民革命和建设伟大实践的需要，如果不能满足这种需要，再好的理论也没有任

①《毛泽东文集》（第八卷），人民出版社，1999，第5页。
②《邓小平文选》（第三卷），人民出版社，1993，第291页。
③《江泽民文选》（第二卷），人民出版社，2006，第12页。

何实际的意义。在实践的过程中就产生了如何对待马克思主义的问题。教条主义者把马克思主义奉为神明，把马克思主义神圣化和教条化，完全不看本国的实际国情，只知道照抄照搬马克思主义的原文却不得其精神实质和理论精髓，当理论与现实的实践发生矛盾时，不是去理性地审视在彼时彼地得出的结论的局限性，而是剪裁现实以适应理论的需要，结果造成了实践的失败。真正的马克思主义者则是在马克思主义立场、观点和方法的科学指导下，结合本国的国情、世情、党情的现实变化情况，创造性地实现马克思主义的民族化、时代化和大众化，以发展着的马克思主义指导革命和建设的伟大实践。马克思主义的生机和活力就在于各国共产党人能够在不丢掉“老祖宗”的前提下，又能结合实际需要说出“老祖宗”不曾说过的新话，用以指导当前的实践，并不断地把当前取得的实践经验进行系统地总结提升，使其马克思主义化，创造性地实现马克思主义与各国革命建设实践的“双向互动”。

（三）中国特色社会主义道路为当代世界社会主义国家发展提供有益借鉴

成熟和理性的社会主义必须处理好现实社会主义与理想社会主义的关系。中国特色社会主义与马克思设想的经典的理想社会主义之间存在着很大的差别，有的人就是因为这个差别的存在而否认中国的社会主义性质，这是大错特错的。如果按照这个标准来衡量，传统社会主义的很多做法与理想社会主义更为相像，但是实际的效果却是建设了贫穷的社会主义，根本无法体现出社会主义制度的优越性。究其缘由，是因为苏联、中国等社会主义国家并不是在马克思设想的社会主义要在发达资本主义国家同时取得胜利，在资本主义高度发达的物质基础上建设的社会主义。与此恰好相反，世界上第一个社会主义国家恰恰是在资本主义发展最薄弱且有着长期封建专制传统的俄国取得了胜利，与马克思设计的理想社会主义截然不同。既然没有实现理想的基础，当然也就无法采取理想的步骤。传统社会主义的问题恰恰在于此。他们离开本国的现实，超越社会主义发展的阶段，采取一系列“左”的办法来建设社会主义，结果当然可以预料。中国特色社会主义道路更加关注中国底子薄、人口多、耕地少的特点，从这个现实的国情出发来建设社会主义。这实际上更符合马克思主义。正如恩格斯所指出的，新的社会制度，“它越是制定得详尽周密，就越是要陷入纯粹的幻想”①。而“为了使社会主义变为科学，就必须首先把它置于现实的基础之上”②。置于现实基础之上的社会主义就要为逐步实现共产主义的伟大理想制定具体的步骤并一步一步地把它变为现实。邓小平制定的“三步走”的战略规划，党的十九大制定的到2020年实现全面建成小康社会的战略目标，就是实现远大理想的具体规划。当然，理想是在历史发展的过程中展开和实现的，是一个长期的历史过程，这就要求我们必须清醒地认识到理想实现的长期性和艰巨性。成熟和理性的社会主义必须处理好社会主义与资本主义的关系。“当今世界上有195个国家，大体上可以分为四类：第一类是共产党长期执政的社会主义国家，现有5个；第二类是发达资本主义国家，大约有30个；第三类是发展中资本主义国家，大约130个；最后一类是苏联和东欧地区国家28个。当今除了5个社会主义国家由共产党长期执政之外，还有3个资本主义国家的共产党通过议会民主选举取得了执政地位。这三个国家就是摩尔多瓦、塞浦路斯和尼泊尔。”③由这个统计数字可以看出，单纯从数量上来讲，社会主义国家属于少数。当今世界，经济全球化已经成为大的发展趋势，每一个国家的前途命运都与世界的前途命运紧密地联系在一起，在这样一个开放的世界想要关起门

①《马克思恩格斯选集》（第三卷），人民出版社，1995，第724页。
②《马克思恩格斯选集》（第三卷），人民出版社，1995，第732页。
③高放：《社会主义模式的反思与展望》，《理论视野》2009年第7期。

来搞建设已经成为空想。在这种情况下，社会主义国家要想获得发展，必须处理好与资本主义国家的关系。正如邓小平所指出的："社会主义要赢得与资本主义相比较的优势，就必须大胆吸收和借鉴人类社会创造的一切文明成果，吸收和借鉴当今世界各国包括资本主义发达国家的一切反映现代社会化生产规律的先进经营方式、管理方法。"①之所以要这样，是因为："资本主义已经有了几百年的历史，各国人民在资本主义制度下所发展的科学和技术，所积累的各种有益的知识和经验，都是我们必须继承和学习的。"②"技术问题是科学，生产管理是科学，在任何社会，对任何国家都是有用的。我们学习先进的技术、先进的科学、先进的管理来为社会主义服务，而这些东西本身并没有阶级性。"③这些思想为我们揭示了科学的资本主义观，看到了资本主义发展的历史进步性，超越了仅仅用政治标准看待资本主义的片面观点，使我们理性地认识到社会主义与资本主义的关系不只是对抗的，还有继承的一面。社会主义只有在资本主义高度发展的基础上才能够拥有自身存在的物质基础，所以在社会主义国家，不是立即消灭一切资本主义因素，而是要充分利用资本主义的合理因素去发展经济促进生产。这就决定了，在当今世界，社会主义国家要与资本主义各国在政治上相互尊重、平等协商；经济上相互合作、优势互补；文化上相互借鉴、求同存异；安全上相互信任、加强合作；环保上相互帮助、协力推进。在发达资本主义国家占优势的世界秩序中实现自己的发展目标。

①《邓小平文选》（第三卷），人民出版社，1993，第373页。
②《邓小平文选》（第二卷），人民出版社，1994，第167—168页。
③《邓小平文选》（第二卷），人民出版社，1994，第351页。

第七章
中国特色社会主义道路的独特优势

中国特色社会主义道路是中国走向现代化，实现国家富强、民族振兴、人民幸福“中国梦”的必然路径。这条路径是党领导全国各族人民，汲取历史经验，把握时代特征，在不断推动理论制度创新下走出来的正确道路。它符合中国的发展特点和现实国情，是最适合中国生产力发展，最能够满足人民对美好生活的向往，最能够解决中国深化改革中各项问题的道路，具有鲜明特点和独特的优势。

一、中国特色社会主义道路具有鲜明而独特的优越性

道路问题事关国家前途，事业兴衰，人民幸福，民族命运，党的命脉，是国家和民族不断进步、繁荣昌盛必须首先解决的重要课题。一条道路是否具有优越性，直接影响国家的发展现状和未来走向。中国特色社会主义道路是党90多年来依靠人民群众，历经千辛万苦，付出种种代价，独立自主、积极创新开辟出的道路。这条道路以马克思主义基本原理为指导，将改革开放前30年发展经验与改革开放后40年具体实践紧密结合，不断推进理论创新、制度创新，无疑具有独特优越性和鲜活生命力。是否

坚定不移地走中国特色社会主义道路，对党的事业兴衰成败具有决定性作用。它不仅是不断解放和发展生产力的抓手，而且是确保人民主体地位、发挥制度优势、构筑核心价值观、建设和谐美丽中国等问题的重要保障。

（一）中国特色社会主义道路是不断巩固党的执政地位，发挥党的领导核心作用的生命线

中国特色社会主义道路是马克思主义中国化的道路，其本质上是一条具有鲜明中国特色的社会主义道路。坚定不移地走中国特色社会主义道路，是确保党在中国特色社会主义建设中领导核心地位的前提条件和重要抓手。而确保党的领导核心地位，则是准确把握中国特色社会主义道路基本特征的政治灵魂和根本要求。中国特色社会主义道路的显著优势既在于拥有党的领导，更在于其能不断巩固并加强党的领导。所以，中国特色社会主义道路是巩固党的执政地位，发挥党的领导核心作用的生命线。

首先，中国共产党成为中国特色社会主义革命、中国特色社会主义建设和全面深化改革的坚强领导核心是历史必然。中国共产党的领导核心地位，是中国共产党人不断将马克思主义同中国具体实践相结合，用生生不息的艰辛探索所换来的光辉硕果和政治基石，是人民的选择，是历史的必然。中国共产党之所以成为中华民族伟大复兴的坚强领导核心，在于中国共产党跳出了传统的政党模式，其区别于一切政党的特征在于她除了人民群众的根本利益外，没有私利，这就在根本上解决了为何执政、为谁执政的问题。中国共产党具有最广泛的依靠力量，代表着全国最广大人民群众的根本利益。因此，只有中国共产党的领导，才能准确把握中国特色社会主义道路的发展脉络，才能领导全国各族人民，推进国家治理体系和治理能力现代化，实现中华民族的伟大复兴。

其次，中国特色社会主义道路始终是社会主义道路，中国共产党的政党性质确保了中国特色社会主义道路的前进方向。党的领导是改革开放的基础，是社会主义市场经济、社会主义民主政治、社会主义先进文化等特征的基石。只有坚持党的领导，才能确保社会主义发展方向，才能为社会主义建设创造稳定、繁荣的社会环境，才能调动最广泛的力量和积极因素为社会主义建设服务。

第三，坚定不移地走中国特色社会主义道路要求坚持中国共产党的领导。如，中国的改革开放，就是中国共产党带领全国人民对中国特色发展道路的一次全新探索与尝试。正如邓小平所言，党既然有能力领导人民群众取得现在的成果，也同样有能力领导人民群众取得新的胜利，这是人民的选择。所以，党的领导是四项基本原则的核心，是必须要坚持的基本条件。又如，社会主义民主政治，中国特色社会主义道路基本特征之一就是坚持党的领导、人民当家作主与依法治国有机统一的社会主义民主政治，失去了中国共产党的领导，首先在政权上就无法保证人民的主体地位，社会主义民主政治也无从谈起。因此，把握中国特色社会主义道路的基本特征，就要确保党在社会主义建设中的领导核心地位不动摇。

坚定不移地走中国特色社会主义道路的优势在于它能有效地加强党的领导。在中国特色社会主义道路的行进过程中，面对改革的全面深化，党必须妥善应对体制弊病、利益化藩篱等来自方方面面的挑战，这对于加强党的执政能力、保持党政治灵魂纯洁性、推进反腐倡廉建设具有重要的意义。

首先，坚定不移地走中国特色社会主义道路有利于加强党的执政能力。所谓党的执政能力，就是党提出和运用正确的理论、路线、方针、政策和策略，领导制定实施宪法和法律，采取科学的领导制度和领导方式，动员和组织人民依法管理国家和社会事务、经济和文化事业，有效治党治国治军，建设社会主义现代化国家的本领。中国特色社会主义道路走的是一条探索的路、创新的路，世界上没有任何社会主义国家能提供成功案例和参考模式。中国要想建设特色民主政治，党要想永葆生机，就必须要勇于应对种种困难和挑战，必须加强自身的执政能力建设，做到民主执政，依法治国，最大限度地发挥自身的领导核心作用，确立科学的领导方式和执政方式。

其次，坚定不移地走中国特色社会主义道路有利于坚守党的政治灵魂。革命有亮剑魂，建设有兴国魂，信仰马克思主义，坚定共产主义信念，中国共产党人的政治灵魂自党诞生的一刻起，就是其鲜明印记和标志。从“红船精神”到“长征精神”，从“大庆精神”到“航天精神”，进而深化到爱国主义为核心的民族精神和改革开放为核心的时代精神，无一不凝聚着中国共产党人高尚的政治品格，蕴含着中国共产党人最纯净的政治灵魂。马克思主义是科学的方法、理论、体系，是我们研究事物掌握发展规律的密匙，而不是条条框框的教条。共产主义是共产党人的远大社会理想与政治愿景，是我们努力践行的社会目标，而不是脱离实际与现实生活格格不入的迷梦。但是，随着时间的推移，一部分党员干部沉迷于声色犬马的浮华生活，逐渐丧失了马克思主义信仰，迷失了共产主义信念，从“人民公仆”变成了“人民的主人”，从改革的“急先锋”变成了改革的“绊脚石”。全面深化改革与中国特色社会主义道路的推进是一项新的历史课题，也是一场新的革命。由于国际环境的纷繁复杂与少数党员干部的迷失与懈怠，这场新的革命仍具有长期性与艰巨性。在推进中国特色社会主义道路的历史进程中，党员干部没有坚定的信仰和信念，没有讲党性、重品行、作表率的态度，实现中华民族的伟大复兴就成了一句难以兑现的空话。所以，中国特色社会主义道路的发展和推进，要求我们每一位中国共产党党员时刻坚守党员的政治灵魂，将最本质最纯粹的政治理想贯彻于中国特色社会主义道路的各项任务之中，矢志不渝地为中国特色社会主义建设而奋斗。通过中国特色社会主义道路的不断推进发展，腐化变质的污泥浊水将逐渐被改革的大潮荡涤。

第三，坚定不移地走中国特色社会主义道路有利于惩治腐败，将权力关进制度的笼子。中国特色社会主义道路是一条全面的发展道路，其特征涉及经济、政治、文化、社会、生态等多方面内容，各部门各领域之间权力交织纷繁复杂，跨领域、跨阶层的社会交流非常频繁，这也使得权力的监察难度不断增加。没有严格的监督，法制尚不健全，权力的滥用与腐败现象便时有发生。特别是作为中国特色社会主义基本特征之一的民主政治，要求党的领导、人民当家作主、依法治国三者的有机统一，其实质在于理清党权、民权与法权三者之间的关系。党权来自于民权，政府、官员手中的权力为人民赋予，所以必须做到为民用权，严守权力边界。法权对民权与党权进行监督和保障，必须强化法制作用，依法行政、依法决策、依法接受监督。党的领导是法权和民权的前提，只有坚持党的领导才能保证法权民权的正确方向。这些，都要求我们在坚定不移地走中国特色社会主义道路时，必须坚持依法治国，将权力关进制度的笼子，重拳反腐，切实保障党的肌体不受侵蚀。此外，党风廉政建设也是人民群众特别关心的重大政治问题。习近平指出："'物必先腐，而后虫生。'近年来，一些国家因长期累积的矛盾导致民怨载道、社会动荡、政权垮台，其中贪污腐败就是一个很重要的原因。大量事实告诉我们，腐败问题越演越烈，最终必然会亡党亡国！"[①]因此，构建民主政治、法治中国也是中国特色社会主义道路的根本要求。

（二）中国特色社会主义道路是不断解放与发展生产力，推动经济社会快速发展的助推器

马克思主义认为，生产力是推动一切社会发展的最终决定力量，是

①习近平：《习近平谈治国理政》，外文出版社，2014，第16页。

衡量社会进步的根本标准。中国共产党历来重视生产力发展，早在七大报告中，毛泽东就明确指出："中国的一切政党的政策及其实践在中国人民中所表现的作用的好坏、大小，归根到底，看它对中国人民的生产力的发展是否有帮助及帮助之大小，看它是束缚生产力的，还是解放生产力的。"[①]十一届三中全会以后，中国共产党总结历史经验教训，反复强调生产力的极端重要性。邓小平在1992年南方谈话中创造性地提出社会主义本质论，认为社会主义就是要"解放生产力，发展生产力，消灭剥削，消除两极分化，最终达到共同富裕"[②]。后来，以胡锦涛为总书记的党中央进一步指出："党的一切奋斗，归根到底都是为了解放和发展生产力，不断改善人民生活。"[③]现在，中国已经进入全面深化改革的新阶段，以习近平为核心的党中央与时俱进，继往开来，在坚定不移地走中国特色社会主义道路上，继承和发展了生产力理论。

中国特色社会主义道路是生产力发展的助推器，只有坚定不移地走中国特色社会主义道路，才能促进生产力的发展。首先，中国特色社会主义道路是社会主义道路，社会主义要比资本主义蕴含更丰富的生产力，更有利于打破限制生产力发展的上层建筑桎梏，促进生产力的发展。新中国成立后，我国逐渐确立了社会主义制度，然而由于受到传统社会主义观念和苏联模式束缚，过分坚持社会主义公有制，让本来蕴含强大生产力的社会主义国家，其生产力并没有得到充分的解放和发展。"文化大革命"爆发后，生产力的作用遭到忽视和轻蔑，中国转向以阶级斗争为纲，导致中国在长达十年的时间内，生产力发展滞涩，社会发展趋于停滞，部分领域甚

①《毛泽东选集》（第三卷），人民出版社，1991，第1079页。

②《邓小平文选》（第三卷），人民出版社，1993，第373页。

③胡锦涛：《胡锦涛在庆祝中国共产党成立90周年大会上的讲话》，人民出版社，2011，第20页。

至出现倒退。直到中国特色社会主义道路开辟之后，在逐渐认清我国所处的历史方位、主要矛盾和根本任务的基础上，变革了所有制形式与经济体制，在对内改革方面，成功实现了从高度集中的计划经济体制向社会主义市场经济的转变。在对外开放上，成功实现了从封闭半封闭到全方位开放的伟大变革，促进了生产力的解放与发展。改革开放后的40年，党领导全国各族人民，坚定不移地走中国特色社会主义道路，促进中国的经济快速增长，自主创新能力不断加强，一些核心科技取得关键性突破，综合国力显著提升，人民生活从温饱不足开始全面步入小康。这些都是中国特色社会主义道路解放和发展生产力的辉煌成就。中国特色社会主义道路是将马克思主义同中国具体实际相结合的道路，它从最根本的国情出发，科学反映了中国的现状和发展阶段。中国特色社会主义道路以经济建设为中心，以改革开放为动力，要求破除一切影响生产力发展的体制和机制。以经济建设为中心确保了不断解放和发展生产力的正确方向，不断变革体制机制为生产力的发展持续不断地注入新的活力，坚持改革开放引进先进技术与外资为生产力发展提供强大动力，所以，中国特色社会主义道路是最有利于解放和发展生产力，促进生产力发展的道路。其次，中国特色社会主义道路扩展了生产力的内涵，为全面深化改革中各项生产力发展指引方向。在全面深化改革的过程中，生产力的内涵逐渐扩大，社会生产力、文化生产力等一系列重要概念相继提出。习近平总书记在谈到生态时反复强调：保护生态环境就是保护生产力，改善生态环境就是发展生产力。这进一步说明了生产力的重要性不仅体现在经济发展上，而是政治、经济、文化、社会、生态等多方面发展所共同倡导的重要理念。中国特色社会主义道路是全面发展的道路，它为促进全面深化改革中各领域生产力的发展与协调提供了重要指引。因此，历史和实践都再一次证明了，中国特色社会主义道路的一大独特优势在于始终能解放和发展生产力。只有坚定不移地走中国特色社会主义道路，才能打破一切生产力发展阻碍，保持中国的高速发展与进步。

（三）中国特色社会主义道路是坚持人民民主专政，确保人民主体地位的支撑点

人民民主专政的国家性质和社会主义公有制的确立，为中国特色社会主义道路奠定了制度基础。中国特色社会主义道路，也为坚持人民民主专政，确保人民群众主体地位提供了重要载体和基本条件。人民民主专政是中华人民共和国的国体，是中国的政治制度、人民主体地位的出发点和落脚点。马克思早在《神圣家族》一文中就提出了历史活动是群众事业的观点。毛泽东也认为“只有人民，才是创造世界历史的动力”[①]。人民群众是历史的开创者与推动者，是社会发展的基础，是一个执政党最强大的依靠力量。中国特色社会主义道路各项基本特征的实现，都离不开人民群众的伟大作用。人民群众就像肢体之于血脉一样，失去了人民群众的支持与帮助，不仅党的政策无法下达和有效实施，中国特色社会主义道路也会成为空中楼阁。中国共产党之所以能从一个弱小的政党成长为领导全国13亿多人民实现中华民族伟大复兴的马克思主义现代化政党，其核心原因就在于她始终以为人民服务为根本宗旨，始终代表人民群众的根本利益，始终获得了人民群众的拥护与支持，甚至为党打上了群众政党的烙印。中国特色社会主义道路能够成功开辟，成为人民的选择，也在于中国特色社会主义道路始终坚持以人为本，始终确保人民群众主体地位，体现人民群众的共同理想，最大限度地实现广大人民的切身利益。

中国特色社会主义道路是体现人民意志，确保人民主体地位，激发社会活力的动力之源。首先，中国特色社会主义道路能够确保人民主体地

①《毛泽东选集》（第三卷），人民出版社，1991，第1031页。

位。中国特色社会主义道路坚持党领导下的人民民主专政，坚持党的领导、人民当家作主、依法治国三者有机统一的社会主义民主政治，这就能够保证人民群众始终作为国家主体，权为民所系，利为民所谋。中国特色社会主义道路的开辟和基本特征的凝练，是党领导人民群众，在脚踏实地地进行社会主义建设尝试与实践中得来的。中国特色社会主义道路是中国根据本国基本国情对社会主义发展理论和实践的开拓与创新，这条道路的理论与制度还在不断的发展完善之中，其基本特征的内涵、广度，都在不断深化之中。在走中国特色社会主义道路的过程中所出现的全新问题，需要党领导人民群众一步一个脚印去解决。所以，中国特色社会主义道路是每个人脚下的路，需要靠每个人的艰苦奋斗去实现。中国作为社会主义国家，社会形式并非西方资本主义国家的精英社会，每一个人都是国家的主人。要想实现发展总目标，不断地将中国特色社会主义道路推向前进，就必须紧紧依靠人民群众，确保人民群众主体地位。其次，中国特色社会主义道路始终以最广大人民的利益为出发点和落脚点，通过大力发展民生事业，必将激活社会活力，通过先富带后富实现共同富裕。中国特色社会主义道路坚持以公有制为主体、多种所有制经济共同发展的经济制度和以按劳分配为主体、多种分配方式并存的分配制度，这二者的结合能够确保生产资料和劳动成果归劳动者共同占有与支配。由于我国尚处于社会主义初级阶段，由于生产力限制、人口基数大、资源分布以及社会发展不平衡种种原因的影响，还存在着分配不公、社会成员收入差距大等问题。但是可以清楚地看到，随着中国特色社会主义道路的不断推进，随着中国经济的又好又快发展，随着先富带后富、宏观调控、互相帮扶、精准扶贫等措施的不断出台，通过推进社会建设、加强社会管理、保障和改善民生、正确处理新矛盾新问题，中国特色社会主义道路越来越能贴近人民群众的现实生活，越来越能体现我国以人为本的发展理念。这条道路提升了人民群众的幸福感与自豪感，强化了人民群众的归属感，让每一个人更加关注国家发展和政策变化，将自身与祖国视为紧密相连的整体。因此，中国特色社会主义道路有助于激发社会活力，让每一个人的价值在道路发展中得以凸显。

（四）中国特色社会主义道路是发挥文化优势，构建核心价值观和行为理念的催化剂

马克思认为，社会存在决定社会意识，而社会意识作为观念的上层建筑，系统地反映了经济形态和社会制度，集中体现价值尺度与精神追求。国家是否强盛，是否在世界上具备竞争力，不仅仅要看其经济发展水平、工业化程度以及科技创新等硬实力，也要看软实力。文化作为社会意识的载体和表现形式，对国家的发展有着举足轻重的作用。毛泽东指出："一定的文化（当作观念形态的文化）是一定社会的政治和经济的反映，又给予伟大影响和作用于一定社会的政治和经济；而经济是基础，政治则是经济的集中表现。这是我们对于文化和政治、经济的关系及政治和经济的关系的基本观点。"[①]文化的作用由此显而易见。中国特色社会主义道路继承了中华传统文化的优势，将其与世界文化的精华融合，开辟出一条全新的社会主义特色文化发展道路。党的十八届三中全会通过的《中共中央关于全面深化改革若干重大问题的决定》指出："建设社会主义文化强国，增强国家文化软实力，必须坚持社会主义先进文化前进方向，坚持中国特色社会主义文化发展道路，培育和践行社会主义核心价值观，巩固马克思主义在意识形态领域的指导地位，巩固全党全国各族人民团结奋斗的共同思想基础。坚持以人民为中心的工作导向，坚持把社会效益放在首位、社会效益和经济效益相统一，以激发全民族文化创造活力为中心环节，进一

①《毛泽东选集》（第二卷），人民出版社，1991，第663—664页。

步深化文化体制改革。”[①]这是中国特色社会主义道路在文化上的根本要求与内涵所在。现如今，文化建设已经成为社会主义事业总布局的重要组成部分，成为全面建设小康社会，实现“中国梦”的重要拼图。

中国特色社会主义道路继承和发扬了中华传统文化，对西方文化进行了扬弃，丰富了文化的意蕴，创新了文化理念。中华文明具有悠久古老的历史，传承数千年，是四大文明古国中唯一不间断流传至今的文明。勤劳勇敢的中华民族在中华大地上，创造了以“社会本位”为主体的中华文化。这种文化形式不同于西方追求个人私利、侵略扩张的“外向型”文化。它是一种以和谐共生为表征，以“仁和”为要求，追求生产关系协调与利益均衡的“内向型”文化。中国特色社会主义道路追求平等互利、共同发展，追求在实现中华民族伟大复兴的同时，对外和平、对内和谐，带动世界经济一体化发展，打破了国强必霸的传统思维模式。同时，中国特色社会主义道路积极吸取世界优秀文化，崇尚公平合理的竞争模式，不断强化自身的文化吸引力与引导力。文化已经不单单指人民之间语言、知识的交流以及国家文明的组成部分，更是国家的符号、人民的信念信仰与精神动力。

中国特色社会主义道路是构建社会主义核心价值观和行为理念的催化剂。中国特色社会主义道路坚持马克思主义基本观点和立场，坚持工人阶级和社会大众的主体地位和根本利益，它致力于实现人的解放和自由全面发展，这为构建社会主义核心价值观提供了认同的基础。中国特色社会主义道路秉承党的优良传统，将马克思主义一元化与社会多样文化相结合，在弘扬爱国主义为核心的民族精神与改革创新为核心的时代精神，传承仁、义、礼、智、信、勤、德、孝、廉等中华传统文化的基础上，倡导

①中共中央文献研究室编《十八大以来重要文献选编》（上），中央文献出版社，2014，第533页。

能够引导整个社会和国家积极发展的先进文化。这为构建社会主义核心价值观提供了先决条件。中国特色社会主义道路在制度的构建与发展中，如所有制发展、按劳分配与多种分配方式并存、多党合作与政治协商、一国两制等方面，都坚持了中国人长久追求的“共赢”“求同存异”“和而不同”“和谐发展”等行为理念。这也促进了人们形成基本的行为理念和社会主义核心价值观。总之，中国特色社会主义道路是对中华传统文化和世界先进文化的继承与弘扬，它对中华文化的发展，对人们社会主义核心价值观的形成具有独特的优势。

（五）中国特色社会主义道路是和谐健康发展，建设美丽中国的胜负手

中国特色社会主义道路是一条全面、整体的发展道路，它不仅代表着国家经济发展的整体规划，更是社会、政治、文化、生态的总体发展规划。它不仅要体现国家意志，更要体现人民群众的关注点和着眼点。随着中国的不断发展进步，人民生活水平日益提高，很多地区已经逐步迈入小康社会。然而，经济发展所引发的生态环境危机开始成为国人关注的焦点，更成为中国新一轮改革所必须面对的重要问题。森林树木逐渐丧失，清澈的小溪变成了干涸的河床；鸟语花香只停留在人造景区，城市雾霾严重影响人们的出行和生活，这都是发展为我们带来的全新难题。习总书记深刻指出：“我国总体上仍然是一个缺林少绿、生态脆弱的国家，植树造林，改善生态，任重而道远。”[①]中国特色社会主义道路的一大优势在于其致力于协调经济与各方发展的关系，强调生态文明的发展和地位。能否坚持中国特色社会主义道路，将是谋求和谐发展，建设美丽中国的胜负手。

中国特色社会主义道路注重经济发展又好又快，不让生态环境为经

---

①习近平：《习近平谈治国理政》，外文出版社，2014，第207页。

济发展埋单。目前，我国的经济总量虽高居世界前列，但是却仍然是一个相对贫穷的发展中国家。除了人口基数大的因素外，中国的经济发展方式不合理、生产成本大、创新能力不足、自然资源过度开发也是导致此问题的重要原因。中国特色社会主义道路要求经济增长是实实在在、没有水分的增长，这种增长必须是科学协调，有效益，有质量，可持续的增长。也就是说，经济的增长应以提高质量和效益为中心，从科学、效益、协调考虑，以科技创新带动经济稳中求进、开拓创新，决不能以严重消耗资源的方式换取经济的暂时腾飞。习总书记指出："要正确处理好经济发展同生态环境保护的关系，牢固树立保护生态环境就是保护生产力，改善生态环境就是发展生产力的理念，更加自觉地推动绿色发展、循环发展、低碳发展，决不以牺牲环境为代价去换取一时的经济增长。"[1]而世界上一些国家的经济发展恰恰就是靠出卖本国的环境资源为代价换取的。但中国却并非如此，中国特色社会主义道路的优势在于注重协调发展，只有各方面统一协调可持续的发展，才能称作是良性发展，才是通往强国之路的科学途径。

中国特色社会主义道路注重生态建设，功在当代，利在千秋。中国特色社会主义道路按照人口均衡标准，整体谋划空间开发和土地布局，协调生产、生活、生态三者之间的关系，并且严守生态红线。中国特色社会主义道路要求节约资源，推动资源利用率的提升和利用方式的转变，在资源利用的过程中，严格进行监督管理。积极稳妥地推动资源的革新，大力发展新的洁净能源和循环工业，促进资源消耗的减量和再利用。中国特色社会主义道路努力实现生态的修复，以人民群众的健康问题为重点，将预防和治理结合，推动生态治理进程。最为关键的是，中国特色社会主义道路

①习近平：《习近平谈治国理政》，外文出版社，2014，第209页。

的整体推进，为生态文明建设提供了制度和法律上的有效保障。美丽中国是中国梦的重要组成部分，中国特色社会主义道路将按照尊重自然、保护自然的理念，积极发展绿色经济，营造绿色舒适的生活空间。

二、习近平总书记治国理政新论述将发挥道路优势推向新高度

十八大以来，以习近平为核心的新一代中央领导集体，在继承和坚持中国特色社会主义道路的基础上，努力应对新时期新阶段的全新挑战，提出了一系列治国理政、发展中国特色社会主义道路的全新观点和重要论述。将中国特色社会主义道路及其基本特征的优势推向新的高峰。

（一）人民对美好生活的向往就是我们的奋斗目标，核心理念在于为人民担当

2014年2月7日，习近平总书记在参加俄罗斯电视台的专访时谈到自己的执政理念："我的执政理念，概括起来说就是：为人民服务，担当起该担当的责任。"为人民服务是党的宗旨，是我党区别于其他政党的鲜明特征。在长达90多年的发展历程中，中国共产党形成了密切联系群众、求真务实、艰苦奋斗等优良作风，群众路线成为党的生命线与根本工作路线。在全面深化改革的历史新时期，随着改革日渐进入深水区，能否坚持和改善党的优良作风，坚持为人民服务，想人民所想，劳人民所劳，是党能否巩固执政地位，确保中国特色社会主义道路顺利推进的关键。

习近平总书记认为，走中国特色社会主义道路，必须走群众路线，加强和改进党的作风建设。一个政党过去能够紧密联系群众，并不代表现在也能，过去能够获得人民的支持，并不代表永远都能。党内脱离群众的现

象大量存在，一些情况还极其严重，部分干部身上形式主义、享乐主义、官僚主义、奢靡之风盛行，这些现象反映在中国特色社会主义道路的基本特征中，如市场经济建设中的经济乱象，法治社会建设中的非法用权，先进文化建设中的低俗文化等现象，都严重影响了人民群众对党的信任，对中国特色社会主义道路的持续推进造成一定阻碍。全面深化改革的今天，脱离群众已经成为马克思主义执政党的最大危险。一个执政党是否能够紧密地联系群众，关系到一个政党的形象，关系到人心向背，关系到党和国家的生死存亡。习近平总书记认为：“加强和改进党的作风建设，核心问题是保持党同人民群众的血肉联系。”[①]这是因为，首先，中国共产党是一个群众性政党，它本身就来自于人民，扎根于人民，这个党的根基就在人民群众。如果失去了群众的支持，不仅难以开展事业和工作，而且会亡党亡国。其次，中国特色社会主义道路的前途和命运是最终实现民族伟大复兴的中国梦，这个梦想必须依靠人民的勤奋努力去实现，需要调动人民的积极性、主动性和创造性。失去了人民的支持，伟大的中国梦也必然沦为空想。第三，只有走群众路线，扎根群众，才能真正明白群众所想，实实在在地解决人民最关心的切身利益问题，切实做好本职工作，才能在工作中为人民谋福，经得起群众的考验。第四，只有坚持走群众路线，才能总结自身经验与不足，达到自我净化、自我完善、自我革新、自我提高的目的，才能树立和发扬“三严三实”的作风，加强党性修养，坚定崇高理想和信念。始终保持同人民群众的血肉联系，保持党的先进性与纯洁性，巩固党的执政地位，是保持中国共产党执政的根本问题和时代课题，也是走中国特色社会主义道路关键所在。

习近平总书记强调以群众的视野审视自身的工作与不足，以实现人民

①习近平：《习近平谈治国理政》，外文出版社，2014，第366页。

对美好生活的向往为己任，坚持为人民担当的思想，不仅有利于进一步巩固党的执政地位，更有利于坚持和把握中国特色社会主义道路及其基本特征，进而实现中国特色社会主义道路的全面推进。

（二）道路就是党的生命，根本主题在于毫不动摇坚持和发展中国特色社会主义

中国特色社会主义道路是党领导人民在新时期建设社会主义伟大事业的宏伟规划。道路代表着党执政的纲领和实现路径，道路是否成功关系到党的执政是否成功，关系到党的生死存亡。习近平总书记对道路问题极其重视，他认为“道路就是党的生命”[①]。对于中国这样经济文化比较落后的国家，中国特色社会主义道路的开辟初步回答了建设社会主义、发展社会主义的问题。然而，马克思经典理论中并没有对这种情况作出直接指导，现实中也没有固有的参考模式。所以，在全面深化改革的今天，中国特色社会主义道路全面步入新阶段，中国在深化改革中不断面临的新问题和新困难，既要求党继承和发展马克思主义，又要求党对社会主义认识达到新高度，开拓新境界。所以，党的十九大精神最核心的内容就是坚持和发展中国特色社会主义。

习近平总书记深刻地指出，中国特色社会主义是社会主义，“科学社会主义基本原则不能丢，丢了就不是社会主义”[②]。然而，马克思主义也不是一成不变的，它也要随着时代的发展不断发展完善。“社会主义从来都是在开拓中前进的。”[③]一个国家选择什么样的主义，实行什么主义，适用什么样的主义，关键看它是否能解决这个国家面临的历史性课题，看它能否带领人民走上幸福之路。社会主义是历史和人民的选择，我

①习近平：《习近平谈治国理政》，外文出版社，2014，第21页。
②习近平：《习近平谈治国理政》，外文出版社，2014，第22页。
③习近平：《习近平谈治国理政》，外文出版社，2014，第23页。

们党依靠全体人民和社会主义道路，“从根本上改变了中国人民和中华民族的前途命运，不可逆转地结束了近代以后中国内忧外患、积贫积弱的悲惨命运，不可逆转地开启了中华民族不断发展壮大、走向伟大复兴的历史进军”[①]，中国特色社会主义道路是改革开放后开辟的，但它建立在党几代领导集体带领全体人民长期奋斗、付出各种代价的基础上，是建立在新中国的社会主义制度以及已经进行40年的改革开放探索实践上的。虽然改革开放开始前30年和开始后40年在发展方针、政策上已经出现了很大的差别，但是二者并不是孤立的，而是彼此联系、相互作用的。所以，“不能用改革开放后的历史时期否定改革开放前的历史时期，也不能用改革开放前的历史时期否定改革开放后的历史时期”，“要坚持实事求是的思想路线，分清主流与支流，坚持真理，修正错误，发扬经验，吸取教训，在这个基础上把党和人民事业继续推向前进”。[②]历史已经证明，伟大民族复兴中国梦的实现离不开社会主义，离不开社会主义道路。只有社会主义才能救中国，也只有社会主义才能发展中国。随着我国社会主义制度的不断完善，制度的优越性将逐渐体现。中国特色社会主义道路必将越走越宽广。

坚持和发展中国特色社会主义，正确认识历史和现实之间的关系，高举中国特色社会主义伟大旗帜，始终坚定不移地走中国特色社会主义道路，是习近平总书记治国理政新思想、新观念中的根本主题。准确把握中国特色社会主义基本特征、坚持走中国特色社会主义道路就是坚持和发展中国特色社会主义最有利形式。正确认识习近平治国理政的根本主题，有利于我们更加深刻地理解道路问题的重要性，切实掌握中国特色社会主义基本特征的核心要点。

---

①习近平：《习近平谈治国理政》，外文出版社，2014，第7页。

②习近平：《习近平谈治国理政》，外文出版社，2014，第23页。

（三）主动把握五大发展理念，协调推进“四个全面”战略布局

改革开放以来，中国经过了40年的经济高速发展时期。十八大以来，中国经济社会发展再次进入重要的战略机遇期，经济发展出现“新常态”，其主要表现为GDP增速减缓，经济下行压力增大，社会矛盾冲突多发，面临“中等收入陷阱”的挑战等等。2014年11月9日，习近平总书记在亚太经合组织领导人峰会上进一步阐释了“经济新常态”的概念，概括了新常态的三大特点：一是经济增长速度从高速增长转为中高速增长；二是经济结构不断优化升级，第三产业、消费需求逐步成为主体，城乡区域差距逐步缩小，居民收入占比上升，发展成果惠及更广大民众；三是从要素驱动、投资驱动转向创新驱动。2014年12月的中央经济工作会议指出：“认识新常态，适应新常态，引领新常态，是当前和今后一个时期我国经济发展的大逻辑。”

面对经济发展新常态，2015年10月29日，中央发布《中国共产党第十八届中央委员会第五次全体会议公报》指出：“破解发展难题，厚植发展优势，必须牢固树立并切实贯彻创新、协调、绿色、开放、共享的发展理念。”“五大发展”理念的提出，深化和扩展了人们对中国经济发展阶段性的认识和理解，对于中国在经济新常态下如何保持发展势头作出了明确的回答。第一，所谓“创新发展”，就是要激发创新活力，形成创新的社会氛围；就是要制定创新发展战略，有计划地推动创新工程。第二，所谓“协调发展”，就是要不断增强发展的整体性协调性，在协调发展中拓宽发展空间，在加强薄弱领域中增强发展后劲，特别是协调城乡、区域、民用、国防之间的发展。第三，所谓“绿色发展”，就是要促进人与自然和谐共生，构建科学合理的城市化格局、农业发展格局、生态安全格局、自然岸线格局，推动建立绿色低碳循环发展产业体系。就是要在建立机制、污染防治、责任追究、环境治理等全过程中实现绿色循环发展。第

四，所谓“开放发展”，就是要顺应我国经济深度融入世界经济的趋势，奉行互利共赢的开放战略，发展更高层次的开放型经济，积极参与全球经济治理和公共产品供给，提高我国在全球经济治理中的制度性话语权，构建广泛的利益共同体。就是要促使国际上解除约束，实现双向开放；营造积极和谐的环境氛围，提供便捷服务；积极务实合作，努力实现共赢。第五，所谓“共享发展”，就是坚持发展为了人民、发展依靠人民、发展成果由人民共享，就是要切实解决教育、就业的公平问题，实现报酬合理分配，提供充分的劳动保障和社会服务，努力实现贫困地区人民脱贫致富。“五大发展”理念是我国发展新阶段的具体指导规划，也是中国特色社会主义基本特征中中国特色社会主义市场经济理论的又一次深化。

2014年11月，习近平总书记在福建考察调研时提出了“协调推进全面建成小康社会、全面深化改革、全面推进依法治国进程”初步构想，2014年12月在江苏调研时则将“三个全面”上升到了“四个全面”，要“协调推进全面建成小康社会、全面深化改革、全面推进依法治国、全面从严治党，推动改革开放和社会主义现代化建设迈上新台阶”。习近平总书记“四个全面”的思想，是中国特色社会主义道路发展的战略布局。“四个全面”战略布局的提出，进一步深化了中国特色社会主义道路的内涵，它作为我们党治国理政方略与时俱进的新创造，作为马克思主义与中国实践相结合的新飞跃，是推进中国特色社会主义，发挥中国特色社会主义道路优势的最新行动纲领。

中国特色社会主义道路是在中国改革开放和社会主义现代化建设的伟大实践中形成和发展的。而“四个全面”战略布局，集中体现了中国共产党人对道路问题探索的理论与经验，它是中国特色社会主义道路基本特征的发展，是中国道路、制度、理论的科学总结。首先，“四个全面”战略布局紧紧围绕实现“两个一百年”的奋斗目标和中国梦的实现，集中体现了中国特色社会主义道路的价值取向。我党在作出改革开放的历史性决策以后，为实现“两个一百年”和中国梦的价值取向，作出了历史性的决策，先是制定了“三步走”计划，然后又提出“两个一百年”的奋斗目标，实现了中国特色社会主义道路延伸和新发展。“四个全面”的出发点和归宿在于实现中国梦，它对于中国特色社会主义道路的价值取向具有彰显作用。其次，“四个全面”紧紧围绕改革开放，彰显实现中国特色社会主义道路的动力之源。“四个全面”战略布局的提出，是基于对改革开放规律性的正确把握和深刻认识，全面深化改革不仅是“四个全面”的一部分，而且紧密地贯穿于其他“三个全面”之中，是其他“三个全面”的共同实现动力。“四个全面”为改革定下了只有进行时没有完成时的基调，它为中国特色社会主义道路的不断发展完善提供了持续不断的活力。第三，“四个全面”紧紧围绕现代化目标，进一步提出了中国特色社会主义道路的途径。无论是“两个一百年”还是中国梦，都必须以建设现代化的社会主义强国为前提。“四个全面”战略布局的提出，就在于牢牢地把握住了实现现代化这一主题，紧紧抓住了当前这个重大战略机遇期，积极推动中国特色社会主义道路向前发展。所以，“四个全面”的提出，是以习近平为核心的党中央，深刻理解中国特色社会主义道路基本特征，积极推动中国特色社会主义道路发展与深化的重要顶层设计与战略布局。

（四）破解难题，唱响中国，最终目标是实现民族伟大复兴中国梦

中国梦是每一个中国人的伟大梦想和共同心愿，是从古到今中华民族始终追寻的共同理想。梦想总是寄托着人们对美好事物的夙愿，所以中国梦是民心所向。早在十八大前夕，美国《纽约时报》发表署名文章《中国人需要自己的梦想》，称这个梦想要“将人民的致富憧憬与可持续发展结合起来”。2012年11月，习近平总书记和新的政治局常委参观《复兴之路》展览，初步提出了中国梦的构想，指出要建设强大社会主义现代化新中国。2013年3月17日，在十二届全国人民代表大会第一次会议上的讲话中，习近平总书记全面阐释了中国梦的整体构想，提出中国梦就是中华民族的伟大复兴，就是要使国家富强、民族复兴、人民幸福，并同时指出，实现中国梦，其原则和前提是要坚持中国道路，弘扬中国精神，凝聚中国力量，以全面建成小康社会、建设社会主义现代化国家为抓手，最终实现民族伟大复兴的中国梦。习近平总书记提出的中国梦，与中国特色社会主义道路基本特征紧密相连。要实现中国梦，就必须走中国特色社会主义道路，必须把握中国特色社会主义道路基本特征，这是由中国梦的指导思想、中国梦的基本结构、中国梦的特征、中国梦的内涵等因素共同决定的。

首先，中国梦的指导思想要求必须把握中国特色社会主义道路基本特征。中国梦始终以马克思主义为指导思想、科学社会主义基本原则贯穿其中。马克思对于共产主义社会的构想，为人民群众追求幸福、美好的社会生活构造出了完美的社会蓝图，这种社会理想，是一代又一代仁人志士，从思想转变信念确立，到义无反顾揭竿起义，再到用生命铸造新中国的动力之源，是我们60多年来不断追求社会进步，努力实现现代化建设的动力之源。马克思的社会构想是中国特色社会主义道路的终点，也是能够形成中国特色社会主义道路基本特征的依据，是确保中国特色社会主义道路社会主义性质的保障。所以，马克思主义社会理想将中国梦同中国特色社会主义道路紧密相连，同中国特色社会主义基本特征紧密相连。

其次，中国梦的结构要求把握中国特色社会主义基本特征，中国特色社会主义道路的基本特征就是中国梦的实现路径。中国梦是涵盖多方面、多维度的全面发展梦。它有着过去、现在、将来三个纵向历史结构，经济、政治、文化、社会、生态“五位一体”横向结构，涵盖着“中国富强梦”“民主法治梦”“文明昌盛梦”“和谐友爱梦”“美丽生态梦”“幸福生活梦”立体结构的伟大民族复兴梦。“中国富强梦”主要谈经济维度，它要求以经济建设为中心，建设完善的社会主义市场经济体制。“民主法治梦”主要谈政治维度，要求加快民主法治进程，建设法治中国。“文明昌盛梦”涉及文化维度，要求积极利用文化的辐射作用，加强国家文化软实力，建设文明中国、文化强国。“和谐友爱梦”指代社会维度，要求以民生为基础，建设和谐社会。“美丽生态梦”代表生态维度，要求优化生态环境，建设绿色中国、美丽中国。综上所述，可以看出，中国特色社会主义道路的基本特征和中国梦的结构相一致，把握中国特色社会主义道路的基本特征，就把握住了实现中国梦的抓手。

第三，中国梦的特征，要求把握中国特色社会主义道路的基本特征。中国梦的特征可以大体概括为将马克思主义基本原理与中国社会主义改革实践相结合的共性与个性的统一，将纷繁复杂的世界大势同中国初级阶段基本国情相统一，将民族伟大复兴理想同人民追求美好幸福生活相统一，将国家发展建设硬实力与软实力相统一等等，这些都要求准确把握中国特色社会主义道路基本特征。中国梦体现了人类社会发展的基本规律，体现了马克思主义对于社会的构想，这是中国梦的共性。中国梦从古至今历经多年，从《诗经》中“民亦劳止”的小康梦，到孔子“天下大同”的大同梦，从张载“为万世开太平”的太平梦，再到洪秀全“无处不均匀，无人不饱暖”的天国梦，乃至于孙中山先生上下求索的强国梦。一代又一代的梦想，为中国梦打上了中国烙印，镌刻了鲜明的中国个性。全面深化改革所倡导的中国梦，体现了新中国60多年建设发展历程中对现代化建设的独到见解，体现中国社会主义的理论特色和实践特色，这是属于中国现代化道路的符号和标志，也是中国梦的个性所在。中国梦深刻认识到现今世界多极化趋势下和平与发展的时代特征，以及在经济全球化背景下，伴随着科学技术不断进步，信息化的不断繁荣，所引发的各国发展的竞争、融合、促进现象。并且根据中国的发展依据和现状，认识到中国人口基数大，经济基础差，增长方式粗放，经济结构不合理等问题，将世界大势同中国国情紧密结合。中国梦不仅倡导实现社会现代化，促进中华民族伟大复兴的合力，倡导国家整体和集体的利益和价值取向，凝聚起强而有力的思想共识，而且根据其他国家卓有成效的“梦想”，包含个人梦想的范畴，提高发展建设的个体力量，以小观大，星火燎原。中国梦在整个国家梦想的范围内，涵盖个体梦想，中国梦致力于为人民群众提供公平、正义、自由的社会环境，让每个人都能够通过辛勤的劳动和耕耘，去创造幸福、富裕、健康的生活。每个人都能够通过自身的努力，在社会中施展自己的抱负，实现自身的价值。同时，社会个体通过对自身梦想的追求，对国家和集体有着正相关的促进作用。个体梦想实现的同时，也将促进国家、民族梦想的实现。中国梦的特征之一正是将民族伟大复兴合力同个人梦想结合统一。中国梦既注重硬实力的提升，同样注重软实力发展，二者统一才能促进中国综合国力的增强。中国梦是涉及经济、政治、文化、社会、生态、人的发展各个方面的广泛梦想，从历史经验看，经济发展重要，人文助力等同样重要，中华民族伟大复兴也必然是意图实现各项梦想的总体复兴。综上所述，中国梦的特征从历史与现在、国际和国内、个人和国家三个角度着眼，形成了中国梦想、中国发展的独有特色。中国特色社会主义道路基本特征可以说是中国梦各项梦想在具体发展上的投影，也可以说中国梦的各项梦想为中国特色社会主义道路基本特征的形成与发展提供了精神目标和努力方向。最后，中国梦的内涵要求准确把握中国特色社会主义道路基本特征。中国梦的内涵较为丰富，理论界说法不一。有的学者坚持二元论，认为中国梦囊括“国”和“家”两个维度，包括民族理想和个人理想。有的坚持三元论，认为中国梦包括民族振兴、国家富强、人民幸福三个维度，中国梦通过这三个维度深化为富民梦、强国梦、复兴梦，三者唇齿相依，缺一不可。有的认为中国梦具有多个维度，中国梦的推进并非仅以国家强大为指标，而是综合国力、文明形态、价值追求、生活环境、社会秩序、精神依靠等维度的共同进步梦想，包括复兴梦、富民梦、强国梦、创新梦、攻坚梦、奋斗梦、出彩梦等等。无论是哪一种说法，都将中华民族的伟大复兴作为中国梦实现的标志和最高要求。中国梦的内涵显示，中国梦贯穿着现代化的主题，是社会主义梦，是民族复兴梦。要实现现代化，要确保发展的社会主义方向，就必须走中国特色社会主义道路，因此，必须从中国梦的内涵入手准确把握中国特色社会主义道路基本特征，以作为制定各项发展计划的重要依据。

目前，我国的改革已经进入深水区。改革开放发展进程中积累起来的种种矛盾和各项难题，也开始逐渐出现在人们的视野之中。这些矛盾和难题的形式多种多样，究其核心是体制弊端和利益化藩篱。所谓体制弊端，主要是指中国的体制虽然不断改革，但是许多问题仍然根深蒂固，难以破除。如人民群众的就医问题，医疗体制改革从未间断，然而看病难、看病贵、医患纠纷等问题仍然时有发生，甚至在一些城市相当突出。所谓利益化藩篱，主要是指改革开放后，由于政策鼓励、区域发展、城乡发展等的不平衡，中国已经存在不合理的利益群体，他们占用了大量社会资源。这两个核心问题难以解决，社会的公平正义就会受到影响，人民群众的利益就受到损害。中国在发展起来以后，逐渐进入了表达诉求、矛盾多发和攻坚克难历史时期，社会矛盾多种多样地呈现，不同声音纷繁交织，如果在这紧要关头，不能够妥善解决人民的利益诉求，进一步革除各项体制弊病和利益藩篱，必将对中国特色社会主义道路的有序发展产生严重阻碍。另外，随着我国日渐富强成为世界第二大经济体，中国的崛起开始受到世界的关注。一些西方强国不希望中国富强，他们宣扬“中国威胁论”，对我国的围追堵截日趋激烈。所有的这些问题和矛盾，都需要我们在全面深化改革的新阶段中进一步解决。

把握中国特色社会主义基本特征，坚定不移地走中国特色社会主义道路，需要我们破解难题，唱响中国。习近平总书记指出，现在的中国面临着“四大考验”“四大危险”。党需要持续不断地走群众路线，始终代表先进生产力和人民利益，坚定不移地走中国特色社会主义道路，才能破除危险，确保党的执政地位。对于各项体制来说，经济上要求持续深化市场经济改革，打造公平的市场经济秩序，妥善处理好政府和市场之间的关系，充分发挥市场在资源配置当中的基础性作用，更好发挥政府作用。以科学发展为主题，以加快转变经济发展方式为主线，扩大内需，城乡统筹发展。政治上要求全面推进科学立法，严格执法，公正司法，全民守法，坚持依法治国、依法执政、依法行政共同推进，坚持法治国家、法治政府、法治社会一体建设，不断开创依法治国新局面。继续发展社会主义民主政治，坚持党的领导、人民当家作主、依法治国有机统一，积极稳妥推进政治体制改革，坚持完善人民代表大会制度、中国共产党领导的多党合作和政治协商制度、民族区域自治制度、基层群众自治制度，建设更加健全、充分、广泛的人民民主，用以打破利益藩篱。文化上要求充分继承和发挥中国优秀传统文化，以建设社会主义核心价值体系为根本任务，积极培育和倡导社会主义核心价值观，整合社会意识；要充分解放发展文化生产力，促进文化新觉醒，创造文化新成果，用文化建设新成就，对内增强民族凝聚力，对外加强民族亲和力；积极推动社会主义先进文化大发展大繁荣，深化文化体制改革，丰富人民群众精神文化生活，增强人民的精神力量。社会上要求发展要始终将人民利益放在首位，进一步做好保障和改善民生工作，坚持将改革力度、发展速度和社会可承受程度相统一，将改善人民生活作为发展、稳定、改革的结合点，加强社会建设，推进社会事业，创新社会管理，保持社会公平正义，使发展惠及人民，形成人民各尽其能、各得其所、和谐相处的社会局面。生态上要求发展要超越现有的粗放生产方式和不合理消费模式，将人类活动限制于生态环境承受范围内，将生产发展、生活富裕、生态良好有机结合，推进生态文明建设，节约资源，保护环境，积极建设资源节约型、环境友好型社会，将生态文明置入现代化建设的突出位置，融入各项发展之中，扭转生态恶化，确保中华民族永续发展。

以毛泽东为核心的党的第一代中央领导集体，以移山倒海、敢叫日月换新天的磅礴气势对社会主义现代化建设进行了长达30年的艰辛探索，为中国特色社会主义道路的开辟提供了理论准备、物质基础和宝贵经验。以邓小平为核心的党的第二代中央领导集体，以大无畏的政治勇气和超凡的智慧，成功开辟了中国特色社会主义道路。以江泽民为核心的党的第三代中央领导集体，成功将中国特色社会主义推向21世纪。新世纪新阶段，以胡锦涛为总书记的党中央，成功在新的起点上坚持和发展了中国特色社会主义道路。今天，以习近平为核心的新一代中央领导集体，应对全新挑战，在明确“两个一百年”目标和民族伟大复兴中国梦基础上，作出“四个全面”总体战略规划，将中国特色社会主义道路带入到全面深化改革的历史性阶段。我们坚信，在以习近平为核心的党中央的坚强领导下，随着“五位一体”总体布局的全面推进，随着中国特色社会主义事业的蒸蒸日上、蓬勃发展，随着我们不断唱响中国道路、中国精神、中国力量，中国特色社会主义道路必将越走越宽广，中国人民的生活必将越来越幸福，“两个一百年”的奋斗目标必将达成，中华民族伟大复兴的中国梦必将实现。

结论

中国特色社会主义道路，是一条既坚持社会主义又改革开放，吸取人类先进文明成果的新型现代化道路，是由落后的农业国到先进工业国，实现现代化的道路，是中国各族人民由贫穷到人的全面发展的道路，是中华民族由沉沦到崛起，实现中国梦的必由之路。中国特色社会主义道路是对中国道路发展历程的概括和总结，是中国道路在经济、政治、文化、社会、生态文明建设等领域的高度精练与升华，它既区别于传统社会主义建设模式，又区别于西方资本主义发展模式。认真把握这些基本特征，对于坚持、发展与不断拓宽中国特色社会主义道路，具有不可磨灭的重大意义。

“特色”就是按照事物自身固有的唯物辩证本性，在实际工作中，把共性的东西和个性的东西结合起来，创造性地开展工作，使事物得到优化，使共性和个性的东西都得到发展，既不用共性否定、取代个性，搞教条主义；也不用个性否定、取代共性，搞自由主义或者是经验主义。由此可以看出，强调特征并不改变事物的性质，相反，还可以使事物的共性和个性都得到优化和发展。在建设社会主义的过程中，把两者有机结合起来，走有中国特色的社会主义建设道路，既使共性的东西得到丰富发展，也使个性的东西得到充分彰显。

有种论调认为，“中国特色社会主义混淆了社会主义与资本主义”，这种说法是毫无根据的。中国特色社会主义，就是把马克思主义的基本原理及其他社会主义国家有普适性的成功经验与中国的具体实际相结合的社会主义，是科学社会主义的理论逻辑和中国社会发展历史逻辑的辩证统一，是根植于中国大地、反映中国人民意愿、适应中国和时代发展进步要求的科学社会主义，是全面建成小康社会、加快推进社会主义现代化、实现中华民族伟大复兴中国梦的必由之路。它坚持了科学社会主义的一切本质特征。要说有不同，那就是它区别于那些僵化的、教条的社会主义建设模式，也不是马克思恩格斯在《共产党宣言》中设想的由欧美发达资本主义国家进入的发展水平比较高的社会主义，而是从中国实际出发的、初级阶段的社会主义，用邓小平的话说，属于“不够格”的社会主义。有人会在“不够格”的社会主义上作文章，认为“不够格”的社会主义不是社会主义。这种理解的本质是望文生义，既不科学，也不符合邓小平的原意。“不够格”的社会主义，是相对于马克思恩格斯设想的“够格”的社会主义而言的，其论域是“不够格”社会主义与“够格”社会主义这对矛盾概念外延的总和即社会主义，“不够格”的社会主义属于社会主义。我国自1956年完成社会主义改造，确立了社会主义的基本制度后，就已经进入了社会主义发展阶段，只不过由于复杂的历史原因，当时生产力的发展水平还很低，故属于初级阶段的社会主义，也就是“不够格”的社会主义。

中国特色社会主义道路来之不易，发展也绝非坦途，也会面临崎岖颠簸、凸凹不平。在改革开放进入“深水区”，面对攻坚克难之际，我们必须把握中国特色社会主义道路的基本特征，既不走老路，更不走邪路，坚定不移地沿着中国特色社会主义康庄大道不断前行，敢于追梦，勇于圆梦，最终实现我们共同的梦想。

参考文献

一、图书

[1] 马克思恩格斯选集：第1、3、4卷[M]. 北京：人民出版社，1995.

[2] 马克思恩格斯全集：第3、21、22、23、25、42、46卷[M]. 北京：人民出版社，1960、1972、1965、1972、2001、1979、1979.

[3] 列宁选集：第1—4卷[M]. 北京：人民出版社，1995.

[4] 列宁专题文集：论马克思主义[M]. 北京：人民出版社，2009.

[5] 列宁专题文集：论社会主义[M]. 北京：人民出版社，2009.

[6] 列宁全集：第27、36、37、41、43卷[M]. 北京：人民出版社，1990、1985、1986、1987、1986.

[7] 毛泽东选集：第1—4卷[M]. 北京：人民出版社，1991.

[8] 中共中央文献研究室. 毛泽东文集：第6、7、8卷[M]. 北京：人民出版社，1999.

[9] 建国以来毛泽东文稿：第6卷[M]. 北京：中央文献出版社，1992.

[10] 周恩来选集：下卷[M]. 北京：人民出版社，1984.

[11] 周恩来经济文选[M]. 北京：中央文献出版社，1993.

[12] 刘少奇论党的建设[M]. 北京：中央文献出版社，1991.

［13］邓小平文选：第2、3卷［M］．北京：人民出版社，1993.

［14］邓小平文集（1949—1974）：下［M］．北京：人民出版社，2014.

［15］冷溶，汪作玲．邓小平年谱（1975—1997）：上卷、下卷［M］．北京：中央文献出版社，2004.

［16］江泽民文选：第3卷［M］．北京：人民出版社，2006.

［17］胡锦涛．论构建和谐社会［M］．北京：中央文献出版社，2013.

［18］中共中央宣传部．习近平总书记系列重要讲话读本［M］．北京：学习出版社，2014.

［19］习近平谈治国理政［M］．北京：外文出版社，2015.

［20］中共中央文献研究室．习近平关于全面深化改革论述摘编［G］．北京：中央文献出版社，2014.

［21］中共中央文献研究室．十一届三中全会以来党的历次全国代表大会中央全会重要文件选编：上［G］．北京：中央文献出版社，1997.

［22］改革开放以来历届三中全会文件汇编［G］．北京：人民出版社，2013.

［23］三中全会以来重要文献选编：上、下［G］．北京：人民出版社，1982.

［24］中共中央文献研究室．十二大以来重要文献选编：上、中［G］．北京：人民出版社，1986.

［25］中共中央文献研究室．十三大以来重要文献选编：上、中［G］．北京：人民出版社，1991.

［26］中共中央文献研究室．十四大以来重要文献选编：上［G］．北京：人民出版社，1996.

[27] 中共中央文献研究室. 十五大以来重要文献选编：上 [G]. 北京：中央文献出版社，2000.

[28] 中共中央文献研究室. 十六大以来重要文献选编：上 [G]. 北京：中央文献出版社，2005.

[29] 中共中央文献研究室. 十七大以来重要文献选编：上 [G]. 北京：中央文献出版社，2009.

[30] 中共中央文献研究室. 十八大以来重要文献选编：上 [G]. 北京：人民出版社，2014.

[31] 本书编写组. 十八大报告辅导读本 [M]. 北京：中央文献出版社，2012.

[32] 中共中央文献研究室. 关于建国以来党的若干历史问题的决议注释本 [M]. 北京：人民出版社，1983.

[33] 中共中央文献研究室. 江泽民论有中国特色社会主义（专题摘编）[G]. 北京：中央文献出版社，2002.

[34] 中共中央宣传部. 中国特色社会主义学习读本 [M]. 北京：学习出版社，2013.

[35] 中共中央党史研究室. 中国共产党历史（1921—1949）：第1卷 [M]. 北京：中共党史出版社，2010.

[36] 中共中央党史研究室. 中国共产党历史（1949—1978）：第2卷 [M]. 北京：中共党史出版社，2011.

[37] 胡绳. 中国共产党的七十年 [M]. 北京：中共党史出版社，1991.

[38] 本书编写组. 中国特色社会主义伟大道路学习读本 [M]. 北京：新华出版社，2012.

[39] 本书课题组. 中国特色社会主义政治发展道路 [M]. 北京：

中央文献出版社，2013.

［40］本书课题组．中国特色社会主义经济发展道路［M］．北京：中央文献出版社，2013.

［41］本书课题组．中国特色社会主义文化发展道路［M］．北京：中央文献出版社，2013.

［42］本书课题组．中国特色社会主义社会建设道路［M］．北京：中央文献出版社，2013.

［43］本书课题组．中国特色社会主义生态文明建设道路［M］．北京：中央文献出版社，2013.

［44］本书课题组．中国梦与中国道路［M］．北京：中央文献出版社，2013.

［45］中共中央组织部党建研究所．中国特色社会主义与中国共产党（修订本）［M］．北京：党建读书出版社，2011.

［46］中央党校“中国特色社会主义发展道路研究”课题组．中国特色社会主义发展道路研究［M］．北京：中共中央党校出版社，2014.

［47］李岚清．突围——国门初开的岁月［M］．北京：中央文献出版社，2008.

［48］逄先知，金冲及．毛泽东传（1949—1976）：上、下［M］．北京：中央文献出版社，2003.

［49］龚育之．从毛泽东到邓小平［M］．北京：中共党史出版社，2004.

［50］金冲及．二十世纪中国史纲［M］．北京：社会科学文献出版社，2009.

［51］郑德荣．中国特色社会主义道路基本问题研究［M］．北京：人民出版社，2012.

［52］郑德荣．二十世纪中国三次历史性巨变研究［M］．吉林：东北师范大学出版社，2002．

二、期刊

［1］郑德荣，彭波．中国特色社会主义道路基本特征论析［J］．东北师大学报（哲学社会科学版），2015（3）．

［2］郑德荣．毛泽东对中国社会经济历史性跨越的重大贡献——独立的比较完整的国民经济体系的建立［J］．毛泽东邓小平理论研究，2013（10）．

［3］郑德荣，梁继超．中国特色社会主义道路的社会形态和基本特征［J］．东北师大学报（哲学社会科学版），2009（6）．

［4］［俄］M．Л．季塔连科．对毛泽东、邓小平社会主义理论的比较研究［J］．中共党史研究，2001（6）．

［5］王玖姣．坚持建设中国特色社会主义总依据的意义［J］．科学社会主义，2014（6）．

［6］汪青松．“两个不走”：中国道路的方向性规定［J］．政治学研究，2014（6）．

［7］卢荻．全球化的限度：东亚金融危机之后中国与世界的发展［J］．马克思主义与现实，2008（4）．

［8］姜淑兰，张丽红．中国特色社会主义道路：历史必然性与主动选择性的统一［J］．毛泽东思想研究，2014（1）．

［9］张丽红，姜淑兰．中国特色社会主义道路基本特征体系论析［J］.东北师大学报（哲学社会科学版），2015（4）．

［10］陈前．中国特色社会主义道路基本特征的历史逻辑［J］．东北师大学报（哲学社会科学版），2015（4）．

［11］王怀超．邓小平：中国特色社会主义理论的奠基人［J］．中国党政干部论坛，2014（8）．

［12］冷溶．邓小平开创中国特色社会主义道路的伟大贡献［J］．党的文献，2014（5）．

［13］郑永年．国际发展格局中的中国模式［J］．中国社会科学，2009（5）．

［14］韩喜平．中国道路让我们自信的四个理由［J］．党建，2015（3）．

［15］丁晓强．邓小平与中国道路研究述评（2003—2013）［J］．党的文献，2014（6）．

［16］洪朝辉．“中国特殊论”颠覆西方经典理论［J］．廉政瞭望，2006（10）．

［17］贺新元．辩证思维下的“中国道路”解读［J］．马克思主义研究，2013（6）．

［18］朱可辛．国外学者对“中国模式”的研究［J］．科学社会主义，2009（4）．

［19］唐元松，郑永廷．坚定中国特色社会主义道路正确方向论析［J］．思想教育研究，2014（2）．

［20］［德］罗尔夫·贝特霍尔德．中国2003——迈向社会主义道路［J］．德国我们的时代，2003（5）．

［21］张远新．党的道路自觉与中国特色社会主义道路的开辟［J］．求索，2014（4）．

［22］徐崇温．国外有关中国模式的评论［J］．红旗文稿，2009（8）．

［23］宋福范．中国特色社会主义道路的开创与拓展［J］．理论视

野，2014（8）.

［24］［美］弗朗西斯·福山. 中国模式的特征与问题［J］. 社会观察，2011（1）.

［25］陈明凡. 中国道路对当代社会主义历史性难题的破解［J］. 马克思主义研究，2015（9）.

［26］［法］托尼·安德烈阿尼. 中国融入世界市场是否意味着“中国模式”的必然终结？［J］. 国外理论动态，2008（5）.

［27］宋俭. 中国特色社会主义政治发展道路的基本要素和政治体制改革的重要经验［J］. 思想理论教育，2013（9）.

［28］赵剑英. 论中国特色社会主义的独特价值和伟大意义［J］. 马克思主义研究，2013（9）.

［29］丁俊萍. 中国特色社会主义旗帜的历史考察［J］. 思想理论教育，2013（6）.